역사과 평가의 이론과 실제

歴史科評價
理論實際

역사과 평가의 이론과 실제

최상훈 · 김미선 · 김수미 · 방지원
오정현 · 신항수 · 박진동 · 김민정

cum libro
책과함께

머리말

『역사과 평가의 이론과 실제』는 역사학습의 평가에 관한 내용을 본격적으로 다룬 우리나라 최초의 개론서이다. 그동안 역사과 평가와 관련된 내용을 부분적으로 기술한 역사교육 개론서가 발간되기는 하였다. 하지만 내용이 소략하거나 학교현장에서 실제로 응용할 수 있는 사례가 적었으므로 이들 자료를 초임교사의 실무교재나 역사교사 양성과정의 수업교재로 활용하기에는 미흡하였다. 게다가 학업성취도 평가나 한국사능력검정시험 같은 새로운 시험이 도입되면서 역사과 평가에 대한 관심이 높아지게 되어 역사학습의 평가 문제를 광범하고 상세하게 다룬 개론서에 대한 수요가 증가하게 되었다.

그럼에도 불구하고 지금까지 역사학습의 평가에 관한 독자적인 개론서가 발간되지 못한 것은 역사학습의 평가 문제를 전공하는 연구자와 연구업적이 적은 탓이었다. 하지만 근래에 역사과 평가 문제를 다루는 연구자가 늘고 연구업적이 쌓였으므로, 역사학습의 평가에 관한 개론서를 출간할 수 있는 역량이 어느 정도 갖추어지게 되었다. 그리하여 역사과 평가에 관심이 높은 8명의 필자가 모여 이 책의 발간을 기획하였다.

　대부분의 필자가 사범대학을 졸업하였고 교직 경력이 있었으므로 역사학습의 평가에 관한 교재의 필요성을 절감하고 있었다. 따라서 이 책의 성격을 역사교사의 실무교재이자 역사교사 양성과정의 수업교재로 규정하는 것에 대해서 쉽게 합의하였다. 한편 장과 절의 구성과 집필 내용에 관해서는 약간의 논란이 있었지만 최종적으로 이론편, 실제편, 사례편으로 구성하기로 결정하였다. 각 장의 집필은 필자의 연구 분야나 종사 업무를 고려하여 분담하였다.

　먼저 이론편에서는 역사과 평가와 관련된 전반적인 이론을 제시하였다. 1장에서는 역사과에서 평가를 시행하는 목적을 살펴보고 역사과 평가의 종류를 제시하였다. 그리고 역사과 평가의 바람직한 방향을 모색하였다. 2장에서는 역사과 평가 절차를 제시하였다. 효과적이고 내실 있는 평가를 위해서 치밀한 평가 계획을 수립하고, 적절한 평가도구를 선정하거나 개발하여야 한다는 것을 설명하고, 평가를 시행할 때 고려해야 할 점을 지적하였으며 평가가 끝난 뒤에 평가결과를 활용하는 방법을 제시하였다. 3장에서는 역사과 평가에서 활용되는 평가도구가 기본적으로 갖추어야 하는 양호도에 관해 설명하였다. 타당도, 신뢰도, 난이도 등의 의미와 산출 방법 및 해석 방법을 제시하고 실제로 평가 문항 분석에 활용하는 방법을 설명하였다. 1장은 최상훈, 2장과 3장은 김미선이 집필하였다.

　실제편에서는 여러 종류의 평가 중에 역사과에서 널리 활용되고 있는 선다형 평가, 서술형 평가, 수행 평가에 관해 다루었다. 4장에서는 선다형 문항의 특성, 제작 절차와 원리를 제시하고 역사교육목표에 따른 선다형 문항의 유형을 사례를 들어 설명하였다. 5장에서는 근래에 강조되고 있는 서술형 평가의 특성을 역사수업과 관련하여 제시하고, 서술형 평가 문항을 제작하고 활용하는 방법을 사례를 들어 설명하였다. 6장에서는 역사과 수행 평가의 성격과 유형을 제시하고 학교현장에서 실제로 수행 평가를 시행할 때 참고할 수 있는 절차와 원리를 설명하였다. 4장은 김수미, 5장은 방지원, 6장은 오정현이 집필하였다.

마지막으로 사례편에서는 국내외의 다양한 평가 사례를 제시함으로써 역사과 평가에 대한 이해와 활용 가능성을 높이고자 하였다. 7장에서는 국내에서 시행되고 있는 대표적 시험인 학업성취도 평가, 대학수학능력시험, 한국사능력검정시험의 개요와 평가 요소, 문항 사례 등을 제시하고 설명하였다. 8장에서는 미국에서 시행되고 있는 SAT와 NAEP의 개요, 체제 및 문항 사례를 설명하고 매사추세츠 주에서 시행되고 있는 주 단위 평가체제를 설명함으로써 국내 평가에 대한 시사점을 제시하였다. 9장에서는 일본 대학입시센터시험의 개요와 중국 대학입학시험의 개요, 평가체제, 문항 사례를 제시하고 설명하였다. 이들 사례를 통해 외국의 역사과 평가에 관한 이해와 문항 제작에 대한 시사점을 얻게 하였다. 7장은 신항수, 8장은 박진동과 김민정, 9장은 신항수와 박진동이 집필하였다.

이 책의 필자들은 역사학습의 평가에 관한 연구를 수행하였거나 업무에 종사하고 있으므로 자신의 전문분야와 관련된 내용의 집필을 맡았다. 그런데 대부분의 필자가 자신의 연구저작을 토대로 관련 자료를 참조하여 내용을 집필하였으므로 초고에는 장 사이에 중복되는 부분이 많았다. 따라서 겹치는 부분을 줄이고 빠진 부분을 보완할 필요가 있었다. 하지만 필자가 전국에 흩어져 있으므로 모두 모여서 함께 논의할 기회가 적어서 의견의 조율이 쉽지 않았다. 그리하여 일부 필자가 모여서 논의하거나 이메일로 의견을 주고받으면서 내용을 검토하고 수정하였다. 하지만 장마다 반드시 언급해야 하는 내용이 있으므로 내용의 중복을 완전히 해소하기는 어려웠고, 사용하는 용어를 통일하고자 노력하였지만 의미하는 바가 조금씩 달라서 완벽하게 일치시키지도 못하였다.

이 책을 기획한 것은 여러 해 전이었는데 다수의 필자가 작업을 하다 보니 여러 가지 사정으로 집필이 늦어지게 되었고, 원고 검토와 수정 작업도 원활하게 진행되지 못하였다. 하지만 역사과 평가 개론서에 대한 수요가 높은 상황에서 이 책의 발간을 더 미룰 수가 없어서 미흡한 점이 있지만 간행하기로 결정하였다. 이 책의 부족한 점은 앞으로 필자들이 협의하여 보완할 것이고 독자의 질책도 받아들여 수정해 나갈 생각이다.

최근에 국가수준의 역사과 교육과정이 급변하고 있다. 2007 개정 교육과정은 제대로 시행되지도 못하고 폐기되었고, 2009년에 총론이 발표되고 2011년에 각론이 발표된 2009 개정 교육과정은 아직 시행되지 않았으므로, 이 책의 내용은 2009 개정 교육과정에 따른 역사과 교육과정 부분 개정(교육과학기술부 고시 제2010-24호)을 중심으로 서술하였다.

이 책은 앞에서도 말했듯이 이론과 실제를 구분하고 사례를 많이 넣었으므로 강의교재로 활용하는 데 유용할 것이고 학교현장에서 역사교사가 출제할 때에도 도움이 될 것이다. 이 책을 역사교사 양성과정의 수업교재로 활용할 경우에는 장절의 순서대로 사용하는 것이 좋을 것이고, 학교현장에서 실무교재로 활용할 경우에는 순서에 상관없이 필요한 부분을 살펴보아도 무방할 것이다. 하지만 어느 경우에도 1장의 내용을 먼저 읽어볼 필요가 있다. 역사과에서 평가 문항을 올바로 출제하고 활용하기 위해서는 역사과 평가의 목적과 방향을 유념하고 있어야 하기 때문이다.

그리고 이 책에서는 찾아가기나 색인 등 활용도를 높이는 장치를 둠으로써 이 책을 효율적으로 사용할 수 있게 하였고, 참고문헌을 제시함으로써 독자가 좀 더 상세한 문헌을 탐색하는 데 도움이 되도록 하였다.

이 책의 기획과 출간에 가장 공이 큰 필자는 박진동 선생이었다. 그가 없었다면 이 책이 나오기가 어려웠을 것이다. 이 자리를 빌려 감사의 뜻을 전한다. 그리고 이 책의 출간을 위해 노력한 책과함께 편집부의 강창훈, 이보람 님과, 기일을 재촉하지 않고 기다려 주고 간행을 허락한 류종필 대표에게도 고마운 마음을 전한다.

2012년 1월
대표 필자 최상훈

차례

이론편

실제편

사례편

이론편

이론편에서는 역사과 평가와 관련된 이론을 다루었다. 여기서 소개하는 평가 관련 이론은 역사교육에 적합한 평가 문항을 실제

로 제작하는 데 필요한 기본 방향을 이해하는 데 도움이 될 것이다. 이제까지 평가 관련 이론은 지나치게 어렵고 전문적이어서 교

실상황에서 이루어지는 역사과 학습평가에 적용하기가 쉽지 않다는 지적이 있었다. 따라서 여기에서는 평가에 관한 기본적이고

일반적인 이론을 다루되 교실 수업상황에서 활용할 수 있도록 적절한 사례와 함께 제시하였다. 먼저 역사교육의 특성에 부합하

는 평가목적과 평가방향에 대해 설명하고, 그 다음에는 평가를 시행하기 위한 구체적인 절차를 사례와 함께 소개하며, 마지막으

로 평가도구의 질적 요건과 평가 문항 분석사례를 제시하였다.

제1장

역사과 평가의 목적과 방향

    입학시험을 비롯한 여러 가지 평가에서 객관성을 확보해야 한다는 인식 때문에 객관식 문항이 선호되었고 지식 중심의 평가 문항이 양산되었다. 그 결과 학교수업도 지식전달 위주의 강의식 수업이 주류를 이루게 되었다.

    그런데 인문학의 한 분야인 역사교육에서 객관성을 강조하게 되면 역사적 상상이나 판단이 개입될 소지가 줄어들면서 역사를 비역사화하게 된다. 그리고 교과서에 실린 객관적 지식만을 중시하게 되므로 역사를 전공하지 않은 교사도 역사를 가르칠 수 있다고 생각하는 그릇된 풍조가 생겨서 역사교사의 전문성이 약화될 수도 있다. 그로 인해 역사가 사실을 나열하는 지루한 수업이자 암기과목이라고 오해하는 학생이 양산될 수 있다.

    이러한 문제점을 해결하기 위해서는 역사교육의 성격과 목적에 부합하도록 가르쳐야 하고, 가르친 내용이나 방법과 일치되는 평가 방안을 모색해야 한다. 이를 위해 이 장에서는 바람직한 역사과 평가의 목적을 알아보고 올바른 평가의 방향을 살펴보고자 한다.

1. 역사과 평가의 목적과 종류

1) 평가의 목적

역사과 평가의 목적을 이해하기 위해서는 먼저 평가(evaluation)의 개념을 알아야 한다. 일반적으로 평가는 실제의 교육성과가 무엇인지를 결정하고 그것을 예상된 성과와 비교하는 과정을 포함할 뿐만 아니라, 제시된 어떠한 변화의 본질과 그것이 바람직한 것인가에 대한 판단을 포함한다. 이렇게 볼 때 역사과 평가란 지필검사를 비롯한 여러 가지 평가도구를 활용하여 역사 교수 · 학습의 성과를 알아보고, 역사학습의 전반적인 과정에 대해 성공 여부를 판단하는 과정이라고 할 수 있다.

그런데 평가와 관련하여 측정, 검사, 고사, 고시, 시험 등의 용어가 혼용되고 있으므로 이들 용어의 의미도 살펴볼 필요가 있다. 먼저 측정(measurement)이란 일정한 법칙에 따라 대상이나 사태에 수치를 매기는 행위로, 평가를 위해서 활용된다. 측정이 평가와 구별되는 것은 판단이 개입되지 않는다는 점이고 평가를 위한 수단으로 이용된다는 점이다. 그리고 검사(test)는 평가나 측정을 위해서 활용된다. 검사는 학습자에게 어떤 변화가 일어났는지, 또 일어났다면 어느 정도인지를 결정하기 위한 증거를 체계적으로 수집하는 과정이다. 검사 외에도 관찰, 점검표 등 다양한 도구가 평가와 측정에 이용될 수 있다.

고사와 고시라는 용어는 잘못 사용되는 경우가 많으므로 의미를 정확히 알아둘 필요가 있다. 고사(考査)는 학생들의 학업성적을 측정하는 시험을 뜻하고, 고시(考試)는 공무원의 임용자격을 결정하는 시험을 가리킨다. 이를테면 교원임용시험의 경우 임용고사라고 말하는 경우가 많은데, 이는 잘못 표현한 것이고 임용시험이라고 하거나 임용고시라고 해야 정확한 표현이 된다. 마지막으로 시험(examination)이라는 용어는 현실에서 널리 사용되는 것으로 원래 검사와 같은 의미로 사용되었다. 하지만 일반적으로 수험생을 서열화하거나 선발하기 위한 경우에 주로 사용되고 있다.

이상으로 역사과 평가의 개념과 평가와 관련된 용어의 의미를 살펴보았고, 다음으로 역사과 평가의 목적을 알아보자. 원래 평가는 교수·학습활동이 끝난 뒤에 사전에 설정했던 교육목표를 학생들이 얼마나 성취했는지를 알아보기 위한 것이었다. 그리고 교육목표에 비추어 학생들의 학습성과가 어느 정도인지를 측정함으로써 교육목표와 교수·학습활동의 적절성 여부를 판단하기 위한 것이었다. 이를 통해 교육목표를 재정립하거나 교수·학습방법을 개선하여 학생들의 학습 성취도를 제고하고자 하는 것이다.

하지만 현실에서는 평가가 곧 시험으로 간주되고 있다. 시험은 점수로 표시되는 서열화 도구로, 수험생을 성적 우수자와 학습 부진아로 구분하거나 합격자를 선발하고 불합격자를 탈락시키기 위한 것이다. 전자에는 학교에서 실시되는 중간고사나 기말고사 같은 성취시험이 포함되고, 후자에는 대학수학능력시험이나 입학시험 같은 선발시험이 포함된다. 물론 대학수학능력시험 자체는 선발시험이라고 할 수 없으나 대학입학시험의 전형도구로 이용되므로 선발시험의 범주에 넣을 수 있다.

현재 시행되고 있는 대부분의 성취시험이나 선발시험은 서열화 도구로 이용되므로 상대평가 방식을 활용하고 있다. 상대평가는 다른 말로 규범지향평가[norm-oriented evaluation, 규준참조평가(norm-referenced evaluation)]라고도 한다. 규범지향평가는 규범(norm)에 비추어 평가결과를 해석하는 평가를 말하는데, 여기서 규범이란 미리 정해놓은 기준이나 기준집단을 의미한다. 이를테면 한 학생이 어떤 지능검사에서 60점을 받았는데 이 점수를 지능지수라는 기준에 비추어보니 115라고 할 때, 이 학생의 지능은 평균(100)보다 높다고 해석할 수 있는 것이다. 또한 어떤 학생이 중간고사에서 국사점수를 60점 받았는데 이 학생이 속한 학급의 국사점수 평균이 50점이라고 한다면 이 학생의 국사성적은 우수한 편이라고 말할 수 있고, 9단계 척도로 표시할 때 이 학생은 '3등급'이나 '4등급'을 받게 될 것이다.(☞ 2장 3절)

이러한 규범지향평가는 학생들이 무엇을 성취했는가보다는 다른 학생에 비해 얼마나 잘했는가에 초점을 두고 학생들을 서열화하기 위한 것이다. 그런데 규범지향평가에서는 좋은 성적을 받기 위해 필연적으로 타인과 경쟁해야 하므로 학생들 간에 위화감이나 심리적 긴장이 조장될 수 있다. 또한 학생들이 받은 점수는 무엇을 성취했는가를 말해주지 못하고 상대적으로 우수하다거나 열등하다는 것만을 제시해줄 뿐이다.

이와 같은 문제점에서 탈피하기 위해 강조된 평가방식이 절대평가인데 다른 말로 목표지향평가[goal-oriented evaluation, 준거참조평가(criterion-referenced evaluation)]라고도 한다. 목표지향평가는 준거(criterion)에 비추어 평가결과를 제시하는 평가를 말하는데, 여기서 준거란 미리 설정한 교육목표나 학습내용을 의미한다. 위의 예에서 어떤 학생이 받은 국사점수 60점에 대해 상대적으로 우수한 편이라고 해석하는 대신에 60% 정도를 성취했다고 말하는 것이 목표지향평가의 관점이다. 이 경우 이 학생의 성적은 9단계 척도로 표시할 때

규범지향평가의 경우와 달리 '5등급' 이하로 표시될 것이다.

목표지향평가에서는 학생이 얼마나 성취했는가보다는 학생이 무엇을 성취했는가에 초점을 두고 학생들의 교육목표 달성 여부에 관심을 가진다. 규범지향평가의 경우에는 일부분의 학생이 어차피 실패할 것이라는 선입관을 가지고 평가에 임하게 되지만, 목표지향평가의 경우에는 모든 학생이, 아니면 적어도 대부분의 학생이 적절한 교육환경이나 교수·학습방법을 통해 기대하는 성취수준에 도달하리라는 신념을 가지고 평가를 하게 된다. 그런데 목표지향평가의 경우 어떤 교육목표나 학습내용이 적절한 것인가에 대한 합의가 어렵다는 점과 작위적으로 대부분의 학생을 설정된 준거에 도달한 것으로 만들 수 있는 가능성이 있다는 점은 문제라고 할 수 있다.

지금까지 현실의 평가관인 시험의 목적을 알아보고 그와 관련하여 규범지향평가와 목표지향평가의 의미와 목적을 살펴보았다. 현실에서는 평가가 시험으로 인식되고 서열화 도구로 사용되지만, 역사과 평가의 목적은 여전히 학생들의 학습 성취도를 측정함으로써 학습목표 설정이나 교수·학습과정 전반을 점검하고 개선하기 위한 것이라는 점을 유념할 필요가 있다. 역사과 평가를 적절하게 활용한다면 다음과 같은 여러 가지 목적을 달성할 수 있다.

첫째, 역사과 교육목표나 학습목표의 달성 여부를 판정할 수 있다. 이것은 평가의 가장 기본적인 목적으로 형성평가를 통해 주로 이루어지는데, 총괄평가나 진단평가 및 수행평가 등을 통해서도 확인이 가능하다. 근래에는 국가수준의 학업성취도 평가를 통해서 이 기능이 수행되기도 한다.

둘째, 역사학습목표의 설정, 학습내용의 선정 및 조직, 교수·학습방법의 선정 등 교수·학습활동의 전 과정을 개선할 수 있다. 이것 역시 평가의 기본적인 목적으로 진단평가나 형성평가 등을 통해 이루어지고, 총괄평가나 수행평가를 통해서도 수행될 수 있다. 학습목표를 적절하게 설정하였는지, 내용을 타당하게 선정하고 조직하였는지, 교수·학습방법을 올바르게 선정하고 활용하였는지 등을 점검하고 수정하는 데 평가결과를 활용할 수 있다.

셋째, 학생들의 선수학습이나 출발점 행동을 진단함으로써 교수·학습수준을 확정할 수 있다. 이것은 진단평가의 목적으로, 역사교사가 자신이 가르칠 학생들의 역사에 대한 선수학습 정도를 파악하기 위해 시행하는 것이다. 이러한 진단평가는 대체로 학년 초에 이루어지는데, 이를 토대로 역사를 가르치는 방법이나 수준을 결정하게 되고 수준별 학습을 위한 지표도 얻을 수 있다.

넷째, 학생들의 학습부진이나 교수·학습과정의 문제점을 파악할 수 있다. 이것 역시 진단평가의 목적으로 학기 중에 필요한 상황이 나타날 경우 수행된다. 이를테면 열심히 공부하는 것처럼 보이는 학생들이 성적이 오르지 않거나, 열성적으로 가르친 것 같은데 학생들의 학습 성취도가 높지 않은 경우에 문제점을 파악하기 위한 기능이다. 이러한 목적은 형성평가를 통해서도 간접적으로 달성할 수 있다.

다섯째, 학생들의 역사학습 성취도를 제고할 수 있다. 이것은 형성평가의 목적으로, 수업의 정리 및 평가단계에서 형성평가를 시행함으로써 학생들이 학습목표를 좀 더 달성할 수 있도록 하는 것이다. 그리고 수행평가를 통해서 학생들의 학습을 자극함으로써 이 목적을 달성할 수 있다.

여섯째, 학생들의 역사학습 수준을 확인하고 서열화할 수 있다. 이것은 총괄평가의 목적으로, 학교에서 실시되고 있는 중간고사나 기말고사 및 입학시험 등이 이러한 목적 달성을 위해 활용된다. 이것은 일정 기간 동안 역사를 가르친 후에 학생들이 어느 정도 학업을 달성했는지 확인하고 학생들을 성적순으로 배열하기 위한 기능이다. 입학생들을 성적순으로 분류하여 학급을 편성하기 위해 실시하는 배치고사도 이 기능을 수행한다고 할 수 있다.

일곱째, 입학시험에서 수험생을 선발할 수 있다. 이것 역시 총괄평가의 목적으로, 역사학습 결과에 대해 총괄적으로 평가함으로써 학생들을 합격자와 불합격자로 구분하는 것을 의미한다. 현실에서 역사학습 결과가 선발시험에서 중요한 위치를 차지하고 있지는 못하지만, 대학수학능력시험이나 논술시험 등에서 역사내용이 주요 소재로 활용되고 있다는 점에서 어느 정도 선발 목적에 활용되고 있다고 할 수 있다.

여덟째, 학생들의 역사학습 의욕을 고취시키거나 역사적 사고력을 신장시킬 수 있다. 이것은 평가의 부차적인 목적이라고 할 수 있다. 총괄평가를 비롯하여 여러 학습평가를 통해 만족스러운 결과가 나오게 되면 학생들은 자신감이나 성취감을 얻게 되고 더욱 더 열심히 공부하고자 하는 의욕이 생길 수 있다. 또한 잘 만들어진 문항을 통해 학생들의 사고를 자극함으로써 역사적 사고력을 신장시킬 수도 있다. 반면에 만족스러운 결과가 나오지 않았을 경우 학생들이 실망감이나 좌절감을 느끼게 되고 학업을 포기하게 되는 경우도 나타날 수 있는데 이것은 평가의 부정적인 기능이라고 할 수 있다.

평가의 여덟째 목적은 본질적인 것이라고 할 수는 없지만, 잘 만들어진 평가 문항을 통해서 학생의 학습방향을 설정하고 학습의욕을 자극하는 부수효과를 얻을 수 있으므로 평가가 역사교육에서 차지하는 비중은 작지 않다고 볼 수 있다. "학생의 학습을 변화시키고자 한다면 평가방법을 변화시켜라."라는 말도 있듯이 평가는 학생들의 학습에서 커다란 구실을 할 수 있다. 요컨대 평가는 학생이 성취한 것을 측정하고 등급화하는 것뿐만 아니라, 학생의 학습활동을 좀 더 활동적으로 만들고 효과적으로 만드는 잠재력을 지닐 수도 있다. 지금까지 알아본 평가의 목적을 간략하게 정리하면 〈표 1-1〉과 같다.

〈표 1-1〉 역사과 평가의 목적

평가 목적	평가 방법
1. 역사교육목표나 학습목표의 달성 여부 판정	형성평가, 총괄평가 등
2. 역사과 교수 · 학습활동의 전 과정 개선	진단평가, 형성평가 등
3. 역사수업에 앞서 교수 · 학습수준의 확정	진단평가
4. 역사학습 부진이나 교수 · 학습과정의 문제점 파악	진단평가, 형성평가
5. 역사학습 성취도의 제고	형성평가, 수행평가
6. 역사학습 수준의 확인과 서열화	총괄평가
7. 입학시험에서 수험생의 선발	총괄평가
8. 역사학습 의욕의 제고 및 역사적 사고력의 신장	총괄평가, 형성평가 등

2) 평가의 종류

역사과 평가는 역사교육과 관련하여 시행되는 모든 평가를 의미하는데, 평가의 주체, 목적이나 기능, 방법 등에 따라서 몇 가지 범주로 구분할 수 있다. 먼저, 평가의 주체에 따라서 내부평가와 외부평가로 구분할 수 있다. 학교에서 교사가 자신이 가르친 내용을 바탕으로 출제한 문항을 가지고 학생들에게 시험을 치게 하면 내부평가라고 할 수 있다. 이에 반해 학교 밖에서 출제한 문항을 가져와서 학생들에게 시험을 치게 하면 외부평가가 될 것이다. 전자의 대표적인 시험은 내신시험이고, 후자의 대표적인 시험은 학업성취도 평가이다. 역사과와 관련된 외부평가 중에는 평가대상이 학생이 아닌 경우도 있다. 이를테면 한국사능력검정시험은 일반인도 응시할 수 있는 시험이다.

평가 목적이나 기능에 따라서는 몇 가지 범주로 평가의 종류를 구분할 수 있다. 먼저 성취목표 수준에 따라서는 최소 필수 학력평가와 최대 성취 학력평가로 나눌 수 있다. 최소 필수 학력평가는 수험생들이 최소한으로 성취해야 하는 필수 수준을 넘었는지의 여부만을 판단하는 평가이고, 최대 성취 학력평가는 수험생들이 최대로 성취한 수준을 파악하기 위한 평가이다. 그리고 평가 기능 면에서는 교수 · 학습의 출발점, 과정, 결과 등 어떤 시점에서 어떤 목적을 갖는가에 따라 진단평가, 형성평가, 총괄평가로 나눌 수 있다. 또한 평가기준 면에서는 규범지향평가와 목표지향평가로 구분할 수 있다. 전자를 상대평가, 후자를 절대평가라고도 한다는 것은 앞에서 이미 설명하였다.

평가 방법에 따라서는 양적 평가와 질적 평가로 나눌 수 있다. 수량화할 수 있는 평가도구를 활용하여 평가결과를 점수화하는 것은 양적 평가이다. 이에 반해 관찰, 면담, 실기평가 등 수량화하기 어려운 다양한 형태의 자료를 수집하여 평가하는 것은 질적 평가이다. 한편 시간의 제한 여부에 따라 속도평가와 역량평가로 구분할 수도 있다. 지식이나 단순 사고력에 대한 평가는 문항당 주어진 시간이 짧으므로 속도평가로 볼 수 있고, 고차 사고력 평가는 충분히 생각하여 풀 수 있도록 시간을 충분히 부여하므로 역량평가라고 할 수 있다. 하지만 일반적으로 시험은 시간이 제한되므로 시간을 무제한 허용하는 역량평가는 없다. 지금까지 살펴본 평가의 종류를 범주에 따라 표로 정리하면 〈표 1-2〉와 같다.

〈표 1-2〉 평가의 종류

평가 범주	평가 종류
평가주체	• 내부평가: 교내에서 교사가 주관하는 평가 • 외부평가: 국가, 교육청 등 외부 기관이 주관하는 평가
성취목표 수준	• 최소 필수 학력평가: 최소한으로 성취해야 하는 필수 수준을 넘었는지의 여부만을 판단하는 평가 • 최대 성취 학력평가: 최대로 성취한 수준까지 파악하는 평가
평가 목적과 기능	• 진단평가: 수업 전 출발점 위치를 파악하는 평가 • 형성평가: 학습 성취도를 높이기 위한 평가 • 총괄평가: 수업 후 성취도를 측정하는 평가
평가기준	• 규범지향평가: 학생의 성취정도를 다른 학생들과 상대적으로 비교하는 평가 • 목표지향평가: 학생의 성취정도를 절대 준거에 비추어 확인하는 평가
평가 방법과 평가도구	• 양적 평가: 객관적 검사 도구를 사용하여 수량화된 자료를 얻는 평가 • 질적 평가: 관찰, 면담, 실기평가 등을 활용하여 수량화하기 어려운 자료를 얻는 평가
시간제한 여부	• 속도평가: 시간의 제한을 일정하게 두는 평가 • 역량평가: 시간에 구애받지 않고 피험자의 역량을 최대한 발휘하도록 하는 평가

이러한 여러 가지 평가 중에서 학교의 역사 교수 · 학습과 관련하여 진단평가, 형성평가, 총괄평가, 수행평가가 널리 활용되고 있으므로 이에 대해 자세하게 살펴보도록 한다. 이들 네 가지는 평가 목적에 따라 구분한 것으로 같은 평가도구라 하더라도 무엇을 위해 활용하느냐에 따라 평가의 기능이 달라질 수 있다. 다시 말해 어떤 평가도구를 교수 · 학습상황을 진단하기 위해 실시하면 진단평가가 되고, 학업성취를 제고하기 위해 활용하면 형성평가가 되며, 총괄적으로 학생들의 성취정도를 알아보기 위해 실시하면 총괄평가가 되는 것이다. 수행평가는 다른 종류의 평가에 비해 나중에 생긴 개념으로 학생들의 학습수행 상태를 점검하고 확인하기 위한 평가이다.

(1) 진단평가

진단평가(diagnostic evaluation)는 학생들의 학습에 관한 정보를 수집하여 문제점이 있으면 교정하고자 실시하는 평가이다. 진단평가는 대체로 학생들의 출발점 행동을 진단하고, 교수 전략을 극대화하며, 학습실패의 근본적 원인을 발견하기 위해 실시한다.

첫째 목적은 계획된 학습과제의 목표를 성취하는 데 선수조건이 된다고 추측되는 출발점 행동이나 기능을 학생이 갖추고 있는지 없는지를 확인하고, 주어진 학습단원이나 과정의 목표를 학생이 이미 성취했는지, 그리고 어떤 수준의 학습프로그램을 제공해야 하는지를 결정하려는 것이다.

둘째 목적은 출발점 행동을 진단하여 교수전략을 가장 극대화하기 위한 것으로, 진단의 과정을 거쳐 학생이 지니고 있는 흥미나 동기, 적성 등에 맞추어 학생을 적절한 집단으로 분류한다. 집단은 학기 내내 고정되거나 필요에 따라 수시로 변할 수 있는데, 이는 적절한 교수전략이나 교수방법의 대안을 제공하려는 것이다.

셋째 목적은 수업이 진행 중일 때 실시하는 것으로, 학생의 학습부진 원인이나 그와 관련한 환경정보를 수집하여 적절한 의사결정을 하려는 것이다.

학생의 출발점 행동은 인지적 측면과 정의적 측면으로 구분해 볼수 있다. 인지적 측면의 출발점 행동은 학생 개인이 학습장면에 가져오는 선수학습의 총체를 가리키는 것으로, 지능, 적성, 인지유형, 학업성적 등이 포함된다. 정의적 측면의 출발점 행동은 흔히 '학습동기'라고 표현되는 것으로, 학생이 학습과제를 접하는 상황에서 지니고 있는 가치나 태도를 가리킨다. 여기에는 흥미, 태도, 자아관 등이 포함된다고 할 수 있다.

　대체로 교사는 수업을 진행할 때 도입부에서 수업내용에 관해 학생들의 학습동기와 관심을 끌어내려고 노력한다. 흔히 선수학습 확인이라고 지칭되는 단계에서 교사는 질문을 통해 학생들의 사전 학습상태를 점검하고자 한다. 이를테면 '프랑스혁명'을 다루는 수업에 앞서 절대왕정 시기 프랑스 사회의 성격이나 주요 인물에 대해 물어보거나, 영국혁명이나 미국혁명에 관한 내용을 기억하는지 확인하기도 한다. 이러한 문답은 점수를 매기는 데 목적이 있는 것이 아니라, 수업을 원활하게 시작하기 위한 수단이다. 진단평가는 이처럼 수업의 도입부에서 가볍게 처리되는 경우가 대부분이다.

　드물기는 하지만 시험지를 사용하여 본격적으로 진단평가를 시행하는 경우도 있다. 학년 초에 자신이 가르칠 학생들이 어느 정도 수준에 있는지, 역사학습에 대해서 어느 정도 흥미를 갖고 있는지를 알아보기 위해 역사교사는 평가 문항이나 질문지를 준비하여 진단평가를 시행할 수 있다. 이를 통해 적절한 교수·학습방법을 선택하게 되고, 학생들의 흥미를 자극할 수 있는 방안을 모색할 수 있으므로 번거롭더라도 진단평가를 실시하는 것이 필요하다.

(2) 형성평가

　형성평가(formative evaluation)는 수업이 진행되고 있는 상태에서 학생들의 학업성취에 대한 정보를 얻고 그에 대한 환류(feedback)를 제공하며, 수업의 과정이나 수업방법을 개선하기 위해 실시하는 평가이다. 이는 학습이 형성되고 있는 시기에 실시하는 평가로, 성적을 산출하고자 하는 것이 아니라 학습효과를 최대한 높이려고 하는 데 목적을 둔다.

　교사는 형성평가를 통해 학습 중간에 학생들이 학습목표를 성취하고 있는지 확인할 수 있는데, 만약 그렇지 못하다면 개선해야 할 점이 무엇인지에 관한 정보를 얻을 수 있다. 이러한 정보에 의거해서 학생들의 학업성취에 대해 격려함으로써 학습동기를 강화하거나, 문제가 되는 원인을 제거하고 교수 · 학습방법을 교정하게 된다.

　형성평가의 결과는 학생의 학습에 도움을 주기 위해 활용될 뿐만 아니라 교사의 교수방법 개선에도 크게 이바지한다. 교사는 학생들이 형성평가의 각 문항에 반응한 오류를 분석한 뒤 학생들에게 그들의 오류를 보여줄 수 있다. 이때 오답의 기록과 함께 학습해야 할 교재에 관해 상세한 처방을 제시해 준다면 학생들은 자기의 오류를 바로잡고 해당 학습목표나 학습내용을 성취할 수 있게 될 것이다. 또한 그 원인이 교수방법의 잘못에 있을 경우에는 다른 예시를 사용하거나 보조교재를 투입하는 등 교수방법의 대안을 모색해서 교육과정이나 학습프로그램을 개선할 수도 있다.

　형성평가는 교수 · 학습과정을 이끌어 가고 개선해 가야 할 교사가 제작하는 것이 원칙으로, 성적을 산출하기 위한 것이 아니므로 학습목표에 의거하여 목표지향평가를 해야 한다. 형성평가 문항을 만들기 위해서는 학습목표와 관련하여 내용과 행동영역으로 구분된 이원분류표를 작성하는 것이 바람직하다. 문항별로 정답 여부를 확인하는 것도 중요하지만 학생들이 어느 정도를 맞히게 되면 학습에 성공한 것으로 볼 것인가도 결정해 두어야 한다.

(3) 총괄평가

총괄평가(summative evaluation)는 일련의 학습과제나 독립된 교수
프로그램이 끝났을 때, 혹은 한 학기나 한 과정이 끝났을 때에 학생
들의 학업 성취도를 파악하고 성적이나 자격을 부여하기 위해 실시
하는 평가이다. 형성평가가 주어진 학습과제의 성취정도를 결정하
고 성취하지 못한 과제를 정확히 밝혀내는 데 목적을 두는 반면에,
총괄평가는 교과목 전체나 중요한 부분에 대한 학업성과가 어느 정
도 달성되었는지를 총평하는 데 목적을 둔다. 이 경우의 총괄평가는
교사가 수업을 시작하기 전에 의도하고 계획했던 학습목표나 학습
내용을 학생들이 어느 정도 성취했는지를 파악하기 위한 것이다. 따
라서 목표지향평가에 입각해서 결과를 점검해야 할 것이다. 그런데
학교에서 일반적으로 시행하고 있는 중간고사나 기말고사 같은 총
괄평가는 학생들의 성취 여부를 파악하기 위한 것이라기보다는 성
적을 산출하고 학생들을 서열화하기 위한 것이므로 규범지향평가에
입각해서 시행되는 경우도 많다.

총괄평가를 행하기 위해서는 먼저 내용과 행동을 관련짓는 이원
분류표를 만들어야 한다. 출제하기 전에 먼저 이원분류표를 만드는
목적은 내용과 행동영역이 편중되지 않고 골고루 분산된 평가 문항
을 제작하기 위한 것이다. 이때 내용영역은 자신이 가르치는 과목의
내용에 따라 제시하면 되고 행동영역은 학교에 따라 다르지만 대개
지식·이해, 기능, 가치·태도의 3분법을 따르거나 다음 절에서 제
시되는 역사교육목표의 행동영역을 참조하면 된다. 이원분류표를
만들 때 모든 영역에 걸친 문항을 제작할 수는 없기 때문에 내용의
중요성이나 문항제작의 가능성에 따라 필요한 영역을 적절하게 표

시하면 된다.

총괄평가를 제대로 시행하기 위해서는 학습목표의 성취정도를 확인할 수 있도록 난이도가 상이한 문항을 적절하게 배치하는 것이 중요하고, 평가 문항의 유형도 선다형, 단답형, 서술형 등으로 다양하게 구성할 필요가 있다. 그리고 총괄평가의 용도를 학생들의 성적을 서열화하는 데에만 두지 말고 학습목표나 학습내용의 성취정도를 확인하여 교수·학습방법의 개선에도 활용해야 한다. 또한 학생에게도 자신의 학습수준을 알려줌으로써 학습동기를 자극하고 환류의 효과를 거두어야 할 것이다.

(4) 수행평가

수행평가(performance evaluation)는 기존에 시행되던 객관식 평가나 결과에 치중하는 평가의 문제점을 극복하기 위해 제안된 것으로 현재까지 여러 가지 용어와 혼용해서 사용되어 왔다. 수행평가와 관련해서 사용되었던 용어는 대안 평가, 참평가, 직접평가, 과정평가 등이었는데, 최근에는 수행평가가 이들 용어의 의미를 모두 포괄하는 용어로 가장 널리 사용되고 있다.

먼저 대안 평가란 오랫동안 시행되어 왔던 선다형 중심의 일회성 필답시험을 반대하는 일체의 평가개혁을 위한 움직임을 총칭하는 용어이다. 여기에는 주어진 행동목록에서 학생이 어느 한 가지 반응만을 선택하는 것이 아니라 질문에 대해 각자가 나름대로 답을 쓰도록 허용하는 평가라면 무엇이나 포함된다. 따라서 대안적 평가에는 단답형, 논술형, 수행형, 구술표현, 포트폴리오 등 다양한 활동이 포함될 수 있다.

다음으로 참평가란 학생이 학교에서 학습한 지식과 기능을 학교 바깥의 현실세계에서 사용되는 것과 동일한 방식으로 응용해 볼 수 있도록 평가가 이루어질 때 비로소 신빙성 있는 평가가 될 수 있다고 보는 것이다. 이는 종래의 평가가 거짓정보나 부실한 정보만을 수집했다는 것에 대한 비판으로 제기된 것이었다.

직접평가나 과정평가는 종래의 평가가 학생들의 학습활동 자체에 대해 평가하는 것이 아니라 학습의 결과만을 평가했다는 것에 대한 반성에서 제기된 것으로, 학생의 학습과정이나 학습활동에 대해 직접 평가한다는 의미로 사용되었다.

수행평가는 교사가 학생이 학습과제를 수행하는 과정이나 그 결과를 보고 학생의 지식이나 기능, 태도 등에 대해 전문적으로 판단하는 평가방식으로, 학생 스스로가 자신의 지식이나 기능, 태도를 나타낼 수 있도록 답을 작성하거나 발표하거나 산출물을 만들거나 행동으로 나타내도록 요구하는 평가방식이다. 다시 말해 수행평가는 교사가 학생이 교실활동에서 보인 행동이나 태도에 관해서 관찰이나 기록한 것, 또는 학생이 제출하는 과제 등을 바탕으로 양적 혹은 질적 평가를 하는 것이다. 수행평가에서는 질적 평가의 비중이 높으므로 평가자인 교사의 관찰과 질적인 판단이 중시될 수밖에 없다.

이러한 수행평가의 근본적인 특징은 교수 · 학습과정과 평가활동을 통합하고자 한다는 점이다. 전통적인 평가에서는 수업과 평가를 구분하였다. 수업을 시작하기 전에 학생을 평가하고, 평가결과에 따라 학습자 집단을 편성하여 가르치며, 수업이 종료되면 또다시 학생들을 평가한다. 이러한 평가관에서는 수업과 평가가 별개로 인식되거나 수업이 평가에 종속될 수 있다. 하지만 수행평가는 교수 · 학습상황과 평가의 철저한 통합을 추구한다. 따라서 수행평가는 교수 ·

학습의 과정 속에서 일어나며 궁극적으로는 학습을 위해서 실시되는 것으로 수업의 개선과 맞물려 이루어져야 하고, 학생의 탐구 정신과 인지 발달을 자극하며, 학습자 간의 협력학습을 촉진하는 것이어야 하는 것이다.

수행평가의 또 다른 특징은 학습자의 맥락적 지식을 포함한 총체적 발달에 초점을 두는 평가라는 점이다. 따라서 수행평가에서는 학습자의 지식, 태도 및 기능을 확인하는 데 적절한 평가도구는 무엇이든지 다양하게 활용할 필요가 있다. 이를 위해 프로젝트 보고서 평가, 실험 · 실습 · 실기에 대한 관찰, 면접을 통한 평가, 포트폴리오 평가 등의 다양한 평가방법을 동원하여 학습자의 총체적 수행능력을 평가해야 하는 것이다.

수행평가는 학생의 역사학습 결과로 나타난 역사이해나 역사적 사고력의 수준을 평가하는 데 그치지 않고 역사학습을 자극한다는 의미가 강한 평가방식이다. 실제로 학교에서 실시하는 중간고사나 기말고사 등의 총괄평가는 학습목표의 설정, 학습내용의 선정 및 조직, 교수 · 학습방법의 선택 및 운영에 환류되는 경우가 많지 않고 학생들의 학습을 촉진하는 효과가 미미하지만, 수행평가는 학습활동 과정에서 이루어지는 평가이기 때문에 학생들의 학습활동을 교정하고 자극하는 효과가 클 수 있다.

이러한 수행평가를 통해 학생들이 실제로 수행하는 학습활동에 대해 직접 평가함으로써 학생이 인지적으로 아는 것뿐만 아니라, 아는 것을 실제로 적용할 수 있는지 여부를 파악할 수 있으며, 학습자 개인에게 의미 있는 학습활동이 이루어지도록 할 수 있다. 오늘날에는 기존의 지식을 기억, 재생하는 능력보다 학습자의 다양한 개성을 존중하고, 인성 및 창의성을 최대한 신장시키는 교육활동을 강조하

고 있으므로 사고의 다양성과 창의성을 신장하고 조장하기 위해서
수행평가가 필요하다고 할 수 있다. 특히 최근에는 역사학습에서 학
생의 활동이 강조되고 있는데 이와 관련하여 수행평가를 적극적으
로 활용할 필요가 있는 것이다.

2. 역사과 평가의 방향

역사과 평가를 올바르게 시행하기 위해서는 먼저 역사교육목표의
행동영역을 고려하여 균형 잡힌 목표를 제시해야 한다. 이어서 실제
역사학습에서 달성할 수 있도록 역사교육목표를 상세화하여 수업목
표(학습목표)를 설정하고 그에 부합하는 적절한 교수·학습과정을
진행해야 한다. 그리고 설정된 역사학습목표와 수행된 교수·학습
과정에 상응하는 평가를 시행해야 한다.

1) 역사교육목표의 행동영역

역사교육목표는 역사교육의 목적을 달성하는 데 필요한 하위요소
를 구체적이고 명시적으로 제시한 것으로, 역사교육의 목적이나 내
용과 관련하여 〈표 1-3〉과 같이 몇 개의 영역으로 구분할 수 있다(최
상훈, 2007b).

이들 영역은 역사학습목표를 설정하거나 역사과 평가 문항을 제
작할 때 참조할 수 있다. 하나의 평가 문항을 통해 한 가지 영역만
평가할 필요는 없고 두 개 이상의 영역에 걸친 평가 문항을 제작할
수도 있다.

〈표 1-3〉 역사교육목표의 행동영역

목표	내용
역사 지식의 이해	• 역사학습에 필요한 기본적이면서도 중요한 사실, 개념, 원리의 기억 • 단편적이거나 지엽적이지 않으면서 유기적이고 맥락적으로 연관되는 사실이나 용어의 이해
연대기의 파악	• 역사의 연속성과 변화 및 발전의 이해 • 시간과 관련된 여러 용어의 의미 파악 • 연표에 제시된 항목 간의 시간 관계 이해 • 역사 사건이나 상황의 시대순 및 인과 관계 파악
역사 상황 및 쟁점의 인식	• 역사적 사실의 복합적인 관계로 초래된 역사적 상황의 인식 • 역사적인 갈등 관계 속에 내재된 주장이나 쟁점의 인식 • 역사적 상황이나 쟁점이 지니는 역사성이나 보편성의 인식
역사 탐구의 설계	• 역사문제의 해결을 위한 가설의 설정 • 역사문제의 해결을 위한 탐구방법의 설계 • 역사문제의 해결을 위한 적정 자료의 선택
역사 자료의 분석 및 해석	• 역사자료에 나타난 정보의 다면적 분석 • 역사자료에 개재되어 있는 의미의 다각적 해석 • 역사자료에 담겨 있는 핵심 내용의 정확한 포착 • 역사자료의 시대적 배경과 사회적 의미의 해석
역사적 상상 및 판단	• 주어진 사실이나 자료를 토대로 있을 법한 상황의 추론 • 제시된 증거에 개재되어 있는 한계성의 인식과 간극의 파악 • 당시의 상황을 고려하여 역사적 사실이나 행위의 적절성 판단

2) 역사교육목표의 상세화

교육목표는 교육이념과 교육목적에서 파생되는 것으로 학교교육목표, 교과목표, 단원목표, 수업목표(학습목표)로 위계화할 수 있다. 이 중에서 교육이념과 교육목적은 학문의 본질이나 관습, 혹은 사회적 합의를 통해 도출되는 것으로 교육기본법과 국가수준의 교육과정에 제시되어 있고, 학교교육목표, 교과목표, 단원목표도 국가수준의 교육과정에 제시되어 있다. 그런데 단원목표는 제7차 교육과정 이후 성취기준이라는 용어로 대체되었다. 수업목표(학습목표)는 역사교사가 국가수준의 교육과정을 참조하여 적절하게 설정하면 된다.

교육목표를 설정하는 것이 바람직한지 여부에 대해서는 논란이 있다. 교육목표 설정을 반대하는 사람은 특정한 목표가 제시되었을 경우 어떤 과목의 교육내용도 서술된 목표 하나하나를 충분히 만족시킬 수 없다고 주장한다. 특히 내용이 복합적인 사회과나 역사과에서는 교육내용을 확정하기가 어렵고 실제 수업상황에서 나타나는 변수를 고려하기 어려우므로 고정된 목표가 무의미하다는 것이다.

현실적으로 대부분의 교사들이 명확한 수업목표(학습목표)를 가지고 교실에 들어가는 것도 아니기 때문에 교육목표가 불필요하다고 생각하는 사람도 많다. 대체로 교사들은 학생들이 수업을 통해 무엇을 어느 정도 성취하는가보다는 어떤 내용을 어떻게 가르칠 것인가에 관심을 더 많이 가지고 있다고 볼 수 있다.

이에 대해 찬성론자는 세밀하게 기술된 목표를 제시하지 않으면 내용선정이나 교수과정이 막연하고 타당성이 없어지며 일관성을 잃을 염려가 있다고 주장한다. 이에 따르면 교육목표는 교육의 전반에 걸쳐 방향을 잡고 규정하는 근거이자 교육활동의 성과를 평가하는 기준이 되는 것이다.

논란의 여지는 있지만 대체로 교육목표는 필요한 것으로 간주되고 있고 다음과 같은 유용성이 있다고 볼 수 있다. 첫째, 교육목표를 통해 교육과정이 추구하는 목적을 구현할 수 있다. 둘째, 교육목표를 명시적으로 서술하면 학습내용을 용이하게 선택하고 조직할 수 있다. 셋째, 행동과 내용을 제시하는 용어로 교육목표를 상세화하면 교육과정의 성과를 명확하게 평가할 수 있다.

그런데 1990년대 이후 국가수준의 절대기준평가를 도모하는 과정에서 교육목표라는 용어 대신에 성취기준이라는 용어가 사용되기 시작하였고, 제7차 교육과정 이후에는 국가수준의 교육과정에서도 성취기준이라는 용어가 일반화되었다. 성취기준이란 교육목표를 좀 더 구체화한 것으로, "수업이나 평가에서 실질적인 기준이나 지침의 구실을 수행할 수 있도록 현행 교육과정상의 목표나 내용을 분석하고 세분화하여 상세화한 목표나 내용의 진술문"(박은아 외, 2008: 6)이라고 할 수 있다. 다시 말해 교육내용의 범위와 수준을 결정하여 교육과정을 명료화한 것으로, 교사가 수업 중에 달성해야 하는 목표를 진술한 것이 아니라 학생이 정상적인 학습 과정을 마쳤을 경우 마땅히 성취해야 하는 것이 무엇인가를 제시하는 교수 · 학습목표 체계이다.

성취기준은 내용과 행동을 함께 제시하는 형식으로 진술해야 한다. 내용이란 학생들이 학습해야 할 특정교과의 구체적인 세부 교과 내용을 의미하는 것이고, 행동이란 그 내용영역에서 학생들이 학습한 뒤에 구체적으로 표현해 보일 수 있는 능력을 의미한다.

지금까지 언급한 역사교육목표의 상세화 과정에 대해 2009년 개정 교육과정을 예로 들어 제시해 보면 〈표 1-4〉와 같다.

〈표 1-4〉에 제시된 교육이념, 고등학교 교육목표, 역사과목표는 2009년 개정 교육과정에 제시된 것을 모두 제시한 것이고, 성취기준은 '한국사'의 둘째 단원인 'Ⅱ. 조선 사회의 변화와 서구 열강의 침략적 접근'의 경우를 제시한 것이며, 학습활동의 예는 한국교육과정평가원(이하 평가원)에서 제시한 성취기준 ①에 대한 사례이다(박은

〈표 1-4〉 역사교육목표의 상세화

역사교육 목표의 위계	내용
교육이념	우리나라의 교육은 홍익인간의 이념 아래 모든 국민으로 하여금 인격을 도야하고, 자주적 생활 능력과 민주 시민으로서 필요한 자질을 갖추게 하여 인간다운 삶을 영위하게 하고, 민주 국가의 발전과 인류 공영의 이상을 실현하는 데 이바지하게 함을 목적으로 하고 있다.
고등학교 교육목표	고등학교 교육은 중학교 교육의 성과를 바탕으로, 학생의 적성과 소질에 맞는 진로 개척 능력과 세계 시민으로서의 자질을 함양하는 데 중점을 둔다. (1) 성숙한 자아의식을 토대로 다양한 분야의 지식과 기능을 익혀 진로를 개척하며 평생학습의 기본 역량과 태도를 갖춘다. (2) 학습과 생활에서 새로운 이해와 가치를 창출할 수 있는 비판적, 창의적 사고력과 태도를 익힌다. (3) 우리의 문화를 향유하고 다양한 문화와 가치를 수용할 수 있는 자질과 태도를 갖춘다. (4) 국가 공동체의 발전을 위해 노력하며, 세계 시민으로서의 자질과 태도를 기른다.
역사과목표	'역사' 과목에서는 우리나라와 세계의 역사를 종합적이고 체계적으로 이해하는 것을 지향한다. 과거 사실에 대한 폭넓은 지식을 바탕으로 비판적 사고력과 합리적 판단력을 향상시킨다. 학생 스스로 다양한 역사적 자료를 활용하여 학습할 수 있도록 함으로써 과거에 대한 서로 다른 해석과 시각이 존재할 수 있음을 인식하고, 이를 통해 역사에 대한 통찰력을 기르도록 한다. 가. 우리나라와 세계 역사를 체계적이고 종합적으로 파악한다. 나. 현대와 가까운 과거에 대한 이해를 심화함으로써 현대 세계와 우리 국가와 사회에 대한 통찰력을 확대한다. 다. 다양한 역사적 자료를 탐구하고 해석하는 과정을 통해 스스로 문제의식을 가지고 비판적으로 사고하는 능력을 기른다. 라. 현대사회가 직면한 문제들에 대한 역사적 배경과 상호관련성을 파악하여 그 의미와 가치를 평가할 수 있도록 한다. 마. 다양한 삶의 방식에 대한 이해를 기초로 다른 문화와 전통을 존중하는 태도를 기른다.
성취기준 (단원목표)	양 난 이후 개항 이전까지 조선 사회의 변동과 사회 개혁의 움직임, 외세의 침략적 접근과 조선의 대응을 다룬다. 조선 후기에 나타난 사회 · 경제적 변화, 통치 질서의 동요, 농민의 저항을 파악한다. 서구 열강의 팽창에 따른 동아시아 삼국의 대응 과정을 이해한다. ① 조선 후기에 근대 사회를 향한 새로운 움직임이 일어났음을 사례를 들어 설명한다.

	② 서구에서 자본주의가 발달하고 제국주의가 등장하는 과정을 파악한다. ③ 서구 열강이 아시아로 세력을 확장하는 과정과 이에 따른 변화를 파악한다. ④ 19세기 정치 질서의 문란과 사회 동요를 파악하여 당시 사회가 직면한 시대적 과제를 추론한다. ⑤ 흥선 대원군 집권기의 통치 체제 정비 노력과 외세에 대한 대응 노력을 탐구한다.
학습활동의 예 (학습목표)	• 조선 후기 상품 화폐 경제의 발달 모습을 보여주는 다양한 자료를 조사한다. • 조선 후기의 풍속화나 민화, 문학 등에서 양반 중심의 신분 질서가 흔들리는 모습과 민중 의식의 성장을 드러낸 작품을 보고 소감을 발표한다. • 중농학파와 중상학파의 사회 개혁론이 나오게 되었던 배경, 각각이 추구했던 사회 변화를 인물을 중심으로 조사하여 발표한다.

아 외, 2008: 281). 학습활동의 예는 학습목표라고 할 수 있는데 이것
은 역사교사가 국가수준의 교육과정이나 교과서를 토대로 적절하게
설정하면 된다.

이렇게 역사교육목표를 상세화하고 나면 평가를 위해 평가기준을
마련할 필요가 있다. 평가기준이란 "구체적인 평가 문항을 제작하는
과정부터 결과를 몇 수준으로 나누어 판정하고 이를 해석하는 과정
에 이르기까지 실질적인 지침 구실을 할 수 있도록, 이론적·경험적
으로 타당한 근거에 기초하여 성취 영역별 성취기준의 의미를 종합
적으로 재구성하여 진술한 것"(박은아 외, 2008: 7)이다.

다시 말해 평가기준이란 평가활동에서 실질적인 기준구실을 할
수 있도록 각 평가영역에 대하여 학생들이 성취한 정도를 몇 개의
수준으로 나누어 각 수준에서 기대되는 성취정도를 제시한 진술문
이다. 성취기준만 제시될 경우 이를 평가하는 상황에서 성취기준에
대한 해석, 이를 평가하기 위한 방법 및 내용의 선정 등에 있어 교사

<표 1-5> 역사과 평가기준의 사례

성취기준	평가기준		
	상	중	하
조선 후기에 근대 사회를 향한 새로운 움직임이 일어났음을 사례를 들어 설명한다.	조선 후기 상품 화폐 경제로 향하는 모습을 근대 사회태동이라는 관점에서 설명할 수 있다.	조선 후기 상품 화폐 경제로 향하는 모습을 농업, 상업, 광업의 발달 과정 속에서 사례를 들어 설명할 수 있다.	조선 후기 농업에서 광작 경영, 상공업 발전이 이루어졌음을 말할 수 있다.

(박은아 외, 2008: 232)

들이 다양한 견해를 가질 가능성이 있기 때문에 객관적 준거로 삼을 수 있는 타당한 기준을 제시할 필요가 있다. 평가기준은 성취정도에 대해 공통된 기준으로 수준을 판별하는 구실을 하고, 교사들에게 구체적인 평가정보를 제공하며, 개별교사의 평가 타당성에 대한 판단 근거로 작용한다.

그리고 평가기준은 개별학생들이 어느 정도 성취했는가를 가늠하기 위한 목적으로 개발된 준거이기 때문에 성취기준과 밀접한 관련을 갖는다. 따라서 평가기준을 개발하기 위해서는 성취기준을 면밀히 분석하는 과정이 필요하고, 아울러 교수 · 학습이나 평가환경도 역시 고려해야 한다. 이를 통해 학교현장의 교육환경을 최대로 고려한 실제적인 평가기준 설정이 가능하기 때문이다. 〈표 1-5〉는 한국교육과정평가원에서 제시한 평가기준의 사례이다.

〈표 1-5〉에 제시된 평가기준은 상 · 중 · 하의 위계로 설정된 것이다. '하'는 조선 후기에 나타난 움직임을 단순히 아는 것이고, '중'은 그러한 움직임이 '상품 화폐 경제로 향하는 것'임을 이해하는 것이며, '상'은 그러한 방향성이 '근대 사회의 태동'이라는 거시적 관점에서 설명될 수 있다는 것을 파악하는 것이다. 평가원에 따르면

〈표 1-6〉 평가기준 수준의 특성

수준	특성
상	중 수준에 해당되는 내용과 그 이상의 심화, 발전된 내용을 성취한 수준으로, 해당 학년의 목표 및 내용을 완전히 성취한 경우도 이에 해당한다.
중	해당 학년 학생이 정상적인 교수·학습과정을 거쳐 성취할 수 있을 것이라고 기대되는 보통의 수준을 말하는 것으로, 해당 학년의 필수적인 교과목표 및 내용의 성취정도를 측정한다.
하	중 수준보다 낮은 아주 기초적이고 기본적인 목표 및 내용만을 성취하였거나 그 이하인 상태를 말한다.

(박은아 외, 2008: 16)

상·중·하 수준의 특성은 〈표 1-6〉과 같다.

평가기준은 평가활동의 실질적인 지침으로 활용되고 성취정도를 수준별로 차별화할 수 있는 기준구실을 하므로, 정확한 평가를 위해 평가기준을 설정할 필요가 있다. 역사교사는 자신이 제시한 성취기준이나 학습목표에 따라 독자적으로 평가기준을 설정할 수도 있지만, 평가원에서 제시한 것을 참조해도 무방할 것이다.

3) 평가의 내실화

평가의 내실화를 도모하기 위해서는 평가 문항의 내용타당도, 다양성, 위계성을 확립해야 한다. 중등학교 현장에서 지필평가와 수행평가로 출제된 역사과 평가 문항에 대한 내용타당도 분석연구가 발표된 적이 있다. 그에 따르면 대다수의 평가 문항이 단편적인 지식을 측정하는 문항이었고 역사과 교육과정에서 제시된 교육목표와 동떨어져 있어서 내용타당도가 떨어지는 것이었다고 한다(김미선, 2008). (☞ 3장) 평가 문항의 필수요건은 내용타당도를 갖추는 것이다. 내용타당도를 높이기 위해서는 가르쳐야 하거나 가르친 내용에 입각해서 평가 문항을 만들면 된다.

내용타당도를 갖추는 것은 평가 내실화의 첫 번째 요건으로, 역사학습목표 설정, 교수·학습과정 시행, 평가 문항 출제 사이에 일관성을 유지하는 것이다. 역사학습목표 설정은 국가수준의 교육과정과 역사교과서에 입각해서 이루어지면 된다. 다음으로 교수·학습과정은 역사학습목표에 입각하여 진행해야 한다. 대체로 지식·이해에 관한 목표를 설정했으면 강의식이나 문답식 수업으로 진행하고, 기능에 관한 목표를 설정했으면 탐구식이나 극화식 수업으로 전개하며, 가치·태도에 관한 목표를 설정했으면 토론식이나 발표식 수업으로 시행하는 것이 좋을 것이다.

그리고 평가 문항의 출제는 설정된 역사학습목표와 진행된 교수·학습과정에 상응하도록 이루어져야 한다. 이를테면 기능에 관한 목표를 설정하고 탐구식이나 극화식으로 수업을 진행했다면 평가 문항도 그와 관련된 것이 많아야 하는 것이다. 이에 반해 가치·태도에 관한 목표를 설정하고 그에 부합하는 수업을 시행하였는데 지식·이해에 편중된 평가 문항을 출제하였다면, 목표·수업·평가의 일관성이 부족하고 내용타당도가 떨어진 것이라고 할 수 있다.

평가 내실화의 두 번째 요건은 평가 문항의 다양성을 확립하는 것이다. 평가 문항의 다양성은 세 가지 면에서 추구해야 한다. 먼저 문항유형의 다양성을 고려해야 한다. 문항유형이란 선다형, 단답형, 서술형 등으로 문항의 형태를 구분한 것이다. 이것은 수험생의 반응에 따라 선택형(인지형)과 서답형(재생형)으로, 채점방식에 따라 주관식과 객관식으로 구분된다. 선택형은 제시된 답지 중에서 인지하여 선택하는 것으로 여기에는 진위형, 선다형, 연결형이 포함되고, 서답형은 수험생이 알고 있는 것을 재생하여 답을 기술하는 것으로 여기에는 단답형, 완결형, 간답형, 서술형, 논술형이 속한다.

주관식은 채점과정에 주관성이 개입될 소지가 많은 문항으로 여기에는 간답형, 서술형, 논술형이 포함된다. 서술형이란 일반적으로 한 줄 이상의 긴 답을 요구하는 문항으로 간답형이나 논술형을 포함하는 경우가 많지만 이들을 구분하기도 한다. 간답형과 서술형을 구분하는 기준은 답안 분량의 차이인데, 두 가지를 구분할 경우에 전자는 한 줄 정도의 간단한 답을 요구하는 문항을 말하고, 후자는 두 줄 이상의 긴 답을 요구하는 문항을 의미한다. 논술형은 수험생의 주장이나 의견을 조리 있게 제시하도록 요구하는 문항을 말한다.

객관식은 채점과정에서 객관성이 확보되는 문항으로 진위형, 선다형, 연결형, 단답형, 완결형을 가리킨다. 진위형은 두 개의 답지 중에서 옳거나 그른 것을 선택하는 형태이고, 선다형은 세 개 이상의 답지 중에서 하나 이상의 답지를 선택하는 형태이다. 연결형은 두 개 이상의 항목 중에서 관계있는 것을 연결하는 형태이다. 이때 각 항목에 제시되는 요소는 개수가 서로 다른 것이 좋다. 개수가 같을 경우에는 한 문항의 답이 저절로 정해지기 때문이다. 단답형은 단어나 어구를 쓰는 문항을 말하고 완결형은 문항의 미완성 부분을 완성하는 형태를 가리킨다.

이들 문항유형은 각각 장·단점을 지니고 있으므로 수험생의 실력을 정확하게 측정하기 위해서는 여러 문항유형을 적절히 배합할 필요가 있다. 이를테면 선다형은 역사 지식의 양이나 폭을 측정하는 데 효율적이고, 서술형은 역사 지식의 깊이나 역사적 사고력을 측정하는 데 효과적이다.

다음으로 고려할 것은 소재의 다양성이다. 최근에 대학수학능력시험에서는 다양한 소재를 활용하여 문항을 제작하고 있다. 교실수업 상황을 설정한다든지, 신문기사나 만화를 활용한다든지 하면서 참신한 소재를 개발하고 있으므로 참고할 필요가 있다. 전통적으로 역사과 평가 문항은 사료나 역사지도를 많이 활용하였는데, 이들 소재는 계속해서 이용해야 하지만 학생들에게 진부한 감을 줄 수 있다. 이에 반해 학생들이 자주 접한 소재보다는 참신한 소재를 활용하게 되면 학생들의 학습의욕과 성취의욕을 자극할 수 있어서 역사학습에 도움이 될 수 있다.

덧붙여 고려할 사항은 평가영역의 다양성이다. 앞에서도 언급했듯이 지식 · 이해영역에 치중된 문항을 출제하지 말고, 기능이나 가치 · 태도영역에 관한 문항도 적절하게 배합할 필요가 있다.

평가 내실화의 세 번째 요건은 평가 문항의 위계성을 도모하는 것이다. 역사교사가 아무리 학습목표를 명시적으로 설정하고 그에 따라 교수 · 학습을 진행한 후 목표와 수업에 상응하게 학생들의 성취정도를 평가하는 일관성을 유지한다 할지라도, 평가결과는 교사가 의도한 대로 나타나지 않는 경우가 있다. 이를테면 교사가 어려울 것이라고 예상하며 출제한 문제를 오히려 학생들이 쉽게 답하는 경우라든가, 쉬울 것이라고 출제한 문제를 학생들이 어렵게 생각하고 풀지 못하는 경우가 발생하기도 한다.

난이도는 수험집단에 따라 상대적인 것인데다가 채점 후에야 알 수 있는 결과적인 것이다. 그런데 출제과정에서는 어떤 문항이 어려울 것이고 어떤 문항이 쉬울 것이라는 예상이 어느 정도 가능해야 한다. 경험이 많은 교사는 어느 정도 난이도를 정확하게 예측할 수는 있지만 어차피 난이도는 사후에 밝혀지는 상대적인 것이다. 그러므로 학생의 수준이나 인지적 · 정의적 발달 단계에 따라 어느 정도 절대적인 난이도를 고려할 필요가 있는데, 이를 평가 문항의 위계성이라고 한다. 평가 문항의 위계성은 다음의 몇 가지 조건에 따라 도모될 수 있다(오정현, 2009).

첫째, 단순성 혹은 복잡성이다. 초급에서는 단순한 것을, 그리고 고급으로 단계가 높아질수록 복잡한 것을 평가해야 한다. 평가 문항에서 요구하는 평가내용, 답지, 자료가 단순하면 위계가 낮고, 복잡하면 위계가 높아지는 것이다. 이를테면 완성된 역사연표나 지도를 해석하는 정도를 묻는 문항은 위계가 낮고, 미완성된 역사연표나 지도를 제시하고 그와 관련된 정치 · 경제 · 사회적 배경 등을 묻는 문항은 위계가 높다고 할 수 있다. 또한 두 개 이상 제시되는 자료의 공통적인 사실을 추출하고 그 특징을 묻는 문항은 하나의 자료를 이해하고 해석하는 수준보다는 문항의 위계가 높다. 따라서 학년이 낮을수록 단순한 자료나 평가내용에 입각한 평가 문항을 중심으로 출제하고 학년이 높을수록 복잡한 자료나 평가내용으로 구성된 평가 문항을 중심으로 출제할 필요가 있다.

둘째, 학습자가 반드시 알아야 하는 중요한 것을 평가하는 가치성이다. 역사과의 내용을 가치성에 의거하여 구분한다면 초급에서는 문화재나 인물, 중급에서는 정치적 사건, 고급에서는 정책이나 제도를 평가하는 것이 바람직하다. 역사적 지명과 관련하여 예를 들어보면, 삼국의 수도 같은 대표적인 지명과 관련하여 잘 알려진 역사적 사실을 묻는 문항은 위계가 낮고, 중요한 역사적 사실이나 세부적인 역사적 사실과 관련된 지명을 토대로 구성된 문항은 위계가 높을 수 있다.

셋째, 교수 가능성(학습 가능성)을 고려하여야 한다. 초급에서는 쉽게 가르칠 수 있는 것, 고급으로 갈수록 가르치기 어려운 것을 평가해야 한다. 이를테면 초급에서는 기초적인 문화사나 생활사, 중급에서는 정치사와 사회사, 고급에서는 경제사나 종합적인 문화사를 평가할 수 있다.

넷째, 학습자의 탐구 가능성이다. 이 기준에 따라 기억력, 이해력, 분석력 등이나 연대기 파악력, 역사적 탐구력, 역사적 판단력 등의 위계를 마련할 수 있다. 그리고 내용면에서 원사료를 제시하느냐, 사료를 가공해서 변형하느냐 등도 학습자의 탐구 가능성을 토대로 결정될 수 있다.

이러한 네 가지 조건 중에서 단순성 혹은 복잡성은 평가 문항의 형식과 내용을, 가치성과 교수 가능성은 내용을, 탐구 가능성은 평가 문항의 내용이나 목표의 위계성을 확립하는 기준이 될 수 있다.

제 2 장

역사과 평가 절차

 학교 현장에서 이루어지는 평가는 평가의 시행결과가 역사과의 교육목표를 달성할 수 있도록 체계적인 절차를 따르는 것이 바람직하다. 평가의 목적이나 내용에 따라 약간의 차이가 있을 수 있으나 일반적으로 평가를 통해 역사교육에서 측정할 평가목적을 확인하고, 이에 적합한 구체적인 학습목표를 설정하여 수업을 진행한 후, 이 수업내용에 근거하여 학생들이 도달한 성취정도를 측정하게 된다. 이때 평가를 실시하기 위한 평가 대상, 횟수, 시기, 채점방식 등에 대한 계획을 세우고, 평가환경을 마련한다. 평가를 실시한 후에는 평가결과가 목표에 도달했는지에 대한 그 여부를 판단하고 그 결과를 활용하는 과정을 거친다. 이러한 일련의 절차는 목표-교수·학습-평가의 일관성 유지를 통해 평가의 타당성을 구축하기 위한 것이다.

 이 장에서는 역사과에서 평가를 원활하게 실시하기 위해 평가계획을 수립하고 이에 적합한 평가도구를 개발하여 평가를 시행하며, 평가결과를 분석하고 활용하기까지의 핵심적인 평가 절차를 알아본다. 학교 현장에서 평가를 실시할 때에는 교육적 맥락에 따라 구체적인 절차나 내용이 생략되거나 덧붙여질 수 있으나 기본적으로 〈그림 2-1〉과 같은 절차가 필요하다.

〈그림 2-1〉 역사과 평가 절차

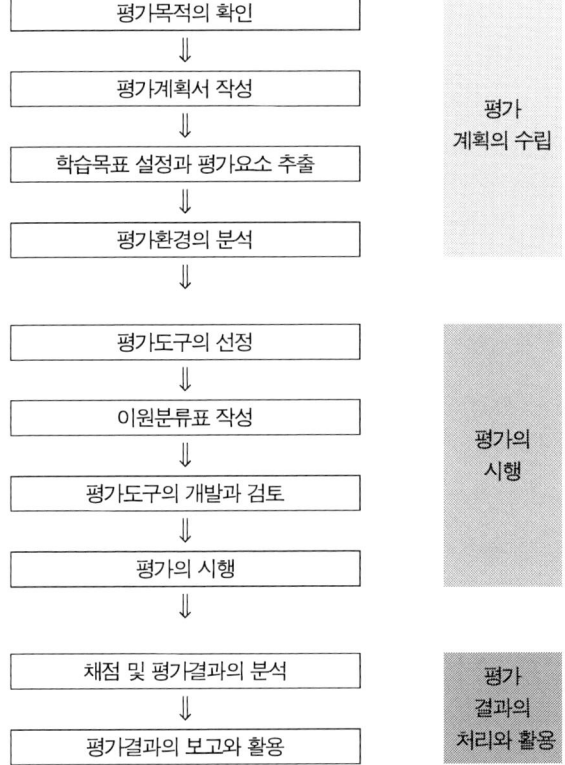

1. 평가계획의 수립

1) 평가목적의 확인

역사과 평가에서 가장 먼저 고려해야 할 것은 '왜 평가를 하는가?' 라는 평가목적을 명료하게 하는 일이다. 평가목적을 분명히 하는 것은 '평가를 통하여 무엇을 성취하고자 하는가?', '평가를 통하여 얻고자 하는 바는 무엇인가?' 와 같은 질문을 제기함으로써 평가계획을 구체화하는 데 도움이 된다. 평가목적은 평가내용을 선정하고 방법을 결정하며 결과를 해석하고 활용하는 모든 후속단계를 명확하게 하는 데 영향을 미치기 때문이다. 따라서 교사는 평가목적을 구체적으로 확인하고 각 목적에 적합한 평가가 이루어지도록 해야 한다.

예를 들면, 역사교사가 학생을 평가하는 목적이 내신성적과 관계가 있다면, 평가 문항의 내용구성은 교사가 수업 시간에 가르친 역사내용을 중심으로 역사과의 교육목표에 근접한 학습내용으로 선정될 것이다. 평가방법은 학생들의 성취수준을 이해하고 발달을 돕는 데 가장 적합한 방법이 선택될 것이다. 평가결과는 학생들의 역사지식 이해 여부에 대한 판단으로 이어질 것이고, 학생들의 성적 판정에 중요한 참고자료로 사용될 것이다.

중학교 역사 '조선 사회의 변동' 이라는 단원 중 '조선 후기의 새로운 종교와 농민봉기' 에 대하여 2009 개정 교육과정에서는 '새로운 종교의 등장과 농민봉기를 농민의식의 성장과 연관지어 설명한다.' 라고 제시되어 있다. 이에 대해 역사교사는 교육과정에 제시된 단원별 교육목표를 해석한 후, 진단평가, 형성평가, 총괄평가에 대한 목적을 〈표 2-1〉과 같이 구체화할 수 있다.

〈표 2-1〉 역사과 평가목적에 따른 평가유형과 활용

진단 평가	적용시기	교수 · 학습 투입 전에 실시한다.
	방법	'세도정치 시기 정치기강의 문란과 삼정의 문란 등 사회적 모순'에 대해 학생들이 지닌 학습정도나 지식을 질문이나 간단한 테스트를 통해 측정한다.
	활용	평가결과를 통하여 이 단원에 대한 학생들의 학습능력, 동기, 선수 학습 정도, 선개념 및 오개념을 파악하고, 여러 가지 학습장애 요인을 밝힌다.
형성 평가	적용시기	교수 · 학습활동 도중 혹은 후에 실시한다
	방법	동학과 천주교 등 종교의 교리상의 특징을 비교하게 하고, 당시 농민의 입장에서 선택할 수 있었던 길을 발표하게 한 후, 동학과 천주교가 농촌사회로 전파된 배경의 이해정도를 선다형으로 평가한다. 세도정치 시기 삼정의 문란과 관련된 학습 자료를 읽게 하고, 농민들이 할 수 있는 저항의 형태를 토론하게 한 후, 농민봉기 발생 배경에 대한 이해정도를 구두로 질문한다.
	활용	평가결과는 학습 진행속도를 조절하거나, 투입한 교수 · 학습활동의 적절성을 확인하여 수업방법을 개선하는 자료로 활용한다.
총괄 평가	적용시기	학습단위, 학기, 학년 말에 실시한다.
	방법	학생들의 성취수준 도달 여부를 확인하기 위해 교육과정에 제시된 단원별 교육목표를 근거로 수업시간에 배운 내용의 성격에 따라 선택형, 서술형 혹은 논술형 등으로 평가한다. 예를 들면, 동학과 천주교의 교리상의 특징과 농촌사회로의 전파 배경, 홍경래의 난 등 농민봉기의 시대적 배경 등은 선택형으로 평가하고, 조선 후기 농민봉기에 대해서는 당대 사회변화와 관련한 농민의식 성장에 대한 이해의 정도를 측정할 수 있는 논술형 문항을 선택한다.
	활용	평가결과는 성적판정, 수업효과 확인, 자격부여 등에 활용한다.

2) 평가계획서 작성

역사교사는 동료교사들과 협의를 거쳐 학기별 또는 연간 평가계획서를 학년 초에 작성한다. 평가횟수와 평가시기는 학교마다 공식적인 일정에 따라 결정되어 있는 경우가 일반적이므로 교사는 학사일정을 사전에 확인한 후 필요한 평가횟수와 그 시기를 조정하여 연간 평가계획을 수립해야 한다. 특히 교육과정에 제시된 단원별 교육목표와 내용을 해석하여 수업방향을 설정한 후 평가시기, 평가방법을 결정한다. 평가방법에서는 지필고사와 수행평가에 대한 반영비율과 배점을 고려하여 상세한 계획을 세운다.

〈사례 2-1〉은 고등학교 역사교사가 한국사 평가계획서를 작성한 예시이다. 이것은 2009 개정 교육과정 적용으로 집중이수제 시행에 따라 1학기에 한국사를 끝내는 것으로 하고 평가를 계획한 것이다. 이 교사는 중간고사와 기말고사를 각각 35%로 하여 지필고사 반영비율을 70%로, 수행평가는 30%로 결정하였다. 일반적으로 수행평가는 지필고사와는 상관없이 학기 단위로 전체 반영비율이 결정되지만 이 교사는 단원별로 반영비율을 고려하여 평가계획을 세웠다. 지필고사의 경우 중단원 '개화정책의 추진과 갈등'에서 개화파와 위정척사파의 주장에 대한 학생들의 견해를 파악하기 위해 논술형 문항으로 실시하기로 하였다. 논술형 문항은 평가시간이 많이 소요되므로 정규고사 시행기간과는 별도로 구분하여 평가하기로 하였다. 평가시기는 4월(6~7째 주)로 정하고 실시시간은 학교 학사일정을 고려하여 정하기로 하였다. 이때 평가시간은 교과시간, 감독교사, 시행지침을 평가시행 전에 조정하고 준비할 수 있도록 하였다.

〈사례 2-1〉 고등학교 1학년 한국사 평가계획서 예시

월	주	시수	대단원	중단원	평가방법 지필고사	평가방법 수행평가
3	1	4	우리 역사의 형성과 발전	선사문화와 한민족의 형성	15%	5%
				고조선과 철기시대의 여러 나라		
	2	4		고대국가의 발전		
				남북국 시대의 발전		
	3	4	고려와 조선의 성립과 발전	고려의 정치와 사회변동		
				고려의 사회와 문화		
	4	4		조선의 성립과 체제정비		
				조선의 사회와 문화		
4	5	4	조선사회의 변화와 서구 열강의 침략적 접근	조선후기 사회의 새로운 움직임	20%	10%
				19세기 조선 사회의 변화와 서양 열강의 침략		
	6	4	동아시아의 변화와 조선의 근대개혁운동	흥선대원군의 정책		
				문호개방과 불평등 조약 체제		
				개화정책의 추진과 갈등		
	7	4		갑신정변과 열강의 침탈		
				동학농민운동과 청일전쟁		
	8	4	근대국가 수립운동과 일본 제국주의의 침략	근대국가 수립운동		
				국권수립운동의 전개		
				근대문화의 형성		
	9	1		중간 고사	35%	15%
5	10	4	일제의 식민지 지배와 민족운동의 전개	일제의 식민지 정책	20%	10%
				3·1운동과 대한민국임시정부		
	11	4		민족 독립운동의 전개		
				일제의 민족말살정책과 민족 수호		
7	19	1		기말고사	35%	15%
				합계	70%	30%

3) 학습목표 설정과 평가요소 추출

학년 초에 평가에 대한 연간계획을 세운 후에는 수업방향을 결정하기 위해 학습목표를 구체적으로 설정할 필요가 있다. 여기에서 우선적으로 고려해야 할 사항은 학습목표를 설정하는 데 기반을 제공하는 성취기준에 대한 이해이다. 성취기준은 평가뿐 아니라 교수 · 학습활동을 위한 기준으로도 활용될 수 있다. 성취기준은 배우고 가르치는 데 실질적인 기준으로, 교사가 수업 중에 달성해야 하는 목표라기보다 학생이 학습활동을 통하여 최종적으로 성취해야 하는 교수 · 학습목표의 체계로 교수 · 학습활동에 대한 방향을 제시하는 성격을 갖는다. 따라서 역사교사는 성취기준을 통해 학생들이 성취해야 할 내용요소와 행동영역(기능) 등의 학습 범위와 사고력의 깊이 정도를 고려하여 단원별 학습목표를 명료화해야 한다.

〈사례 2-2〉는 고등학교 한국사 '동아시아의 변화와 조선의 근대 개혁 운동'이라는 단원에 대해 2009 개정 교육과정이 제시하고 있는 성취기준을 토대로 학습목표와 평가요소를 설계한 예시이다. 성취기준은 평가원에서 제공하고 있는 성취기준 자료를 활용하고, 이를 근거로 역사교사는 수업 상황에서 도달할 수 있는 학습목표를 구체적으로 설정할 수 있다. 이때 학습목표는 목표달성의 조건(내용요소)과 목표달성을 설명하는 데 필요한 명시적 행동이 잘 나타나도록 해야 한다(예를 들면, '정의내릴 수 있다,' '제시할 수 있다'). 성취기준을 바탕으로 설정된 학습목표는 교수 · 학습활동과 평가에 필요한 핵심내용과 범위 및 사고의 깊이 등을 추출하는 데 준거가 될 수 있다. 평가요소는 학습목표를 토대로 수업상황에서 가르치는 가장 기본적이고 중요한 내용요소로 구성되어야 한다. 예를 들면, 〈사례 2-

〈사례 2-2〉 '동아시아의 변화와 조선의 근대 개혁 운동'에 대한 학습목표 설정과 평
　　　　　가요소

성취기준	학습목표	평가요소
• 개항 이후 청과 일본의 근대 개혁 운동을 이해하고 그 성격을 설명한다.	• 개항 이후 중국과 일본의 근대 개혁 운동의 전개과정과 내용을 설명할 수 있다. • 개항 이후 중국과 일본의 근대화 운동과 관련된 자료를 통해 그 성격을 분석할 수 있다.	- 청의 양무운동, 변법자강운동 등 근대 개혁 운동의 전개과정과 내용 - 일본의 메이지 유신 등 근대 개혁 운동의 전개과정과 내용
• 외국과 맺은 여러 조약을 조사하여 불평등 조약 체제가 형성되었음을 이해한다.	• 외국과의 문호개방 과정을 설명할 수 있다. • 외국과의 문호개방으로 맺은 조약의 성격을 조문을 통하여 분석할 수 있다.	- 운요호 사건 및 강화도 조약의 내용과 성격 - 서양 국가들과의 수호 조약 내용과 그 성격
• 정부가 추진한 개화 정책의 내용을 알고, 이를 둘러싼 여러 세력의 대응을 비교하여 파악한다. • 정부가 추진한 다양한 개화정책의 내용을 설명할 수 있다.	• 정부의 개화정책에 대한 개화파와 위정척사파의 주장에 대해 자신의 의견을 제시할 수 있다.	- 개화세력의 성장 - 개화정책의 추진 내용 - 개화사상과 위정척사운동의 성격 - 위정척사운동의 전개 - 임오군란의 전개
• 갑신정변의 전개과정을 알고 이후 조선을 둘러싼 국제적 대립이 격화되었음을 안다.	• 갑신정변에서 내세운 14개조 개혁 요강을 통해 갑신정변이 추구했던 사회 모습을 탐구할 수 있다. • 갑신정변 이후 전개된 국제적 대립에 대해 조사하여 발표할 수 있다.	- 갑신정변의 원인, 전개과정, 의의 - 조선을 둘러싼 국제 관계 - 근대적 개혁의 추진
• 개항 이후 외세의 경제침탈과 이로 인한 사회·경제적 변화를 탐색한다.	• 개항 이후 외세의 경제침탈 양상에 대한 다양한 사례를 제시할 수 있다. • 개항 이후 외세의 경제침탈로 인해 나타난 사회·경제적 변화를 탐구할 수 있다.	- 청·일의 상권침탈 경쟁 - 열강의 이권침탈 - 민족자본의 육성 - 경제적 저항운동 - 근대적 사회의식의 확산 - 생활모습의 변화

〈사례 2-3〉 학습목표 설정과 평가요소의 예

학습목표	• 개항 이후 중국과 일본의 근대 개혁 운동의 전개과정과 개혁내용을 설명할 수 있다. • 개항 이후 중국과 일본의 근대화 운동과 관련된 자료를 통해 그 성격을 분석할 수 있다.
평가요소	• 청의 양무운동, 변법자강운동 등의 전개과정과 개혁내용 • 일본의 메이지 유신의 전개과정과 개혁내용

2〉에서 성취기준 '개항 이후 청과 일본의 근대 개혁 운동을 이해하고 그 성격을 설명한다.'에 대해 교사는 학습목표와 평가요소를 〈사례 2-3〉과 같이 추출할 수 있다.

먼저 성취기준의 "개항 이후 청과 일본의 근대 개혁 운동을 이해"하기 위해서는 청과 일본의 근대 개혁 운동의 전개과정과 내용을 파악해야 한다. 이에 대해 평가요소는 수업 시간에 가르치는 내용요소로, 청의 양무운동, 변법자강운동과 일본의 메이지 유신 같은 중국과 일본의 근대 개혁 운동 등이 해당한다. "청과 일본의 근대 개혁 운동의 성격을 설명"할 수 있으려면 두 나라의 개혁 운동 내용분석을 통해 개혁의 성격을 좀 더 깊이 있게 파악하는 방법을 선택할 수 있다. 이러한 학습목표와 평가요소 설정은 체계적인 교수·학습활동과의 연계성을 위해 매 단원학습 시작 전에 이루어지는 것이 좋다.

4) 평가환경의 분석

평가를 시행하기 위해서는 학습목표와 평가요소를 고려한 평가도구의 성격과 평가환경을 먼저 분석해야 한다. 예를 들면, "개항 이후 외세의 경제침탈로 인해 나타난 사회·경제적 변화를 탐구할 수 있다."라는 학습목표에 근거하여 탐구활동을 통해 학생들의 수준 높은 역사적 사고력을 평가하고자 할 때, 역사교사는 지필평가가 지닌 한계를 고려하여 수행과제 형식으로 평가도구 선정을 고려할 수 있다.

또한 "선사 시대의 유적지와 유물을 통해 당시의 생활상을 복원해 볼 수 있다."는 학습목표를 설정하고 난 후, 수업시간을 활용하여 제작법을 통해 학생들의 수행과정과 사고능력을 종합적으로 평가한다고 가정해보자. 이때 제작법이 역사과에 적합한 평가도구라 하더라도 학교환경이 학생들에게 선사 시대 유물이나 유적을 제작할 여건을 제공할 수 없으면 제작법은 평가도구로 개발될 수 없다. 따라서 평가가 이루어지기 전에 평가결과에 영향을 미치는 주요 변수가 될 수 있는 평가환경과 평가도구의 특성을 함께 고려하는 사전작업이 반드시 이행되어야 한다.

2. 평가의 시행

1) 평가도구의 선정

학습목표를 설정하고 평가요소를 결정한 후에는 이에 따라 수업을 실시하고, 수업에서 가르친 내용을 평가하기 위한 도구를 선정함으로써 구체적인 평가시행 단계에 들어간다. 평가도구를 선정하고 개발하기 위해 고려해야 할 사항은 평가하려는 내용을 가장 잘 측정할 수 있고 학생들의 능력 차이를 잘 변별할 수 있는 방법을 선택하는 것이다.

학생들의 역사적 사고력이나 학습한 역사 지식 내용에 대한 이해 정도를 파악하기 위해서는 지필평가를 실시한다. 지필평가에는 선

〈사례 2-4〉 평가도구별 학습목표의 예(동아시아의 변화와 조선의 근대 개혁 운동)

평가도구	학습목표
선택형	• 청과 일본의 근대화 과정과 관련된 글을 읽고 그 성격을 설명할 수 있다. • 개항 이후 외세의 경제침탈 양상에 대한 다양한 사례를 설명할 수 있다. • 갑신정변 이후 전개된 국제적 대립에 대해 조사하여 발표할 수 있다.
서술형	• 갑신정변에서 내세운 14개조 개혁 요강을 통해 갑신정변이 추구했던 사회 모습을 설명할 수 있다. • 외국과의 문호개방으로 맺은 조약의 성격을 조문을 통하여 분석할 수 있다.
논술형	• 개화사상과 위정척사사상을 보여주는 대표적인 글들을 조사하여 정부의 개화정책에 대한 그들의 주장에 대해 자신의 의견을 제시할 수 있다.
수행평가	• 개항 이후 외세의 경제침탈로 인해 나타난 사회 · 경제적 변화를 탐구할 수 있다.

택형, 단답형, 서술형, 논술형 등 다양한 문항유형을 개발하여 사용하는 것이 일반적이다. 평가의 객관성, 신뢰성, 공정성을 고려할 때에는 선택형 평가 문항을 채택하고, 역사적 사고력 중에서 역사적 판단력이나 탐구력 등 고차원의 사고능력을 측정하고자 할 때에는 서술형 또는 논술형 평가 문항을 채택한다. 지필평가로 직접 평가할 수 없는 고차적인 역사적 사고능력이나 절차적 역사 지식, 메타인지 능력 등을 측정하고자 할 때에는 수행평가를 채택할 수 있다.

〈사례 2-4〉는 고등학교 한국사 '동아시아의 변화와 조선의 근대 개혁 운동' 이라는 단원에 대한 평가도구별 학습목표의 예시이다. 역사교사는 이 단원의 학습목표에 적절한 평가도구를 다음과 같이 선정하였다. 예를 들면, 청과 일본의 근대화 과정이나 성격, 개항 이후 외세의 경제침탈 양상에 대한 이해의 정도를 확인하기 위해서는 선택형 문항을 선정하고, 갑신정변의 개혁방향이나 서구와 맺은 조약의 성격을 제시된 자료를 통해 도출해 내는 사고능력을 평가하기 위해서는 서술형 문항을 선정하였다. 또한 조선의 개화정책에 대한 당대 지식인들의 대립되는 주장을 학생들은 어떻게 생각하는지 확인하기 위해서는 논술형 문항을, 개항 이후 외세의 경제적 침탈에 대한 통계적 자료 등을 조사하고 당대 사회·경제적 변화를 설명할 수 있는 능력을 평가하기 위해서는 수행평가를 선정하였다. 이와 같이 평가도구는 학습목표, 평가목적, 학생집단의 특성, 문항유형의 장단점 등을 고려하여 결정해야 한다.

평가도구를 선정할 때에는 평가 문항수를 함께 결정해야 한다. 평가 문항수는 평가목적, 시험시간, 문항의 난이도, 소요되는 채점시간, 학생들의 문제해결 습관이나 속도 등을 고려하여 결정한다.

다른 조건이 동일하다고 전제할 때 문항수의 증가에 따라 평가의 신뢰도가 높아지므로 문항수는 많을수록 좋다. 문항수가 많을수록 학생 개인당 받는 점수의 오차가 줄어들기 때문이다. 적은 문항수는 학생 개개인이 공부한 내용에서 얼마나 많이 출제되었느냐에 따라 점수가 높아지거나 낮아지는 데 영향을 미친다. 특히 서술형 문항의 경우는 아무리 수준 높게 제작되었더라도 평가시간에 따른 문항수에 제약을 많이 받으므로 전체 수업내용을 포괄적으로 평가할 수가 없다. 따라서 한두 개의 서술형 문항보다는 여러 개의 선다형 문항과 서술형을 복합적으로 출제하는 것이 더 바람직하다.

그러나 시험시간에 비해 문항수가 지나치게 많으면 학생들의 시험 불안이나 교사들의 채점시간이 증가하게 되므로 신중을 기해야 한다. 문항수가 지나치게 많을 경우, 학생들은 시험시간 내에 모든 문항을 해결할 수 없다는 불안감 때문에 알고 있는 문항도 실수를 하게 된다. 특히 서술형 문항 출제비율은 학생들의 답안 해결능력을 고려하여 적절히 배분해야 한다. 다른 문항형식보다 서술형 문항을 완성하는 데 더 많은 시간이 소요되기 때문에 학생들은 선다형 문항보다 서술형 문항을 다룰 때 쉽게 지치는 경향이 있다. 따라서 서술형 문항이 많을수록 학생들의 평가결과는 부정적으로 나올 수가 있다. 교사 입장에서도 가르치는 학생 수가 많을 때 서술형 문항수가 지나치게 많다면 채점에 소요되는 시간이 그만큼 증가할 것이므로 문항유형에 따라 그 수를 신중하게 결정해야 한다.

2) 이원분류표 작성

평가도구와 문항수가 결정되면 이원분류표를 작성한다. 이원분류표는 어떤 내용영역(내용요소)과 어느 인지수준(행동요소)에서 몇 개의 평가 문항을 출제할 것인지 구체적으로 보여주기 때문에 평가활동에서 청사진과 같은 역할을 한다. 평가 문항을 제작할 때 사용하는 이원분류표는 흔히 건축에서 사용하는 설계도에 비유된다. 설계도 없이 건축물을 짓는다면 어떤 자재가 얼마나 필요한지 또는 어떤 공정을 거쳐야 하는지에 대한 정보를 전혀 알 수 없어 많은 시행착오를 거치게 될 것이다. 이와 마찬가지로 이원분류표가 없다면 교사들은 체계 없이 평가 문항을 제작할 것이고 학생들에 대한 평가결과 또한 신뢰할 수 없을 것이다.

이원분류표는 평가의 내용타당도를 높이기 위한 주요 방안이 된다. 이원분류표를 이용하면 첫째, 평가 문항을 수업내용과 일치시킬 수 있고 둘째, 평가를 통해 측정하고자 하는 역사적 사고력의 수준을 학습목표에 일치시킬 수 있으며 셋째, 출제범위에 해당하는 평가 내용을 골고루 출제하여 문항의 대표성을 높일 수 있기 때문이다. 따라서 이원분류표를 작성할 때 수업에서 가르친 내용, 교수 · 학습

〈표 2-2〉 이원분류표 작성 절차

1. 학습목표와 수업시간에 배운 내용을 토대로 추출한 평가요소를 이원분류표의 내용 분류항목(내용요소)에 진술한다.

2. 학생들이 도달할 행동체계를 분류하여 이원분류표의 행동분류항목(행동요소)을 결정한다.

3. 첫째와 둘째 단계를 토대로 이원분류표를 작성하게 되는데 이때 각 항목에 대한 평가비율을 연초에 세운 평가계획에 따라 산정한다.

4. 각 성취기준이 어떤 범주에 해당되는지 판단하여 작성한다. 이원분류표의 작성이 완료되면, 이를 근거로 평가 문항을 제작한다.

활동의 준거가 되는 학습목표와 교육과정에서 제시하는 단원목표의 내용뿐만 아니라 측정하고자 하는 역사적 사고력의 수준을 고려하고 출제 범위에서 문항을 골고루 표집해야 한다. 내용타당도를 고려하여 작성하게 되는 이원분류표는 제3장의 타당도를 참고한다.(☞ 80쪽) 이원분류표를 작성하는 절차는 일반적으로 〈표 2-2〉와 같다.

3) 평가도구의 개발과 검토

성취기준(내용과 행동영역)과 학습목표를 고려하여 학생들의 성취 정도를 제대로 평가하기 위해서는 이에 적합한 평가도구의 개발이 필요하다. 역사교육 목표에 적절한 평가결과를 얻기 위해서는 다양한 평가도구의 특징을 이해할 수 있을 뿐만 아니라 각 평가 내용에 적절한 평가도구를 선별하고 개발할 수 있어야 하기 때문이다.(☞ 실제편)

좋은 평가도구를 개발하고 문항을 작성하기 위해서는 많은 노력이 필요하다. 그러나 힘들게 작성한 문항이라도 문항이 기본적으로 갖추어야 할 요건들이 저절로 충족되는 것은 아니다. 또한 교사가

〈표 2-3〉 문항평가의 기준

기 준	의 미
정확성 (accuracy)	문항의 정답은 어떤 경우에도 정답이 되고, 오답은 어떤 경우에도 오답이 되는가?
의사전달력 (communicability)	문두와 선택지의 표현이 간결하고, 의미를 분명하게 전달하고 있는가?
난이도 (difficulty)	문항의 난이도 수준은 적절한가?
중요성 (importance)	문항이 역사교과에서 강조하는 핵심 지식이나 역사적 사고력을 측정하는가?
편향성 (bias)	특정 집단에게 유리하거나 불리하게 작용하는 요인이 문항에 포함되어 있지는 않은가? (예: 성별)
일치도 (congruence)	문항 하나하나가 평가계획서(이원분류표)와 일치하는가? 혹은 문항 전체가 역사교과 영역을 대표하고 있는가?
환경 (environment)	문항이 역사과 교육과정, 역사 교과서, 수업자료에 포함되어 있는 지식이나 기능을 측정하는가? (교과타당도)
기회 (opportunity)	실제 역사 수업 시간에 가르친 내용을 측정하는가? (지식 습득 기회: 교수타당도)

(Millman & Greene, 1989)

문항 작성 지침을 철저히 준수했다 할지라도 문항에 결함이 존재할 개연성은 충분히 있다. 그러므로 교사들은 평가 문항을 제작한 다음 문항이 기본요건들을 충분히 만족시키고 있는지, 평가 의도대로 그 기능을 제대로 발휘하는지를 꼼꼼히 점검하고 평가할 필요가 있다.

문항을 검토하고 평가하는 것은 평가도구의 질을 높이는 작업이기 때문에 문항평가 과정은 문항을 점검하는 체계적인 방법과 문항에 대한 신뢰성 여부를 판단하는 활동으로서 매우 중요하다. 일반적으로 교사들은 〈표 2-3〉과 같은 기준을 근거로 문항을 검토하고 평가할 수 있다.

4) 평가의 시행

 평가목적에 따라 구체적인 평가내용과 방법이 결정되고 평가도구가 개발되고 나면, 평가를 실시하여 학생들의 학업성취 정도에 관한 자료를 수집한다. 평가를 실시하기 위해서는 평가시행 계획에 따라 평가일정과 시행에 관한 유의점 등을 미리 학생들에게 고지하고, 평가도구 및 기타 장비 등을 포함하여 평가의 시행에 필요한 인적·물적 자원을 충분히 점검해야 한다.

 학생들에게 고지하는 평가시행에 관한 유의점 등은 일반적으로 수업시간에 구두로 설명하나, 이외에도 통신문, 학교 홈페이지를 활용할 수 있다. 이때 시험의 목적과 평가내용, 출제범위 등을 구체적으로 안내하고, 시험시간, 채점 기준, 배점 등에 대해서도 자세히 설명한다. 특히 평가 문항에 서술형이 포함되어 있을 경우 전체 시험 시간 중에서 서술형에 응답할 시간을 어느 정도 명시해 주는 것이 좋다. 서술형 문항의 채점 기준이나 배점 등은 수업시간에 미리 알려주거나 평가 문항 옆에 표기해서 참고가 될 수 있도록 한다.

 대체로 지필고사 형식으로 시행되는 중간고사·기말고사와 같은 정기고사(총괄평가) 때에는 시험 감독관과 이에 필요한 평가업무 담당자들이 미리 확보되어야 한다. 시험 감독관이나 평가업무 담당자들은 시험감독 일정, 평가업무에 관한 제반 사항(OMR 카드 준비, 평가지 준비와 회수 등), 평가 시행지침 등을 충분히 숙지해서 평가를 시행하는 데 차질이 없도록 해야 한다. 또한 시험 감독관은 평가가 시행되는 도중에 학생들에게 불필요한 개입을 하거나 부당한 힌트를 주지 않도록 주의해야 한다. 애매한 문항이나 수정할 필요가 있는 문항에 대해서는 전체 학생들에게 동시에 설명해 주고 학생들의 주의를 분산시킬 수 있는 행동을 자제함으로써 평가결과가 외부 요건에 의해 영향을 받지 않도록 한다. 정기고사 기간이 아닌 시간을 이용하여 평가결과를 성적에 반영하는 평가를 시행할 경우에도 각 교실의 시험 감독요원과 평가의 시행에 관한 정보를 충분히 공유해야 한다.

학습과제 또는 평가도구의 특성이나 평가목적에 따라 평가 실시 기간에 시험을 치르지 않는 평가(예를 들어 진단평가나 수행평가)에 대해서도 평가내용, 실시시간, 채점 기준을 놓고 교사 간에 명확히 의견을 나눈 후에 실시해야 한다. 전략적인 교수 · 학습방법을 투입하거나 학생들의 학기 초와 학년 말 성취수준을 비교하기 위해 체계적인 진단평가를 실시하고자 할 때에는 정기고사와 같은 평가 절차와 시행지침을 따르기도 한다.

3. 평가결과의 처리와 활용

1) 채점과 평가결과의 분석

평가가 끝나면 평가결과를 채점하고, 채점한 점수를 기록하여 평가의 기초자료를 만들어야 한다. 평가결과를 처리하는 과정에서 어려운 문제 중 하나가 채점하는 것이다. 채점결과에 대한 객관도의 문제가 따르기 때문이다. 채점은 선택형 문항의 경우 컴퓨터로 이루어지고 결과의 객관성이 보장되는 데 반해, 서술형 문항은 채점 기준에 의해 교사가 직접 채점하기 때문에 교사 개인의 주관적인 판단이나 편견으로 인해 평가결과가 달라질 수 있다. 이렇듯 서술형 평가 문항의 경우 평가자의 부주의나 훈련부족으로 채점과정에서 일관성이 부족하여 평가결과에 오차가 포함될 수 있다.(☞ 제3장 평가자 신뢰도)

서술형 문항에 대한 채점의 객관성과 결과의 신뢰성을 높이기 위해서는 다음과 같은 측면에 유의할 필요가 있다. 첫째, 채점 기준이 명확하지 않아 채점할 때마다 평가점수가 다르게 나올 수 있다. 둘째, 학생들의 인지능력이 완벽할 수 없다고 생각하여 최고점수(100점 만점에서 100점)를 부여하지 않거나, 누구나 최소한의 인지능력을 가지고 있다고 생각하여 최하점수(0점)를 주지 않게 되면 점수범위가 축소되어 평가결과에 대한 변별력과 신뢰도가 낮아질 수 있다. 셋째, 채점자가 학생답안의 어법, 글씨체, 자료제시 방법 등에서 받는 인상에 따라 채점결과가 달라질 수 있다. 넷째, 채점자가 특정 학생에 대한 인상을 좋게 또는 나쁘게 갖는 정도에 따라 채점을 달리할 수 있다(후광 효과). 다섯째, 채점자가 처음 채점할 때보다 채점 종결로 갈수록 채점 기준을 적용하는 정도가 엄격해지거나 느슨해져서 채점결과가 다르게 나올 수 있다.

평가결과의 오차를 줄이고 평가의 객관성과 신뢰성을 높이기 위해서는 우선 채점방법을 개선하도록 노력해야 한다. 예를 들면, ① 한 채점자가 채점한 동일한 서술형 문항을 다른 채점자가 중복 채점한 후 그 평균치를 구하는 방법, ② 두 명 이상의 채점자가 서술형 문항을 두 부분으로 나누어 각기 채점하는 방법(예를 들어 1번과 2번 문항은 A교사가, 3번과 4번 문항은 B교사가 채점), ③ 여러 개의 서술형 문항 중 각 문항별로 채점하는 방법, 즉 첫 번째 서술형 문항의 답안을 모두 채점한 후 두 번째, 세 번째 문항을 채점하는 방법을 시도해 볼 수 있다. ③의 경우 한 학생의 답안을 문항별로 모두 채점한 후 다른 학생의 답안을 채점하는 방법에 비해 일관성 있는 평가결과를 낼 수 있어 채점자에 의한 오류를 줄일 수 있다.

채점과정에서 평가결과의 오차를 줄일 수 있는 다른 방법으로는 가채점 또는 이미 채점한 결과를 검산하는 것이다. 가채점은 평가결과를 내기 전에 학생들의 답안 중에서 표본을 골라 미리 채점하는 것이다. 이때 가채점된 답안내용은 미리 설정된 채점 기준을 좀 더 상세화하고 채점 기준에 대한 단계별 모범답안의 사례를 준비할 수 있다는 이점이 있다.(☞ 제5장 서술형) 평가결과에 대한 검산을 할 경우에는 학생 수가 너무 많아 전체에 대한 검산이 불가능하다면 일부를 표집해서라도 이미 채점한 답안을 검토하는 과정을 거쳐야 한다. 가채점과 검산은 채점 기준을 명확하게 준비하거나 채점의 일관성을 유지하고 채점의 혼란을 최소화하는 데에 도움을 줄 수 있다.

학생들의 답안을 채점할 때에는 점수 부여도 고려해야 한다. 일반적으로 차등배점은 문항의 중요도나 난이도를 가장 중요한 기준으로 삼아 점수를 배정한다. 예를 들어, 교사가 수업 시간에 중요하게 다룬 역사적 사실이라든가 또는 학생들이 이해하기 어려운 내용일수록 배점을 높게 설정할 수 있다. 이때 주의할 점은 학생들이 평가 시간 내에 문제를 해결하는 데 실패하지 않도록 문항수와 차등배점을 적절하게 조정해야 한다는 것이다. 예를 들면, 5점은 4문항, 4점은 6문항, 3점은 10문항, 2점은 13문항 등 모두 33문항으로 출제하는 것이다. 또한 문제를 해결하는 시간에 비례하여 배점에 차이를 두는 방법을 사용할 수 있다. 학생들이 응답하는 데에 시간이 많이 소요되는 서술형 문항에는 배점을 5점으로 한다든지, 역사적 사료를 제시하고 사료해석을 통해 정답을 찾는 시간이 다른 문항에 비해 많이 소요되는 선다형 문항에는 배점을 4점으로 할 수 있다.

시험결과는 전산 파일 형태로 저장될 수 있어 자료분석과 결과처리에 용이하다. 수작업으로 채점한 서술형 문항의 점수는 평가관련 전산 프로그램(NEIS, National Education Information System, 교육행정 정보시스템)을 통해 선택형 문항점수와 합산할 수 있도록 한다. 수행평가의 결과 또한 전산 프로그램에 입력하여 기말에 지필평가 점수와 합산할 수 있도록 한다. 이렇게 평가를 시행하고 얻은 결과는 전산 프로그램에 의해 수량화되어 정리된다.

평가를 시행하고 얻은 결과는 목적에 맞게 해석한 후 활용하게 된다. 평가목적에 맞게 결과를 해석하기 위해서는 다양한 방법을 활용하여 평가결과를 분석할 수 있다. 자료가 양적일 경우에는 통계적 분석(예를 들면, 정답률, 평균, 표준편차 등)을 통해서, 질적인 자료일 경우에는 항목을 유목화하여(예를 들면, 역사적 사고력) 평가목적에 맞게 의미 있는 결과를 내도록 한다. 자료가 양적일 때에는 평가관련 전산 프로그램을 통해 분석이 가능하다. 학생들의 역사적 가치나 태도에 대한 정의적 영역의 평가는 학생에 대한 관찰, 면담, 인터뷰 조사 등을 통해 얻은 질적인 자료를 평가목적에 맞게 범주화해서 질적으로 분석하는 방법을 사용한다.

평가결과에 대한 양적 · 질적 분석이 이루어진 후, 분석결과에 대한 해석을 통해 평가의 의미를 정리한다. 평가결과에 대한 해석은 분석과 달리 평가대상인 학생 개개인의 특성을 고려하면서 종합적으로 이루어져야 한다. 예를 들면, 90점 이상의 결과를 얻은 학생은 전체 몇 명이며 평균 이하의 점수를 얻은 학생들은 누구인가에 대한 통계가 분석에 해당한다면, 특정 학생이 얻은 90점은 어떤 의미이며, 평균 이하의 점수를 얻은 학생들은 수업 내용과 관련하여 어떤 추후 지도가 필요한지에 대한 해석이 이루어져야 한다. 이러한 평가결과에 대한 해석은 학생들의 능력을 서열화해서 구분하는 방식보다, 평가결과가 반영하지 못한 교육성과를 반성하는 차원에서 진행되어야 한다. 또한 평가활동은 교육활동의 한 과정이므로 평가결과

〈사례 2-5〉 지필평가 문항분석표

201○년도 1학기 1학년 ○반
고사: 기말고사 교과목: 한국사

| 문항 | 답안 번호 | | | | | 합계 | 정답 | 정답률 |
번호	①	②	③	④	⑤			(%)
1	5 (18)	7 (52)	3 (23)	16 (164)	6 (45)	37 (302)	④	43.24 (54.17)
2	5 (17)	27 (252)	1 (5)	2 (16)	2 (12)	37 (302)	②	72.97 (83.33)
3	0 (5)	0 (7)	6 (21)	2 (13)	29 (256)	37 (302)	⑤	78.38 (84.72)
4	7 (84)	4 (10)	8 (89)	16 (112)	2 (7)	37 (302)	①	18.92 (27.78)
5	2 (11)	8 (43)	25 (231)	2 (15)	0 (2)	37 (302)	③	67.57 (76.39)
6	2 (10)	2 (15)	20 (147)	13 (123)	0 (5)	37 (302)	④	35.14 (40.73)
7	2 (8)	2 (7)	22 (231)	10 (52)	1 (4)	37 (302)	③	59.46 (76.39)
8	1 (6)	1 (8)	29 (252)	1 (3)	5 (33)	37 (302)	③	78.38 (83.30)
9	4 (18)	4 (26)	2 (8)	4 (32)	23 (218)	37 (302)	⑤	62.16 (72.22)
10	9 (92)	6 (65)	12 (110)	7 (31)	3 (4)	37 (302)	②	16.22 (18.06)

* ( )안 숫자는 전체 응답 인원 수

만 고려하여 교사와 학생 개개인의 비인격적 관계가 형성되지 않도록 유의할 필요가 있다. 이와 같이 교사는 학생들이 평가과정 하나하나에서 소외되지 않도록 세심한 배려가 필요하다.

또한 목적에 맞게 평가계획을 수립하고 충실히 문항을 제작했다 할지라도 결과가 평가의도에 적합한 양질의 정보를 제공한다고 확신할 수는 없다. 따라서 평가도구의 양호도 검증과 더불어 평가 문항의 질을 추가로 점검하는 절차가 필요하다. 〈사례 2-5〉는 고등학교 한국사 1학기 기말고사에 대한 통계처리 예시이다. 역사교사는 각 정기고사 이후 지필평가 문항분석표를 통해 평가 문항에 대한 의미를 해석할 수 있다. 이 문항분석표에는 각 답지에 대한 한 학급의 응답자 수(괄호 안은 전체 응답자 수)와 정답비율이 표기되어 있는데, 각 문항의 정답에 대한 전체 응답률보다 이 학급의 응답률이 전체적으로 낮게 나타나 있다. 이 분석표에서 교사가 살펴볼 문제는 각 문항의 정답에 대한 응답률과 오답에 대한 응답률 및 오답지 매력도이다.

먼저 4번과 10번 문항은 그 정답률이 매우 낮고 정답에 대한 응답자의 수보다 오답에 대한 응답자의 수가 더 많다는 공통점이 있다. 4번 문항의 정답은 ①번인데 오답인 ③번과 ④번의 응답자의 수가 정답과 유사하거나 더 많다. 10번 문항에서도 정답 ②번보다 ①번과 ③번에 응답한 학생들이 더 많다. 이러한 경우 문항이 어려워서인지 혹은 문항의 발문이나 답지 자체에 오류가 있어서 오답에 대한 응답자의 수가 더 많은 것인지에 대한 해당 문항의 내용을 점검해야 한다. 6번 문항에서는 이 학급의 학생들이 정답 ④번보다 오답 ③번에 응답한 수가 더 많다. 이러한 경우에도 교사는 해당 학급을 가르칠 때 수업내용이 잘못 전달되었는지 그 이유에 대한 분석과 함께 해당 문항의 답지와 관련하여 평가내용을 점검해 보아야 한다.

이 문항분석표에서 교사가 살펴볼 또 다른 문제는 오답지에 대한 매력도이다. 이 분석표에는 오답지에 대한 매우 낮은 응답률이 보이는데, 이는 오답지 매력도가 매우 낮은 답지들이다. 예를 들면, 2번 문항의 ③번 답지, 3번 문항의 ①번과 ②번, 4번 문항의 ⑤번, 5번과 6번 문항의 ⑤번 답지, 7번 문항의 ①번, ②번, ⑤번, 8번 문항의 ①

〈사례 2-6〉 중학교 역사과 성적일람표 예시

2011학년도 1학기
역사과목 성적 일람표

제3학년 ○반 교과담당교사 ○ ○ ○ (인)

평가방법(%)		지필고사 (70%)		수행평가 (30%)			합계	석차/ 재적수
번호	평가영역 성명	중간고사 (35%)	기말고사 (35%)	역사신문제작 (15%)	역사글쓰기 (10%)	수업관찰 (5%)	100%	
1	김민주	91.00	97.00	100.00	100.00	100.00	95.80	6(3)/ 557
2	나통일	55.00	49.00	80.00	70.00	60.00	58.40	494/ 557
3	박길동	85.00	66.00	100.00	90.00	90.00	81.35	120/ 557
과목평균		72.00	68.00				72.1	

- 지필고사 환산 점수는 지필고사 1회 100점 만점에서 환산 비율(각 35%)을 반영하여 산정함.
- 중간고사 학년별 평균 점수는 72점(환산 점수 25.20), 기말고사 평균 점수는 68점(환산 점수 23.80)이므로 각 고사의 난이도를 고려하여 개인별 평가결과를 해석할 필요가 있음.
- 평가결과의 합계는 지필고사와 수행평가의 반영비율을 고려하여 소수 둘째 자리까지 산출(72.10)하며, 이를 근거로 석차와 동석차를 구함.
- 동점자는 해당 순위의 최상의 석차를 부여하되 ( )안에 동석차의 전체 수를 표기함.

번, ②번, ④번 답지, 9번 문항의 ③번, 10번 문항의 ⑤번 답지 등이 여기에 해당한다. 이 오답지들은 학생들에게 충분히 정답이 아닐 수 있음을 파악하게 하여 오답지로서의 역할을 제대로 하지 못하는 것으로 보인다. 위 문항들은 4, 6, 10번을 제외하고 그 정답률이 매우 높아 학생들에게는 매우 쉬운 문제들이다. 교사가 학생들의 수준을

〈사례 2-7〉 고등학교 한국사 성적일람표

2011학년도 1학기
한국사과목 성적 일람표

제1학년 ○ 반   교과담당교사 ○ ○ ○ (인)

평가방법 (%)		지필고사 (70%)		수행평가 (30%)			합계	원점수	석차등급	석차/재적수
번호 / 성명	평가영역	중간고사 (35%)	기말고사 (35%)	역사탐구활동 (15%)	역사논술 (10%)	수업관찰 (5%)	100%			
1	김민주	91.00	97.00	100.00	100.00	100.00	95.80	96	1	6(3)/ 557
2	나통일	55.00	49.00	80.00	70.00	60.00	58.40	58	7	494/ 557
3	박길동	85.00	66.00	100.00	90.00	90.00	81.35	81	3	120/ 557
과목평균		72.00	68.00					72.1		
과목표준편차								9.2		

등급	비율
1등급	~ 4% 이하
2등급	4% 초과 ~ 11% 이하
3등급	11% 초과 ~ 23% 이하
4등급	23% 초과 ~ 40% 이하
5등급	40% 초과 ~ 60% 이하
6등급	60% 초과 ~ 77% 이하
7등급	77% 초과 ~ 89% 이하
8등급	89% 초과 ~ 96% 이하
9등급	96% 초과 ~ 100% 이하

- 지필고사 환산 점수는 지필고사 1회 100점 만점에서 환산 비율(각 35%)을 반영하여 산정함.
- 중간고사 학년별 평균 점수는 72점(환산 점수 25.20)이고, 기말고사 평균 점수는 68점(환산 점수 23.80)임.
- 과목평균과 과목표준편차는 전체 수험생 수에 대한 평균 및 표준편차를 나타낸 것임.
- 원점수는 지필고사와 수행평가의 반영비율을 고려한 합산 점수에서 소수 첫째 자리에서 반올림하여 정수로 표기하며, 과목평균과 과목표준편차는 원점수를 계산하여 소수 첫째 자리까지 산출함.
- 동점자는 해당 순위의 최상의 석차를 부여하되 ( )안에 동석차의 전체 수를 표기함.
- 석차등급은 지필고사와 수행평가의 반영비율을 고려한 합산 점수에 의해 석차 순에 따라 그 값을 평정함.

고려하여 의도적으로 쉽게 출제한 것이 아니라면 오답지의 내용을 점검하여 정답처럼 보일 수 있도록 매력 있게 수정하는 방법을 고려해야 한다.

〈사례 2-6〉과 〈사례 2-7〉은 중·고등학교에서 작성하는 역사과 성적일람표의 예시이다. 중학교 성적일람표의 경우는 성적판정을 위해 환산점수와 석차를 산출하고, 고등학교 성적일람표의 경우는 원점수, 과목평균, 과목표준편차, 석차, 석차등급을 산출하여 기록하게 된다. 기말성적의 총점을 100점 만점으로 보았을 때 지필고사 점수는 70%, 수행평가 점수는 30%를 반영하여 각 부분별로 산정한 것이다.

중학교의 경우는 지필고사에서 중간고사와 기말고사의 학년별 평균점수가 각각 72점과 68점으로 그 반영비율(각 35%)을 고려하면 25.20점과 23.80점이 된다. 여기에서는 중간고사에 비해 기말고사가 역사적 사고력을 요구하는 평가 문항이 많아 학생들에게 더 어려운 시험이었다고 가정한다. 1번 김민주의 경우 중간고사보다 기말고사가 더 어려웠는데도 불구하고 기말고사에서 더 높은 점수를 얻었으며 수행평가에서도 고르게 만점을 받았다. 따라서 역사과목에서 사고력을 발휘하는 데 탁월한 능력을 보이고 있을 뿐만 아니라 실력이 향상되었다고 해석할 수 있다. 2번 나통일은 두 지필고사 점수가 전체 평균 점수보다 낮고 수행평가에서도 높은 점수를 얻지 못하고 있다. 특히 수행평가 점수에도 나타나 있듯이 이 학생은 역사과목에 그다지 흥미를 느끼지 못하고 있을 뿐만 아니라 역사적 사고력을 요하는 평가 문항이나 수행과제에 대한 해결능력이 부족하다고 해석할 수 있다. 3번 박길동은 중간고사에서는 평균 이상의 점수를 얻었으나 기말고사에서는 평균에 가까운 점수를 얻어 역사적 사고력을 요하는 질문에 대한 해결능력이 다소 떨어진다고 이해할 수 있다. 그러나 수행평가에서는 고르게 우수한 점수를 얻고 있다. 고등학교 성적의 경우는 지필고사와 수행평가의 점수 반영비율에 따라 합산한 점수에 의해 전체 재적수를 고려한 석차등급을 산정한다는 것에 유념할 필요가 있다.

2) 점수 표시 방법

평가결과를 점수로 표시하는 방법은 평가결과를 통해 학습자의 학업성취 정도를 해석하는 데 매우 중요하다. 평가점수는 학생 개인의 평가결과가 한 집단 내에서 서열상 어디에 위치하는가를 나타내거나, 교육목표 도달 여부에 대한 정보를 확인하는 데 사용될 수 있다. 평가결과로 얻은 학생들의 점수(원점수)로는 통계적 분석이나 학생 간 비교가 불가능하므로 이를 의미 있는 점수로 변환하게 되는데 가장 많이 사용하는 방법으로는 등위점수, 백분위, 표준점수 등이 있다.

(1) 원점수

원점수는 시험 후 채점되어 나온 원래 점수를 그대로 표시한 점수로서 소점(素點, raw score)이라 일컫는다. 원점수는 문항 수 또는 채점방법에 따라서 점수의 크기가 다양하게 나올 수 있으나, 일반적으로 100점 만점으로 표시한다. 그러나 원점수는 점수 간에 비교할 기준점이 없고, 문제의 난이도에 따라 점수가 크게 변하므로 안정성이 없다는 단점이 있다. 또한 교과 간 혹은 동일한 교과 내에서의 여러 점수들을 비교하거나 집단 내 성취정도를 서로 비교하는 것은 불가능하다. 개별 점수를 의미 있게 해석하기 위해서는 비교할 수 있는 집단의 평가결과인 규준점이 있어야 하고, 어떤 규준점과 비교하느냐에 따라 개별 점수에 대한 해석이 달라지기 때문이다.

예를 들면, 어떤 학생의 중간고사와 기말고사 역사점수가 80으로 동일하다고 해서 그 학생의 역사 실력이 향상되고 있지 않다고 해석할 수는 없다. 만약 중간고사가 쉬웠고, 기말고사가 어려웠다면 기말고사의 80점은 중간고사 80점보다 성취정도가 높다고 해석할 수 있기 때문이다. 따라서 원점수를 의미 있게 해석하고 활용하기 위해서는 다른 평가점수들과 비교할 수 있도록 변환하는 방법을 활용해야 한다.

(2) 등위점수

등위점수는 순위나 서열을 나타내는 점수로서 석차, 등위, 등수와 같은 척도를 말한다. 이것은 원점수를 가장 높은 점수에서 가장 낮은 점수까지 순위를 부여하여 활용하는 방법이다. 예를 들어, 235명의 학생집단에서 평가를 실시하고 그 결과에 등위를 매길 경우, 1/235, 10/235, 30/235 등으로 표시할 수 있다.

등위점수는 한 학생에게 실시한 다른 평가점수들에 대해서 상호 비교를 하거나, 한 집단 내의 여러 학생들 간의 상대적 위치를 확인할 수 있게 해 준다. 가령, 김민주가 역사과목에서 중간고사 등위점수를 50/235로 받고 기말고사 등위점수를 32/235로 받았다면, 김민주는 기말고사에서 역사를 더 잘했다고 말할 수 있다. 또한 역사과목 중간고사 등위점수가 김민주는 50/235, 박길동은 25/235, 나통일은 100/235로 나왔다면, 세 명의 학생 중에서 박길동이 역사과목을 가장 잘한다고 말할 수 있다.

그러나 등위점수는 등위 간 서열을 나타내는 것이기 때문에 학생들이 받은 점수 간의 차이만큼을 능력의 차이로 볼 수 없다는 단점이 있다. 다시 말하면, 점수 간 동간성(점수 간 동일한 차이를 갖는 성질)을 지니고 있다고 할 수 없기 때문에 등위 차이가 난다고 해서 능력의 차이가 그 차이만큼 똑같이 난다고 말할 수 없는 것이다. 위에서 언급한 김민주의 등위점수가 나통일 점수의 1/2이고, 박길동의 등위점수가 김민주 점수의 1/2이므로 김민주는 나통일보다 역사를 두 배로 잘한다고 말할 수 없고, 박길동이는 김민주보다 역사를 두 배로 잘한다고 말할 수 없다는 것이다.

(3) 백분위 점수

백분위(percentile rank)는 집단 크기와 상관없이 집단을 크기순으로 늘어놓아 100등분한 값을 말하는 것으로, 해당 점수보다 낮은 점수를 받은 학생 수를 백분율(%)로 표시한다. 예를 들면, 박길동의 역사점수가 80(원점수)이고 이에 대한 백분위가 '82'로 나왔다면, 이것은 박길동보다 낮은 점수를 받은 학생의 비율이 전체의 82%라는 것을 의미하고, 그 집단에서 박길동의 상대적 서열은 상위 18%에 든다고 해석할 수 있다.

백분위는 한 집단 내에서 한 개인의 상대적 위치를 나타내 주므로 그 의미가 단순하고 직접적이라서 이해하기 쉽다는 장점을 가진다. 그러나 백분위는 개인의 상대적 위치를 100을 기준으로 표시해 줄 뿐이지 개인의 학업 성취도의 상대적 능력을 표시해 주지 않는다는 단점이 있다. 또한 백분위는 원점수의 분포모양을 반영하지 않으므로 작은 차이를 확대 해석할 수 있는 단점이 있다. 즉, 비슷한 점수대에 많은 학생들이 몰려 있을 경우 백분위 간의 차이가 크더라도 실제 원점수 간 차이는 그다지 크지 않을 수 있다. 반면에, 비슷한 점수대에 학생들의 수가 적을 경우 백분위 간의 차이가 작더라도 원점수 간 차이는 클 수 있다는 것에 유의할 필요가 있다.

(4) 표준점수

일반적으로 평가에 사용하는 점수들은 정상분포 곡선을 이용하는 표준점수이다. 그 이유는 개인의 원점수가 평가마다 측정단위가 다르고 평가 문항의 난이도에 따라 원점수의 변화가 커서 서로 다른 평가로부터 얻게 되는 점수 간에 동일한 의미를 찾기 어렵기 때문이다. 따라서 개인의 원점수가 집단 내 어떤 상대적 위치에 있는지를 결정하고 해석하기 위해 원점수를 다른 점수로 변환하게 되는데 이를 변환점수(transformed score)라고 한다. 변환점수의 대표적인 예로는 표준점수가 있다.

표준점수는 통계적 절차를 통해서 원점수를 표준편차 단위로 일괄적으로 변환시켜 놓은 것으로서 개인의 점수가 평균으로부터 떨어진 거리(편차)를 표준편차 단위로 나타낸 점수이다. 따라서 표준점수는 신뢰성 있고 유용한 점수이며, 절대 0점과 동간성이 있어 가감승제가 가능하다. 가장 기본적인 표준점수로는 Z 점수와 T 점수가 있다.

Z 점수는 원점수가 평균으로부터 어느 정도 떨어져 있는가를 표준편차 단위로 나타낸 것이다. Z 점수가 0이라는 것은 원점수가 평

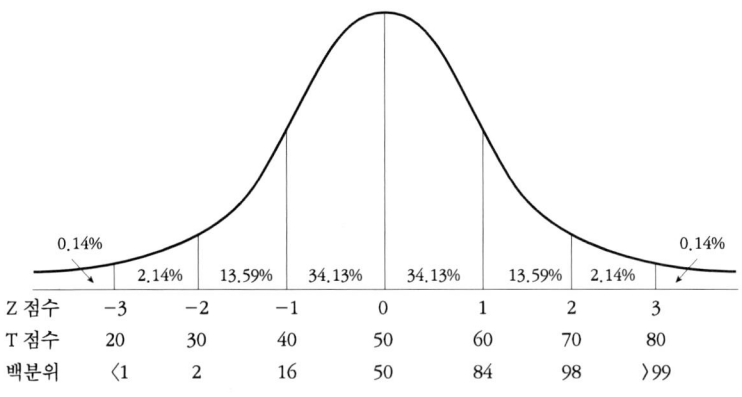

〈그림 2-2〉 정규분포에서 백분위, Z 점수, T 점수의 관계

Z 점수	−3	−2	−1	0	1	2	3
T 점수	20	30	40	50	60	70	80
백분위	〈1	2	16	50	84	98	〉99

균과 같다는 것을, 양수이면 평균 이상이라는 것을, 음수이면 평균 이하라는 것을 의미한다. Z 점수는 원점수가 정상분포라는 것을 가정할 때 표준점수는 −3에서 +3 사이에 위치하게 되므로 점수 단위가 작고 음수를 포함하게 되어 실제 활용에 어려움이 존재한다. 이러한 단점을 극복하기 위해 활용하는 가장 대표적인 표준점수가 T 점수이다. T 점수는 평균을 50, 표준편차를 10으로 환산하여 얻은 표준점수를 말한다.

〈그림 2-2〉는 정규분포에서 Z 점수와 T 점수에 의한 상대적 서열(백분위)을 나타내고 있다. 예를 들어, A학생이 역사과목에서 Z 점수를 1, T 점수를 60점 받았다면, 그 학생의 상대적 서열(백분위)은 84.13%이며, 상위 15.87%에 있다고 해석할 수 있다. 반면, B학생이 T 점수를 40점 받았다면, 그의 Z 점수는 −1이고 상대적 서열은 15.87%라는 것을 알 수 있다.

평균과 표준편차를 활용하여 원점수를 변환한 표준점수를 사용하여 다음과 같이 점수 간 상대적 비교를 해 볼 수 있다.

Z 점수는 다음 변환식을 통해 구할 수 있다.

$$해당점수의\ Z\ 점수 = \frac{편차(해당점수-평균)}{평가점수의\ 표준편차}$$

예를 들어, 박길동이 중간고사와 기말고사에서 역사점수를 똑같이 80점 받았다고 가정하자. 중간고사 평균이 75점, 표준편차가 2.5이고, 기말고사 평균이 70점, 표준편차가 5일 때, 박길동이 어느 시험에서 더 잘했는지 못했는지 원점수로는 알 수가 없다. 이때 편차를 사용했을 경우 중간고사 편차는 +5, 기말고사 편차는 +10으로, 박길동이 기말고사에서 더 잘한 것으로 나타난다. 그러나 Z 점수를 산출해 보면, 중간고사와 기말고사 Z 점수는 +2로 동일하게 나타난다. 따라서 박길동은 중간고사와 기말고사에서 역사이해에 동일한 성취정도를 나타냈다고 해석할 수 있다. 〈그림 2-2〉에서 확인할 수 있듯이, 박길동의 중간고사와 기말고사의 상대적 서열은 97.73%이다.

	역사점수	평균	편차	표준편차
중간고사	80	75	+5	2.5
기말고사	80	70	+10	5

$$중간고사\ Z\ 점수 = +2(=\frac{80-75}{2.5})$$

$$기말고사\ Z\ 점수 = +2(=\frac{80-70}{5})$$

T 점수를 계산하는 공식은 다음과 같다.

$$T = 10Z + 50$$

예를 들어, 김민주가 중간고사에서 사회와 역사점수를 모두 60점 받았다고 하자. 사회 평균은 70점, 표준편차가 10이고, 역사 평균은 55점, 표준편차가 5였다. 여기에서 Z 점수를 산출해 보면, 사회 Z 점수는 $-1.0(=60-70/10)$이고, 역사 Z 점수는 $+1.0(=60-55/5)$이다. 따라서 김민주의 역사에 대한 성취정도가 사회보다 훨씬 높게 나타났다고 해석할 수 있다.

위의 Z 점수를 이용하여 T 점수를 산출해 내면 다음과 같다. 평균을 50으로, 표준편차를 10으로 설정하여 Z 점수가 지닌 음수 부호의 단점을 없앴다. 김민주의 사회 T 점수는 40, 역사 T 점수는 60으로 나타났다. 김민주의 사회 백분위는 15.87%, 역사 백분위는 84.13%로 그 상대적 서열을 말할 수 있다.

$$사회\ T\ 점수 = 10(-1.0) + 50 = 40$$
$$역사\ T\ 점수 = 10(1.0) + 50 = 60$$

3) 평가결과의 보고와 활용

평가결과의 분석과 해석을 마친 후에는 이를 일목요연하게 정리하여 필요한 사람에게 보고하게 된다. 평가보고는 평가의 목적에 따라 평가결과의 보고 형태나 대상은 달라지나, 일반적으로 평가결과는 평가대상뿐 아니라 평가대상과 관련된 사람들에게도 공개하는 것이 원칙이다. 이것은 학교에서 공식적으로 결정된 평가결과의 보고형태나 대상범위를 따르면 된다. 예를 들면, 정기시험 및 수행평가에 대한 결과는 학교 관리자, 학생, 교사뿐만 아니라 학부모 또한 알 권리가 있다. 학부모는 학부모서비스를 통해 NEIS상에 작성되어 있는 개인 자녀의 성적표 확인이 가능할 뿐만 아니라 성적분석자료도 조회가 가능하다. 학기별로 통합된 성적은 NEIS로 표준화되어 있는 생활기록부 형식에 맞추어 정리하게 된다.

학생들은 지필고사나 수행평가에 대한 결과를 정기고사 이후나 수행과제 시행 이후 확인하게 되는데, 이때 잘못된 평가 문항이나 점수에 대한 이의제기를 할 수 있다. 특히 평가결과를 학생들에게 알릴 때에는 각별한 주의가 요구된다. 학생들의 점수 확인을 위해 각 과목별로 지필고사나 수행과제 점수가 기록된 전표가 교실에서 공개되는 경우 학생들에게 부정적 영향을 미칠 수 있으므로 심사숙고해야 한다.

평가결과는 평가목적에 따라 그 활용방법이 달라진다. 평가목적이 내신성적을 산출하고자 했다면 평가결과를 기준으로 내신성적을 산출하고, 교수법 개선이 목적이었다면 평가결과를 수업개선에 활용한다. 평가결과의 활용은 위와 같은 경우 이외에도 학생의 학습 실패요인 분석, 수업전략, 수업진도의 재조정, 교사의 교수활동에 대한 자기평가와 같은 다양한 교육적 목적으로 적극 활용할 수 있어야 한다.

제3장

역사과 평가도구의 질적 요건과 분석

    역사과 평가 과정에서 측정하고자 하는 내용을 위해 평가도구를 제작하거나 이미 제작된 평가도구를 이용한다고 할 때, 우선적으로 평가도구의 질적 요건을 판단해야 한다. 평가결과에 대한 합리적인 의사결정을 하기 위해서는 평가가 양질의 문항으로 구성되어야 하기 때문이다. 평가 문항은 평가를 구성하는 가장 기본적인 단위로서 그 평가 속에 포함된 문항들의 질이 나쁘면 전체 평가의 질도 나빠지기 마련이다. 따라서 평가를 시행한 후 평가 문항이 양호한지를 판단하는 방법으로 문항을 분석하는 작업이 이행되어야 한다.

    역사교사들이 학교현장에서 사용하는 평가도구의 질적 수준을 판단하는 일반적인 기준으로 평가 문항에 대한 타당도, 신뢰도, 난이도, 변별도 등을 들 수 있다. 이 장에서는 역사과에서 사용하는 평가도구의 질을 높이기 위한 평가도구와 관련된 다양한 용어의 개념을 파악하고 평가 문항에 대한 분석방법을 알아본다.

1. 평가도구의 양호도

역사과에서 실시한 평가결과는 역사학습 능력에 대한 학생의 강점과 약점을 확인하거나 역사수업 계획을 위한 기초자료, 혹은 역사과에서 실시하는 각종 수업 프로그램의 효과를 확인하는 데 사용된다. 평가결과를 신뢰할 수 있고 그 활용도를 높이기 위해서는 역사교사들이 현장에서 사용하는 평가도구에 일정한 질적 요건이 충족되어야 한다. 따라서 교사가 평가도구를 제작할 때 기본적으로 제기해야 할 첫 번째 질문은 '이 평가는 질적으로 좋은 것인가?' 라는 것이다. 평가가 질적으로 좋은 조건을 갖추고 역사과에서 의도한 기능을 제대로 수행하기 위해서는 평가도구가 지닌 제약을 얼마나 극복했는지 그 질을 검증하는 절차가 필요하다.

평가도구의 질적 척도를 양호도(quality factor)라 한다. 학교현장에서 사용하는 평가도구의 양호도를 판단하기 위한 질적 요건은 타당도, 신뢰도, 난이도, 변별도를 포함한다. 타당도는 평가하려고 의도하는 대상을 충실하게 평가하고 있는 정도이고, 신뢰도는 평가결과의 안정성과 일관성이 있는 정도이다. 난이도는 문항의 어려운 정도를 의미하고, 변별도는 수험자의 능력을 변별하는 정도를 나타낸다. 따라서 평가도구의 타당도, 신뢰도가 높은 수준이거나 난이도와 변별도가 적절한 수준으로 확인되었을 때 비로소 그 평가도구는 양호하다고 할 수 있다.

1) 타당도

(1) 타당도의 개념

타당도(validity)란 '측정의 정확한 정도'를 말하는 것으로, 측정하려고 의도하는 개인의 특성을 어느 정도로 충실하게 재고 있는가의 정도를 의미한다. 달리 말하면, 타당도는 평가점수가 평가의 사용목적에 얼마나 부합하는가의 문제이며, 평가도구 목적의 적합성에 해당된다. 예를 들어, 역사적 사고력을 측정하고자 하는 평가가 학생들의 사고력을 충실하게 잴 경우 이 평가도구는 타당도가 높다고 말할 수 있다. 그러나 평가도구가 역사 지식에 대한 암기 능력을 주로 측정하고 있는데도 불구하고, 교사가 역사시험 점수가 높은 학생들에 대해 '이 학생은 역사 지식이 풍부할 뿐만 아니라 역사적 사고력 또한 높다'라고 해석할 경우에는 평가도구의 타당도가 낮다고 판단할 수 있다. 이와 같이 평가도구가 타당하지 못할 경우에는 평가결과에 대한 의사결정에서 오류를 범하게 된다. 평가의 타당도가 낮으면 역사교육에서 의도하는 평가목적에 맞게 평가결과를 사용하기에 적합하지 않을뿐더러, 평가점수를 근거로 하여 내린 의사결정(분류, 선발, 배치, 진단) 등도 정확하다고 할 수 없다.

그런룬드와 린(Gronlund & Linn, 1990)은 타당도를 이해하는 유의점에 대해 다음과 같이 설명하고 있다.

첫째, 타당도는 평가의 특성이 아니라 평가점수의 특성이다. 즉, 타당도란 평가결과에 대한 해석의 정확성(타당성)을 의미하는 것이지 평가 자체를 고려하는 것은 아니다. 그러므로 타당도란 흔히 '평가의 타당도'라고 말하지만, 정확하게 표현하면 평가점수에 대한 해석과 활용의 타당성을 의미한다.

둘째, 타당도는 정도의 문제이므로, 타당도를 표현할 때 타당한 평가와 타당하지 않은 평가로 양분하는 이분법적 논리는 적절하지 않다. 즉, 특정 평가점수가 '타당도가 있다 혹은 없다'라고 표현하기보다 '타당도가 높다, 낮다, 또는 적절하다'라고 표현하는 것이 정확하다.

셋째, 평가는 분류, 선발, 배치, 진단 등의 다양한 용도로 활용되므로, 타당도는 평가목적에 비추어 해석해야 한다. 달리 표현하면, 하나의 평가가 모든 목적에 부합할 수는 없으므로, 이 평가는 '어떤 특성'을 측정하는 데 타당하다고 표현해야 한다.

넷째, 타당도는 평가적 판단을 포함한다. 타당도는 증거에 의해 추론되거나 해석되므로 평가결과에 대한 적합한 해석이나 활용 또는 평가결과의 해석이나 활용이 미치는 영향에 대한 판단을 포함하게 된다.

따라서 평가의 타당도가 높으면 평가결과에 대한 정확한 해석과 활용에 유용하지만, 평가의 타당도가 낮으면 그 해석과 활용은 도움을 주지 못한다는 판단이 전제되어 있다. 또한 타당도는 평가결과의 해석이나 활용이 미치는 긍정적인 영향, 부정적인 영향, 의도한 영향, 의도하지 않은 영향에 대한 포괄적인 판단을 포함하고 있다. 예를 들면, 평가활동을 통해 역사수업을 개선하려는 의도를 가지고 있을 때, 평가가 실제로 교수 · 학습과정을 개선하는지, 교수 · 학습과정을 개선한다면 어느 정도 영향을 주는지, 평가결과 활용의 부정적인 영향이나 예기치 못한 영향은 무엇인지에 대한 판단을 포함하고 있다는 점을 유념할 필요가 있다.

(2) 타당도의 종류

 역사과 학습평가에서 평가점수가 충분히 높은 타당도를 가지고
있다는 것을 입증하기 위해서 여러 가지 증거를 보이게 되는데, 이
러한 증거들을 타당도 증거라고 한다. 타당도는 하나의 개념이므로
타당도를 유형이나 종류로 구분하기보다 타당도를 지지하는 증거의
종류로 구분해야 한다. 그러므로 타당도에는 다양한 유형이나 종류
가 있다고 하기보다 타당도를 지지하는 다양한 증거의 유형이 있다
고 해야 할 것이다. 타당도를 지지하는 증거의 종류로는 내용타당
도, 준거타당도, 구인타당도, 영향타당도로 나누어 볼 수 있는데, 특
히 학교현장에서 역사교사가 실시하는 평가에서는 내용타당도가 가
장 중요하다고 볼 수 있다.

 ① 내용타당도

 역사과 학업성취와 관련된 타당도의 쟁점은 주로 평가내용이 역
사교육에서 강조하는 핵심내용을 어느 정도나 반영하고 있는지, 그
리고 평가결과가 역사교육에서 의도하는 평가목적을 달성하는 데
어느 정도나 기여하는지의 문제와 직결된다. 따라서 역사과 교수·
학습과정에서 설정하였던 학습목표의 성취 여부를 묻는 학업성취도
평가의 타당성 검증은 내용타당도와 밀접한 관련이 있다.
 내용타당도(content validity)는 타당도를 확인하고자 하는 평가도
구의 내용 자체를 타당성의 기준으로 본다. 따라서 내용타당도를 교
과타당도와 교수타당도로 구분하기도 한다. 역사교육에서 교과타당
도(curriculum validity)의 문제는 역사과의 교육과정에 제시된 내용을

평가가 얼마나 반영하고 있는가와 관련이 있다. 교수타당도 (instructional validity)란 역사수업 중에 가르치고 배운 내용을 얼마나 충실히 반영하고 있는가에 관심을 둔다. 수업활동이 곧 평가활동과 연결되기 때문에 수업내용에 반영된 교육과정과 수업내용 자체, 그리고 수업에서 달성하고자 하는 학습목표의 적절성이 타당성의 판단 여부가 되기 때문이다. 내용타당도를 충족시키기 위해서는 〈표 3-1〉과 같은 구성요소를 포함해야 한다.

〈표 3-1〉 평가 문항 내용타당도의 구성요소와 의미

내용타당도의 구성요소	의미
인지적 복잡성 (cognitive complexity)	고차적인 역사적 사고능력을 포함해야 한다.
지식의 대표성 (representation of knowledge)	역사과에서 강조하는 중요하고 의미 있는 역사 지식 내용, 또는 교육과정의 내용을 대표할 만한 것으로 구성해야 한다.
지식의 포괄성 (range of knowledge)	역사과 교육목표에서 강조하고 있거나 수업시간에 배운 지식의 범위를 포괄적으로 평가에 반영해야 한다.(범위)
지식의 균형성 (balance of knowledge)	어느 특정한 지식내용에 치우치지 않고 역사과 교육목표에서 강조하는 내용을 균형 있게 평가해야 한다.

(Crocker, 2003; Messick, 1989; Nitko, 1996)

역사과에서 실시하는 평가의 내용타당도는 수업시간에 가르친 내용영역(역사 지식)과 인지과정(역사적 사고력)을 중심으로 평가 문항이 구성되는지, 또한 그 문항은 역사과 교육과정을 대표할 만한 지식 내용을 평가하는지에 대한 적절성, 중요성, 정확성, 의미성 여부를 판단하는 증거를 제시해 준다.

내용타당도에서 평가 문항의 '인지적 복잡성'을 요구하는 이유는 '암기'를 통해 얻은 역사이해 수준보다 '역사적 분석과 해석,' '역사적 탐구,' '결론의 도출 및 역사적 평가' 등을 통한 고차적인 역사적 사고력을 이용해야 역사 지식 내용을 더 깊이 있게 이해했다고 보기 때문이다. 예를 들면 '개화운동과 위정척사운동의 목표 및 내용'을 평가하고자 할 때, 두 운동의 특징에 대한 이해능력을 측정하는 것보다, '개화정책에 대한 두 운동이 갖는 관점의 차이를 비교하시오.'라는 문제가 두 운동의 목표와 내용을 더 명료하게 이해할 수 있다. 따라서 교사가 수업시간에 가르친 내용을 그대로 평가한다고 내용면에서 평가의 타당성이 충족되는 것은 아니다. 평가 문항은 수업시간에 가르치는 내용을 중심으로 구성하되, 위의 준거를 바탕으로 고차적인 역사적 사고력을 포함하도록 계획해야 역사과 평가 문항의 내용타당도가 높다고 할 수 있다.

교사가 평가에 대한 계획 없이 이원분류표를 작성할 경우, 평가의 내용타당도와는 거리가 먼, 단편적인 역사적 사실을 암기하는 능력 위주로 평가하거나 특정 평가내용에 지나치게 치우칠 우려가 있다. 내용타당도를 높이기 위해서는 〈표 3-1〉에서 언급한 내용타당도의 네 가지 구성요소를 바탕으로 〈사례 3-1〉과 같은 이원분류표를 이용한다. 첫 번째 단계는 가로축의 '행동요소' 난에 '행동유목'을 역사적 사고의 위계별로 나누어서 이해, 연대기, 분석, 탐구, 판단을 빠짐없이 작성한다.

이원분류표에서 행동요소는 학교현장에 따라 다르게 분류하지만 일반적으로 지식, 이해, 적용의 3분법을 따르고 있다. 정의적 영역까지 포함하여 지식·이해, 기능, 가치·태도로 나누기도 한다. 여기에서는 1장에서 제시된 것과 같이 역사과 평가목표를 역사 지식의 이해, 연대기의 파악, 역사 상황 및 쟁점의 인식, 역사 탐구의 설계 및 수행, 역사자료의 분석 및 해석, 역사적 상상 및 판단의 위계로 구분하였다.(☞ 33쪽) 이원분류표의 행동분류에서는 이해, 연대기,

〈사례 3-1〉 이원분류표 예시

번호	내용요소	행동요소(문항 수)					합계
		이해	연대기	분석	탐구	판단	
1	강화도 조약, 조·미 수호 통상조약의 성격		1	1			2
2	개화정책 내용과 개화파와 위정척사파의 주장 비교	1		1			2
3	임오군란의 원인과 결과	1	1				2
4	갑신정변의 원인, 개혁운동의 핵심내용, 결과			1	1		2
5	동학농민운동의 배경, 운동의 핵심내용	1		1			2
6	갑오개혁의 핵심내용과 그 한계		1		1		2
7	갑신정변, 동학농민운동, 갑오개혁의 내용 비교			1			1
8	을미사변, 아관파천의 배경과 결과	1		1		1	3
9	독립협회의 설립 배경, 활동내용, 설립 의의	1	1				2
10	항일의병 운동의 배경과 변천과정 및 한계	1	1		1		3
11	주권수호운동의 활동내용과 의미	1				1	2
	합 계	8	7	9	5	4	33

분석, 탐구, 판단의 5단계로 구분하여 작성하고, '이해'에는 '역사적 상황 및 쟁점의 인식'이 포함되는 것으로 본다. 각 학교마다 이원분류표 작성 기준이 다를 수 있으므로 각 단계별 사고력을 비슷한 위계로 묶는 방법을 사용할 수도 있다. 즉, 분석력은 해석력을, 판단력은 상상력을 포함하는 것으로 한다.

두 번째 단계는 세로축의 '내용요소' 난에 단원에서 강조하는 핵심내용을 순서대로 적는다. 이때 수업시간에 가르친 학습내용을 전반적으로 포괄하되(포괄성), 평가원에서 제공하는 성취기준을 근거로 설정한 학습목표대로 교수·학습활동을 진행했다(대표성)는 전제를 포함한다. 이 단계는 단편적인 역사적 사실만을 측정하지 않도록 역사과에서 강조하는 중요한 역사 지식 내용을 제외하지 않기 위한 과정이다.

세 번째 단계는 첫 번째와 두 번째 단계에서 작성한 내용과 수업 요소를 상호 검토해 가며 평가할 내용을 구체화한다.

네 번째 단계는 평가내용을 행동영역과 대조해 가면서 평가내용과 역사적 사고력 측정 비율을 상호 조정한다(인지적 복잡성). 여기에서 유념할 것은 평가내용이 어느 한 수업요소에 집중하여 분포하지 않도록 표 오른쪽 합계란에 출제하려는 평가 문항의 숫자를 기입한다. 이때 왼쪽 평가 내용을 중심으로 평가 문항의 숫자가 골고루 분포되게 배분한다(균형성). 이 단계는 평가내용의 균형을 맞추기 위한 것으로, 어느 한 학습요소에 평가하려는 문항의 숫자가 치우치지 않게 하기 위함이다. 이때 평가 문항의 수는 기계적으로 동일한 숫자로 맞출 필요는 없다. 수업시간을 통해 배운 평가범위와 내용량을 염두에 두면서 핵심평가내용을 제외하지 않도록 고려하는 것이 중요하다.

② 준거타당도

준거타당도(criterion validity)는 평가점수와 외적 준거의 상관관계를 나타내는 것으로, 평가점수가 외적 준거를 얼마나 정확하게 추론할 수 있는가에 관심을 둔다. 여기서 외적 준거란 평가점수로부터 추론하려고 하는 변수를 가리킨다. 예를 들면, 역사시험 점수와 역사적 사고력 측정검사 점수 사이에 상관관계가 있는가를 알아보는 것은 준거타당도의 예이다. 여기에서의 외적 준거는 역사적 사고력이 된다. 외적 준거 자료를 수집하는 시점에 따라 준거타당도는 예언타당도와 공인타당도로 나뉜다.

예언타당도는 어떤 평가점수가 미래의 행동이나 특성을 정확하게 예언하는 정도를 나타낸다. 이때의 외적 준거는 미래의 행동특성이다. 따라서 예언타당도는 행동의 준거가 미래에 있다. 예를 들어, 학년 초에 실시하는 역사과 진단평가가 목적으로 하는 외적 준거는 그 학년 중의 역사과목 성적이 될 것이다. 진단평가에서 높은 성적을 받는 학생은 그 학년에서 역사과목 성적이 높을 것이라고 기대되기 때문이다. 만약 진단평가 결과와 역사과목 성적이 서로 유사하게 일치한다면 이 평가도구는 예언타당도가 높다고 판단할 수 있다.

공인타당도는 양호한 평가도구를 준거로 하는 새로운 평가도구의 타당성 정도를 의미한다. 공인타당도는 예언타당도와는 달리 행동의 준거가 현재에 있기 때문에 특정 평가 자체와 그 외적 준거가 동시에 측정된다. 공인타당도는 예언타당도와 달리 준거의 성질을 예언에 두지 않고 공통된 요인을 확인하는 것에 둔다. 예를 들어, 학생들의 역사적 탐구능력을 평가하기 위해 개발된 수행과제를 지필고사로 대체할 수 있을지를 알아보기 위해 그 둘 간의 상관관계를 밝히려는 것은 공인타당도에 해당된다. 여기서는 특정 학생들에게 과제를 수행하게 한 후 곧바로 동일집단을 대상으로 지필고사를 실시함으로써 두 평가 간의 공통요인 확인을 통해 지필고사의 타당성 정도를 검증하는 것이다.

③ 구인타당도

구인(構因, construct)이란 평가도구에 반영되어 있다고 가정하는 인간의 행동특성을 의미한다. 여기서 말하는 인간의 행동특성은 상상력, 학습동기, 성취, 태도, 지도성과 같이 직접 관찰하거나 측정할 수 없는 행동을 일컫는 것으로, 엄밀한 의미에서 직접 관찰하거나 측정할 수 없으므로 간접적으로 관찰되거나 측정된다.

구인타당도(construct validity)란 평가가 원래 측정하려고 의도하는 구인을 실제로 측정하고 있는가에 대한 정도를 의미한다. 따라서, 구인타당도는 '이 특성을 지닌 사람은 X라는 상황에서 Y의 행동특성을 보일 것이다.'라는 법칙의 성립을 중요시한다. 예를 들어, '역사적 상상력과 판단력이 우수한' 학생은 '주어진 과거 사실이나 자료를 토대로 역사적 행위자가 처한 당대 사회 · 경제적 상황을 고려한 행위의 적절성을 상상적으로 재구성하거나 판단할 수 있다.'라고 추정할 수 있다. 평가 문항이 '역사적 상상력과 판단력'을 더 측정할 수 있는 구인으로 구성되었다면, 이 평가에서 점수가 높은 사람은 점수가 낮은 사람보다 '역사적 상상력과 판단력'을 발휘할 수 있다는 추론이 가능해지는 것이다. 그러나 역사적 사고력이나 상상력과 같은 행동특성은 측정하기에는 그 개념이 명료하지 못하다는 한계가 있다.

④ 영향타당도

영향타당도(결과타당도, consequential validity)란 평가결과가 평가목적을 달성하는 데 얼마나 기여했는가에 대한 정도를 말한다. 최근에는 타당화 과정에서 평가가 측정하려고 의도하는 대상을 충실하게 측정하고 있는가에 대한 증거를 수집하는 것 이외에도 평가결과에 대한 영향 요인도 타당도의 범주에 포함시키고 있다.

영향타당도에 대한 논의의 배경에는 수행평가의 질 관리 측면에서 제기되는 평가의 타당화 문제가 놓여 있다. 수행평가 결과의 활용과 해석이 실제로 학생들에게 긍정적 혹은 부정적인 영향을 미치고 있는가에 대한 증거를 수집할 필요가 있기 때문이다. 예를 들면, 수행평가 시행이 역사교육에 대한 학생들의 학습동기를 얼마나 유도하고 있는지, 학생들의 역사적 사고력 신장 등 학습의 변화를 어떻게 유도하고 있는지, 혹은 의도한 결과와 의도하지 않은 결과는 무엇인지를 검증하는 작업으로서 영향타당도의 필요성이 제기되었다고 볼 수 있다. 그러나 이것은 평가결과가 그 목적에 맞게 달성될 수 있는지 확인하는 과정을 거치기 때문에 평가를 계획하는 단계부터 그 결과에 대한 가치판단의 문제까지 다루어야 하며, 학생들이 수업과정에서 주어진 수행과제에 대한 결과나 산출물을 장기적으로 확보하여 검증하는 과정을 거쳐야 하는 어려움이 존재한다는 것을 유념할 필요가 있다.

(3) 타당도와 신뢰도의 관계

평가의 타당도와 신뢰도는 다른 개념일지라도 서로 연관성을 두고 이해하는 것이 평가도구의 양호도를 높이는 데 도움이 된다. 일반적으로 평가는 측정하고자 의도하는 특성을 완벽하게 오차없이 측정할 수 없다. 평가의 완벽한 신뢰도를 충족시키지 못하면 이는 곧 평가점수를 근거로 하는 타당성에도 문제가 있음을 의미한다. 왜냐하면, 아무리 목적에 적합한 평가도구를 개발했다고 하더라도 평가결과를 신뢰할 수 없다면, 평가점수를 해석하는 데 타당성을 확보할 수 없기 때문이다. 이것은 평가의 오차가 신뢰도뿐만 아니라 타당도에도 영향을 미치는 것과 같다. 이는 신뢰도가 타당도의 필요조건으로서 타당도가 높기 위해서는 신뢰도 또한 높아야 한다는 것을

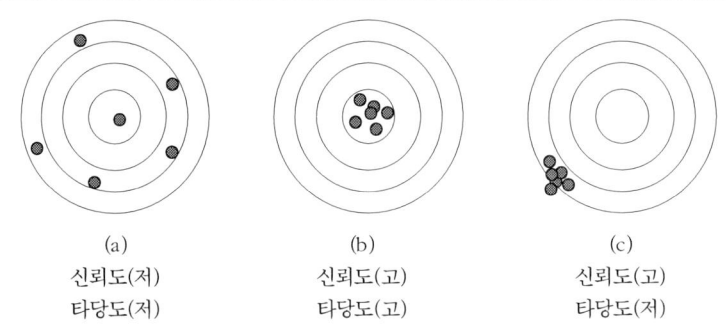

〈그림 3-1〉 타당도와 신뢰도의 관계

(a)	(b)	(c)
신뢰도(저)	신뢰도(고)	신뢰도(고)
타당도(저)	타당도(고)	타당도(저)

의미한다. 그러나 아무리 신뢰도가 높다고 하더라도 반드시 타당도가 높은 것은 아니다. 신뢰도가 타당도의 충분조건은 아니기 때문이다. 이와 같은 타당도와 신뢰도의 관계를 나타내면 〈그림 3-1〉과 같다.

〈그림 3-1〉에서 (a)는 평가도구가 평가목적에 맞는 내용을 측정하지도 못하고, 평가결과 또한 매번 일관되게 나타나지 않은 경우이다. 이것은 신뢰도가 낮으면 타당도 또한 낮을 수밖에 없음을 보여준다. (b)는 평가도구가 원래 의도한 내용을 측정하고 매번 일관된 평가결과를 보이는 경우로서 평가도구가 타당하기 위해서는 신뢰도가 높아야 한다는 것을 말해준다. (c)의 경우 평가의 신뢰도는 일관되게 높지만 평가목적에 적합하지 않는 내용을 측정하고 있기 때문에 타당도가 높을 수는 없다. 예를 들면, 역사적 탐구 능력이 우수한 학생들을 선발하기 위하여 역사 지식 내용을 암기하는 능력만을 측정하는 평가를 실시했다면 평가점수의 신뢰도가 아무리 높다고 하더라도 평가점수를 원래 의도에 따라 사용하는 데 적합하지 않게 된다. 따라서 이 평가는 타당도가 낮은 것이 된다.

2) 신뢰도

(1) 신뢰도의 개념

신뢰도(reliability)는 평가점수의 일관성(consistency)과 정확성(accuracy)의 정도를 의미한다. 다시 말하면 신뢰도는 동일한 대상에게 동일한 평가를 반복적으로 실시하거나 동형검사를 실시해서 얻은 결과들의 일관성과 측정오차가 적은 정도를 말한다. 이것은 평가 결과의 일관성과 정확성이 높으면 그만큼 평가의 신뢰도가 높다는 것을 의미한다. 예를 들어, 특정 평가도구가 측정하고자 하는 특정 대상을 측정할 때마다 얻은 점수가 일관적이라면 그 평가도구는 신뢰할 만하다고 말할 수 있다. 그러나 학생들의 학업성취 정도를 측정하는 학교현장에서 이루어지는 평가는 두 번 이상 반복해서 평가할 수 없다는 문제가 고려되어야 한다. 이것을 학교에서 실시하는 역사과 평가와 연결시켜 보면, 2학기 중간고사에서 학생들의 역사점수가 1학기 성적보다 높거나 낮게 나온다면 일반적으로 이 역사시험은 신뢰성이 있다고 말하기 어렵다. 그러나 1, 2학기 중간·기말고사에서 학생들의 역사점수가 일관적으로 나온다면 이 역사시험 점수는 신뢰도가 높다고 할 수 있다.

평가에서 일관성을 중시하는 이유는 인간의 행동특성은 상황에 따라 그 변동성이 심하게 나타나기 때문이다. 학생이 시험 당일 감기에 걸려 알면서도 정답을 하지 못하거나, 혹은 배우지 않은 시험 범위 내에서 출제되었거나, 아니면 교실 옆에서 들려오는 소음으로 인해 시험을 잘 볼 수 없었다든가 하는 여러 요인이 작용할 수가 있다. 이와 같이 평가의 비일관성은 피험자 개인의 조건부터 평가 환경조건까지 수많은 요인의 영향을 받는다. 이러한 요인들이 점수에 미치는 결과를 측정오차(measurement error)라고 한다. 따라서 신뢰도는 학생집단, 평가 상황, 평가 자체로부터 영향을 받는다는 점을 고려해야 한다.

이러한 신뢰도의 특성을 다음과 같이 정리해 볼 수 있다(권대훈, 2008). 첫째, 신뢰도는 평가점수의 성질을 의미한다. 신뢰도가 높다는 것은 평가 자체의 일관성을 문제 삼는 것이 아니라 특정 조건에서 특정 집단이 얻은 점수들의 일관성을 의미한다.

둘째, 신뢰도는 '있거나 없는' 문제가 아니라 '정도'를 의미한다. 완전한 신뢰도를 가진 평가는 존재하지 않으므로 동일한 시험을 동일한 대상에게 반복적으로 실시한다고 하더라도 평가결과나 서열은 완전히 일치하지 않는다. 따라서 '신뢰도가 있다' 또는 '신뢰도가 없다'라기보다 '신뢰도가 높다' 또는 '신뢰도가 낮다'고 해야 한다.

셋째, 신뢰도는 평가를 실시한 후 얻은 점수를 이용한 통계적인 방법을 통해서만 확인할 수 있다. 신뢰도를 얻기 위해서는 논리적인 방법이 아니라 평가결과의 일관성이나 측정오차를 분석해야 한다.

넷째, 신뢰도는 타당도의 선행조건이 된다. 신뢰도가 낮아지면 타당도도 낮아지기 때문에 평가도구가 타당하기 위해서는 신뢰도가 높아야 한다. 그러나 신뢰도가 높다고 해서 반드시 타당도가 높은 것은 아니다. 높은 신뢰도 계수는 그 자체가 목적이기보다는 높은 타당도를 얻기 위한 필요조건이므로, 신뢰도는 평가결과가 갖추어야 할 중요한 요건에 해당하지만 가장 중요시해야 할 요건이라고 할 수는 없다.

(2) 신뢰도 계수에 영향을 미치는 요인

평가도구의 신뢰도에 영향을 미치는 요인은 다양하나, 크게 시험 자체에서 기인한 요인, 학생 개인과 관련된 요인, 시험 시행조건과 관련된 요인 등의 세 개의 범주로 나눌 수 있다. 시험 자체와 관련된 요인으로는 평가 문항의 특성과 관계가 있고, 학생 개인과 관련된 요인으로는 학생집단의 개별 능력의 차이, 시험에 대한 이해, 흥미와 동기 등을 들 수 있다. 시험 시행조건과 관련된 요인으로는 학생 개개인의 인성, 시간제한 등이 포함된다. 일반적으로 신뢰도는 문항 수, 문항의 동질성, 난이도, 객관도, 점수 분산, 학생집단의 개인차에 비례하여 높아지는 경향이 있다. 역사교사가 평가 문항을 개발하고 제작하기 위해서는 다음과 같은 신뢰도 계수에 영향을 미치는 요인에 대한 이해가 필요하다.

첫째, 문항 수에 따라 신뢰도가 달라진다. 만약 한두 개의 문항으로 학생들의 역사 지식에 대한 이해능력을 측정한다면 그 결과는 신뢰할 수 없을 것이다. 이는 다른 조건이 모두 동일하다는 것을 전제할 때, 평가 문항의 수가 많아질수록 우연적 오차에 의한 영향을 적게 받아서 신뢰도는 높아지고, 문항의 수가 적을수록 추측요인이 상대적으로 커져서 신뢰도는 낮아질 수밖에 없기 때문이다. 그러나 문항의 수가 많아진다고 신뢰도가 급상승하는 것은 아니므로 문항제작 시 평가의 시행에 소요되는 시간이나 학생들의 발달 정도를 고려하여 문항 수를 적절히 조절할 필요가 있다.

둘째, 점수의 분산이 커야 한다. 신뢰도 계수는 동일한(동형) 시험을 두 번 실시한 결과에 따라 부여된 상대적 서열(위치)에 일치할수록 높아지고, 불일치할수록 낮아진다. 학생 개인 간의 점수 차가 클

수록 점수 분산이 크고 측정오차가 작용하더라도 서로 상대적 위치가 바뀔 확률이 낮아 신뢰도는 높아진다. 반면에 점수 차가 작으면 점수 분산이 작고 측정오차로 인해 상대적 위치가 바뀔 확률이 높아지므로 신뢰도는 낮아진다. 따라서 신뢰도 계수를 높이기 위해서는 점수의 분산을 증가시킬 수 있는 문항의 수를 늘리거나 문항변별도를 높이는 방법을 고려해야 한다.

셋째, 문항난이도가 적절해야 한다. 신뢰도 계수는 정답률이 평균 50% 수준의 문항들로 구성되었을 때 가장 높고, 문항이 너무 쉽거나 어려우면 낮아진다. 문항이 너무 어렵거나 쉬울 경우 학생들의 불안, 추측, 부주의 요인이 증가하여 일관성 있는 정답을 하지 못하므로 신뢰도가 떨어지기 때문이다. 또한 문항이 쉬울 경우 점수 분산이 줄어들어 작은 점수 차이로 인해 학생 개개인의 상대적 위치가 변화될 확률이 높아지므로 신뢰도는 낮아지게 된다. 그러나 이 경우에는 추측요인이 줄어들어 어려운 문항으로 구성된 시험보다 상대적으로 신뢰도가 높게 나타날 수 있다. 따라서 신뢰도를 높이기 위해서는 중간 수준의 문항난이도를 지닌 문항이 많아야 한다는 것을 고려할 필요가 있다.

넷째, 문항변별도가 높아야 한다. 문항의 변별도가 높은 문항이 많다는 것은 시험 전체의 점수 분산을 크게 해 준다는 의미이다. 문항의 변별도가 낮은 문항이 많으면 측정오차가 증가하여 신뢰도는 낮아지게 된다.

다섯째, 문항의 동질성을 유지해야 한다. 문항의 동질성을 나타내려면 평가하려는 범위가 좁아야 한다. 좁은 영역의 내용을 평가하는 시험일수록 평가내용의 의미가 분명해지고 문항 간의 동질성을 유지하기가 용이하기 때문이다. 따라서 문항의 동질적인 영역을 측정하는 검사는 광범위한 영역을 측정하는 검사에 비해 신뢰도가 높다. 예를 들어, 한국사 평가에서 범위를 조선시대로 제한하는 시험이 고조선 건국부터 한국 현대사까지 포함하는 시험보다 신뢰도가 높게 나타나게 된다.

여섯째, 문항이 명료해야 한다. 평가 문항의 애매성은 신뢰도를 떨어뜨리는 요인 중 하나이다. 평가 문항의 문두가 애매하거나 문항 자체가 잘못 제작되어 정답이 없을 때, 또는 지문에 오타가 있는 경우는 시험정보를 알고 있는 경우에도 학생들을 오답으로 유도할 수가 있어 측정오차가 발생하여 신뢰도는 낮아지게 된다.

그 밖에 학생집단의 개인차가 커서 점수 분산이 커질수록, 채점 시 객관성을 유지할수록, 시험시간이 충분할수록(역량검사, power test) 신뢰도는 증가한다. 또한 학생 개개인과 관련된 요인으로 학생들이 시험에 대한 지혜를 발휘할 때, 시험에 대한 흥미가 높고 시험에 대한 선택의 동기가 높을 때 신뢰도가 증가한다. 일부 학생의 부정행위, 평가자의 인성, 시험장소의 물리적 환경(통풍, 온도, 밝기, 착석위치에 대한 만족도) 등도 점수 변화에 영향을 미치게 된다.

(3) 신뢰도 계수의 해석

신뢰도 계수(reliability coefficient)란 동일한 평가를 2회 실시하거나 동형검사를 실시하여 얻은 평가결과 사이의 일관성 정도를 상관계수로 나타낸 것을 의미한다. 교실 수업상황에서는 동일한 평가를 2회 실시하거나 동형검사를 실시하는 것이 현실적으로 어렵기 때문에 동질의 문항으로 제작한 중간고사와 기말고사의 평가결과 간 상관관계를 추정해 볼 수 있다. 상관관계 계수는 점수의 상대적 위치

(서열)가 어느 정도의 일관성을 갖고 있는가를 나타낸다. 상관계수가 높다는 것은 처음 평가결과의 서열이 높으면 두 번째 평가결과도 서열이 높고, 처음 평가결과의 서열이 낮으면 두 번째 평가결과의 서열도 낮다는 것을 의미한다. 만약 평가결과의 상관계수가 낮다면, 이는 평가의 측정오차가 많이 작용하여 학생 개개인의 서열이 바뀌었음을 말한다. 따라서 신뢰도를 해석할 때 다음 사항들을 유의할 필요가 있다.

첫째, 신뢰도 계수의 값은 0과 1 사이에 있게 된다. 신뢰도 계수가 1에 가까울수록 평가결과의 신뢰도는 높다고 표현하고, 0에 가까울수록 평가결과의 신뢰도는 낮다고 표현한다. 앞에서 설명하였듯이 신뢰도 계수는 평가결과 간의 상관관계를 의미한다. 만약 신뢰도 계수가 .30 이하라면 두 점수 간의 상관관계는 매우 낮으며, 이것은 측정된 평가점수가 다른 점수를 잘 예측해 내지 못한다는 의미로 해석된다. 신뢰도 계수가 낮다면 학생이 평가에서 얻은 점수의 변동이 크다는 것을 의미하며, 이것은 한 평가에서 높은 점수를 얻었다 할지라도 다음 평가에서도 높은 점수를 얻을 수 있음을 예측할 수는 없다는 의미이다. 이러한 경우 평가결과로 얻은 점수를 가지고 의사결정을 하는 데 신중을 기해야 할 것이다.

둘째, 신뢰도 계수의 어느 정도가 적절한지에 대한 명확한 기준은 없다. 다만 평가결과의 중요도가 높을수록, 그리고 평가결과를 보완할 기회가 없을수록 신뢰도 계수는 높아야 한다. 예를 들면, 학생들의 선수학습 정도를 파악하기 위해 실시하는 진단평가나 수업 도중에 학생들의 학습 이해정도를 파악하기 위한 형성평가에 비해 내신 성적에 반영이 되는 총괄평가의 신뢰도는 당연히 높아야 할 것이다. 또한, 모의평가보다는 실제 시험의 신뢰도가 더 높아야 할 것이다.

이벨과 프리스비(Ebel & Frisbie, 1991)는 교사가 학습정도를 확인하려는 목적으로 만든 형성평가는 .50 이상, 외부기관에서 만든 검사는 .80 이상, 개별적인 학생의 서열을 정하거나 의사결정에 사용되는 검사결과는 .85 이상, 집단에 대한 의사결정에는 .65 이상이어야 한다고 제안했다.

(4) 신뢰도 계수 산출방법

신뢰도 계수는 평가도구의 측정오류에 의해 산출하는 방법과 평가자의 측정오류에 의해 산출하는 방법 두 가지로 나뉜다. 전자는 검사-재검사 신뢰도, 동형검사 신뢰도, 반분검사 신뢰도, 문항 내적 신뢰도로 추정할 수 있고, 후자는 평가자 신뢰도로 결정할 수 있다.

① 평가도구의 측정오류에 의한 산출방법
평가도구의 측정오류에 의해 신뢰도 계수를 산출하는 방법을 정리하면 〈표 3-2〉와 같다.

② 평가자의 측정오류에 의한 산출방법
평가도구의 측정오류를 통해 신뢰도를 산출하는 방법은 교육평가에 대한 전문적인 지식이 요구될 뿐만 아니라 학생들의 학업성취 정도를 평가하는 데 활용하기에는 현실적으로 어려움이 많다. 그러나 평가자의 측정오류에 의한 신뢰도는 수행평가와 서술형 평가의 시행으로 인해 그 중요도가 날로 높아지고 있을 뿐만 아니라 그 산출방법은 현장의 교사들이 충분히 활용할 수 있다.

평가자의 측정오류에 의해 결정되는 신뢰도를 평가자 신뢰도라고

〈표 3-2〉 평가도구의 측정오류에 의한 신뢰도 계수 산출방법

검사-재검사 신뢰도 (test-retest reliability)	• 동일한 집단에 동일한 검사를 2회 실시한다.(일주일 이상 간격) • 신뢰도는 시간간격이 짧을수록 높아지고, 시간간격이 길수록 낮아진다. • 학교현장에서 실시하는 평가에서 학생들에게 동일한 시험을 2번 실시하기가 불가능하다.(암기, 새로운 학습 가능성)
동형검사 신뢰도 (equivalent or parallel-form reliability)	• 두 가지 동형검사를 동일한 학생집단에 연속적으로 실시한다. • 신뢰도는 두 검사의 내용, 문항곤란도, 형식 등이 유사할수록 높아지고, 이질적일수록 낮아진다. • 동형검사를 제작하는 것은 평가전문가에게도 너무 어렵기 때문에 현실적으로 거의 사용되지 않는 추정방법이다. • 동일한 평가환경, 학생들의 동일한 평가동기와 태도 유지의 어려움이 있다.
반분검사 신뢰도 (split-half reliability)	• 1번 실시한 검사를 동형검사가 되도록 둘로 나누고, 나누어진 두 부분검사 점수 간의 상관계수를 구한다. • 문항을 전후로 반이 되게 나누는 전후반분법과, 홀수문항과 짝수문항으로 나누는 기우반분법(odd-even method)을 사용한다. • 2개의 하위검사들이 문항내용과 난이도 등에서 서로 동형이 되도록 구성해야 한다. • 문항을 반분함에 따라 신뢰도 계수가 다르게 추정되는 단점이 있다.
문항 내적 일관성 신뢰도 (inter-item consistency)	• 검사에 포함된 모든 문항의 반응(정답 또는 오답)의 일관성, 합치성, 동질성을 종합한 것이다. • 문항들이 동질적일수록 신뢰도는 높고, 이질적일수록 낮다. 　예: 한국사에서만 출제된 시험 문항은 한국사를 포함한 서양사, 동양사 등의 전 범위에서 출제된 시험문항보다 더 동질적이고 문항의 내적 일관성은 더 높다. • 기억이나 연습효과에 따른 문제점을 예방할 수 있다. • 학교현장에서 활용하기에는 계산상의 절차가 매우 복잡하다.

한다. 평가자 신뢰도는 '평가자가 주관적 편견 없이 얼마나 일관성 있고 공정하게 채점하는가?' 하는, 평가자가 원천인 신뢰도의 문제이다. 따라서 평가자 신뢰도는 객관도(objectivity)라고도 할 수 있다. 평가자 신뢰도는 평가자 간 신뢰도와 평가자 내 신뢰도로 구분할 수 있다. 전자는 한 평가자가 다른 평가자와 얼마나 유사하게 평가하였는가의 의미이고, 후자는 한 평가자가 모든 측정대상에 대하여 지속적으로 일관성 있게 평가하였는가의 의미이다. 점수에 의한 평가결과라면 채점자 간 신뢰도 또는 채점자 내 신뢰도라 일컫고, 등급에 의한 평가결과라면 평정자 간 신뢰도 또는 평정자 내 신뢰도라 한다. 평가의 결과가 관찰에 의한 것이라면 관찰자 간 신뢰도 또는 관찰자 내 신뢰도라 한다.

평가자 신뢰도는 평가자의 측정치에 별다른 변동이 없는 자연과학 분야에서는 그다지 문제가 되지 않지만, 한 가지 반응에 대해 평가결과가 평가자에 따라 달리 나올 수 있는 역사과 평가에서는 객관도 확보가 매우 중요하다. 즉, 한 역사교사가 모든 학생들의 역사시험 결과를 일관성 있게 채점하거나, 한 역사교사가 다른 역사교사와 유사하게 역사시험 결과를 채점함으로써 평가결과에 대한 객관도를 확보할 수 있다. 평가결과에 대한 객관도 확보가 제대로 이루어지지 못하면, 결국 학생들의 역사 지식 능력에 대한 정확한 정보를 제공할 수 없게 되는 문제가 남는다.

역사과 평가에서 평가자 신뢰도가 언급되는 경우는 서술형 평가와 수행평가이다. 역사교사들은 학생들이 주기적으로 치르는 정기시험의 채점자로서 그들 개개인의 주관이 많이 개입될 여지가 있는 수행평가나 서술형 평가결과의 신뢰도를 심각하게 고려하지 않을 수 없다. 예를 들어, A라는 역사교사가 지필고사에 출제한 서술형 평가나 수행과제에서 학생마다 다른 평가점수를 부여한다면 이는 평가자 내 신뢰도가 낮은 경우에 해당한다. 이때의 신뢰도는 교사 개인의 일관성이 전제되어야만 추정이 가능하다. 평가자 내 신뢰도를 높이기 위해서는 역사교사가 명확한 평가기준을 확립해야 한다. 반면, 두 명 이상의 역사교사가 한 학년을 분반하여 가르치는 경우, 서술형 평가 문항이나 수행과제를 공동으로 제작하고 점수를 서로 다르게 부여한다면 이는 평가자 간 신뢰도가 낮다고 할 수 있다. 이와 같은 평가자 신뢰도를 구축하기 위해 다음과 같은 수식과 절차를 이용할 수 있다.

$$\text{평가자 내(간) 신뢰도} = \frac{\text{평가자 내(간) 상호 일치한 빈도}}{\text{평가자의 총 평가(관찰)빈도}} \times \text{평가자 수}$$

〈사례 3-2〉의 예는 학생 10명의 수행과제나 서술형·논술형 고사에 대해서 2인의 역사교사가 각자 채점한 결과이다. 교사 2인이 각자 채점한 일치빈도 합계는 62, 전체 채점빈도의 합계는 150이므로, (62/150)×2 ≒ .83(83%) 정도의 평가자 간 신뢰도를 나타낸다. 평가자 내 신뢰도를 추정할 때에는 A, B 두 역사교사가 학생 10명의 과제나 평가에 대해 각자 채점한 결과를 1인의 역사교사가 동일한 학생의 과제나 평가에 대해 두 번 채점한 것으로 생각하면 된다. 그 신뢰도 산출방법은 위와 동일하므로 평가자 내 신뢰도 계수 또한 위와 동일하다.

일반적으로 내신성적에 반영되는 평가결과에 대한 신뢰도는 .80 이상 나오는 것이 바람직하다. 그러나 그 이하일 경우 그 원인을 분석하고 교사 스스로 혹은 두 명 이상의 교사 간에 상호 평가기준에 대한 인식을 명확히 할 필요가 있다. 또한 평가자 훈련을 통해 교사

〈사례 3-2〉 평가자 간 일치비율 추정의 예

평가자 \ 학생	갑	을	병	정	무	기	경	신	임	계	합계
A역사교사	10	9	5	6	10	8	5	10	7	10	80
B역사교사	8	8	7	8	6	10	7	6	5	5	70
A와 B역사교사 간 일치한 점수	8	8	5	6	6	8	5	6	5	5	150 62

개인이 채점자로서의 평가소양을 충분히 갖추어야 한다. 여기에서 교사들이 가장 유념해야 할 부분은 주관적 평정으로 인한 오류가 학생 개개인에게는 엄청난 영향을 미칠 수 있다는 점이다. 따라서 객관적이고 정확한 평가일수록 평가결과를 수용하고 활용하는 데에 따르는 부정적 영향을 크게 줄일 수 있다.

3) 난이도

(1) 난이도의 개념과 산출방법

문항난이도(item difficulty)의 의미는 문항의 어려운 정도를 뜻하며 문항곤란도라고도 불린다. 문항난이도 지수(P)는 각 문항에 대하여 시험을 치른 전체 학생 수 중 정답자의 비율을 백분율로 나타낸 것이다. 따라서 문항난이도 지수는 문항의 어려운 정도를 가리키는 것이 아니라 쉬운 정도를 나타내며, 이 지수가 높을수록 그 문항은 쉽다는 것을 의미한다. 예를 들면, A문항에 대한 난이도 지수가 .70이고 B문항에 대한 난이도 지수가 .55라면, A문항은 B문항에 비해 쉬웠다고 할 수 있다. 이와 같이 문항난이도는 용어상 다소 혼동스러운 점이 있으므로 그 의미를 정확하게 이해해야 한다. 문항의 난이도 지수는 다음과 같이 계산할 수 있다.

$$\text{문항난이도(P)} = \frac{\text{문항에 대한 정답자 수}}{\text{전체 학생 수}}$$

〈사례 3-3〉 난이도 지수의 해석

문항 번호	정답률	답지 반응 분포(%)					무응답
		①	②	❸	④	⑤	
1	53	17	10	53	06	14	1

예를 들어, 〈사례 3-3〉과 같이 전체 학생 수 101명이 시험을 보았다고 가정하자. 무응답 1명을 제외하고 이 문항에서 정답을 맞힌 학생이 53명이라면, 이 문항의 난이도 지수(P)는 .53(=53÷100)이 된다. 이는 전체 학생의 53%가 정답을 맞혔다고 해석할 수 있다. P값은 클수록 문항이 쉬웠다는 것을 의미한다. P의 값은 1.0에서 0까지 나타낼 수 있으며, P값이 1.0인 경우는 모든 학생들이 정답을 맞혔다는 것을 의미하고, 0인 경우는 모든 학생들이 정답을 맞히지 못했다는 것을 의미한다.

난이도 개념에서는 평가 자체가 평가를 실시한 학생집단의 능력과 관계가 있음을 이해해야 한다. 달리 말하면, 평가 자체가 난이도를 가지는 것이 아니라, 평가의 결과가 난이도를 가지는 것이다. 예를 들면, 동일한 역사시험을 타 학교 학생들이 치른다면 어려울 수 있지만, 교사가 가르치는 학교 학생들에게는 여러 가지 요인으로 인해 쉽게 여겨질 수 있다. 또한 동일한 시험이라도 작년 학생들에게는 어려울 수 있으나 올해 학생들에게는 쉬울 수 있다. 따라서 '이 문항의 난이도가 53%이다.'라고 해석하기보다 교사가 가르치고 있는 학교의 환경적 요인을 반영한 '○○ 집단의 학생'에 대한 '이 문항의 난이도가 53%이다.' 라고 표현하는 것이 더 적절하다. 또한 난이도 지수는 문항에 정답을 한 학생들의 비율만 나타낼 뿐이지 좋은 문항과 좋지 않은 문항에 대한 정보를 제공하지 않는다는 단점을 지니고 있음에 유의해야 한다.

학생들의 답안 처리 과정에서 '무응답'으로 나타나는 경우는 문항 난이도 산출에서 제외된다. 무응답은 B/D로 나타내기도 하는데, B/D란 Blank/Double을 의미한다. 학생들 답안이 무응답으로 처리되는 경우는 학생들이 정답을 알지 못해서 답지를 빈칸으로 남길 때, 정답을 알고는 있으나 문항 풀이시간 부족으로 답지를 작성하지 못했을 때, 복수 표기로 답지를 작성한 경우 등이 이에 해당된다. 이 중에서 특히 고려해야 할 경우는 두 번째로, 교사들은 학생들이 빈칸으로 남긴 답지가 뒷 문항으로 갈수록 집중되어 있다면, 전체 문항이 학생들 수준에 비해 너무 어렵지 않았는지 혹은 문항 수가 시험시간에 비해 많지 않았는지에 대해 적절한 관심이 필요하다.

역사교사들이 실시하는 평가에서는 내용타당도를 고려한 이원분류표를 근거로 평가 문항을 개발한다면 문항의 난이도가 높거나 낮은 것이 크게 문제가 되지 않는다. 왜냐하면, 문항이 쉬운 경우에는 평가 문항에 모든 학생들이 기본적으로 알아야 할 역사 지식 내용이 반영되었을 것이고, 어려운 문항은 학업 성취도가 높은 학생들을 겨냥한 도전적인 문항일 수도 있기 때문이다. 또한 교사가 중요하다고 여기는 내용이 수업시간에 중요하게 다루어지고 매번 수업에서 강조된다면 대부분의 학생들이 풀 수 있어야 한다는 것을 의미하기도 하고, 학생들에게도 풀기 쉬운 문항으로 여겨질 수도 있기 때문이다. 그러나 상급학교 진학을 위한 내신성적 산출을 위해 학생들의 개인차를 판별하기 위해서는 난이도가 어느 정도 고려되어야 한다.

난이도 지수에 대한 평가는 〈표 3-3〉과 같이 5단계로 세분화할 수 있다. 일반적으로 전체 평가 문항의 난이도를 .60~.70 정도로 출제하는 것이 바람직하고, 어려운 문항은 .20, 중간 수준의 문항은 .50, 쉬운 문항은 .80 정도로 출제하는 것이 좋다.

〈표 3-3〉 난이도 지수에 의한 문항평가

문항난이도	문항평가
.00 ~ .20 미만	매우 어려운 문항
.20 이상 ~ .40 미만	어려운 문항
.40 이상 ~ .60 미만	중간 난이도 문항
.60 이상 ~ .80 미만	쉬운 문항
.80 이상 ~ 1.00	매우 쉬운 문항

(성태제, 2010)

(2) 오답지 매력도

선택형 문항에서는 난이도와 함께 고려해야 할 사항이 오답지 매력도이다. 오답지 매력도(attractiveness of distractors)란 학생들이 보았을 때 오답지도 정답으로 간주하여 선택할 가능성을 의미한다. 선택형 문항의 답지작성은 문항의 질을 좌우한다. 답지들이 그럴듯하고 매력적일 때 평가 문항을 통해 측정하고자 하는 평가의도가 제대로 발휘될 수 있기 때문이다. 특히 선다형 문항의 오답지는 문항이 측정하고자 하는 능력을 지닌 학생들은 정답을 선택하게 하고, 그러한 능력이 없는 학생들은 정답을 선택하지 못하게 하는 기능을 한다. 만약 문항의 오답이 오답으로서의 매력이 없을 경우 오답으로서의 기능을 상실하게 되므로 5지 선다형 문항은 4지 선다형으로, 4지 선다형 문항은 3지 선다형 문항의 구실을 하게 되는 것이다. 이런 경우 정답을 맞힐 능력이 없는 학생들이 특정 오답지가 정답이 아님을 쉽게 간파하여 정답을 추측할 확률이 높아지게 되므로 문항의 난이도는 교사가 의도한 것보다 쉬운 정도를 나타내게 될 뿐만 아니라 그들의 학업성취 정도를 정확하게 측정하기 어렵게 된다.

오답지 매력도는 각 답지에 대한 응답비율에 의해 결정된다. 이때, 각 오답지의 응답비율이 오답지 매력도보다 높으면 매력적인 답지로서의 기능을 하는 것으로 평가할 수 있다. 오답지의 매력도를 구하는 공식은 다음과 같다.

$$\text{오답지 매력도 (답지 선택 확률)} = \frac{1 - \text{문항난이도}}{\text{답지수} - 1}$$

〈표 3-4〉는 100명의 학생이 5지 선다형 문항의 각 답지에 응답한 비율과 그에 따른 오답지 매력도를 추정한 예이다. 오답지에 대한 분석은 다음과 같이 할 수 있다. 정답이 ③번인 문항에서 전체 응답자 중 40%에 해당하는 학생들이 답을 맞혔다. 이것은 문항난이도가 40%라는 것과 60%에 해당하는 학생들이 오답지를 선택했다는 것을 의미한다. 이를 위의 산출 공식에 대입해 보면, 오답지 매력도는 1-0.4 / 4-1= .20이 된다. 즉, 4지 선다형 문항에서 오답들의 매력이 균등하다면 학생들은 3개의 각 오답지에 균등하게 응답할 것으로 예상할 수 있으므로, 그 응답에 대한 비율은 .20이 되는 것이다. 따라서 .20은 각 답지의 매력도를 판단하는 기준으로 사용할 수 있다. 이를 근거로 답지 ②번과 ④번은 매력적인 오답지로서의 제 기능을 발휘한 것으로, ①번의 경우는 응답비율이 .10이 되어 오답지의 매력도가 떨어지는 것으로 판단할 수 있다.

〈표 3-4〉 오답지 매력도 추정

답지번호	응답자	응답비율	판단
①	10	.10	매력적이지 않은 오답지
②	30	.30	매력적인 오답지
③	40	.40	정답
④	20	.20	매력적인 오답지

　일반적으로 교사들이 각 평가 문항에 대한 오답지 매력도를 산출하기는 어려우므로, 답지에 대한 응답비율로 선다형 문항의 질을 향상시킬 수 있는 방법을 고려해 볼 수 있다. 예를 들어, 특정 답지에 대한 학생들의 응답비율이 매우 낮은 경우, 그 문항의 특성을 파악한 다음 이후에 출제하는 평가 문항의 답지작성에 반영하는 것이다. 답지의 매력도를 낮추면 문항은 더 쉽게 변하게 되고, 답지의 매력도를 높이면 문항은 어려운 문항으로 수정된다. 일반적으로 오답지 매력도를 높이는 방법을 〈표 3-5〉와 같이 고려해 볼 수 있다.

〈표 3-5〉 오답지 매력도를 높이는 방법

1. 학생들이 평소에 범하는 오류를 이용한다.
2. '필수적인' '정확한' 등과 같이 중요한 것처럼 보이는 단어를 문두에 사용한다.
3. 문두에 포함된 용어 혹은 용어의 의미에서 연상되는 단어나 내용을 사용한다.
4. 언뜻 보아 사실처럼 보이는 교재의 용어나 표현을 이용한다.
5. 학생들이 정확하게 이해하지 못하거나 부주의하기 쉬운 내용을 사용한다.
6. 정답지의 내용과 유사한 내용을 사용한다.
7. 오답지의 길이, 어휘, 구문, 수준이 정답지와 비슷하도록 제시한다.
8. 오답지의 내용은 옳지만 문두에 관련되지 않는 내용을 사용한다.
9. 학생들이 의미를 정확하게 모르면서도 흔히 사용하는 친숙한 용어와 표현을 오답지에 포함시킨다.
10. 선택지가 수치일 경우 정답지와 오답지를 같은 척도나 단위로 표현한다.

(권대훈, 2008: 315)

4) 변별도

(1) 변별도의 개념과 산출방법

문항의 변별도(discrimination)란 평가 문항이 총점이 높은 학생들과 낮은 학생들을 변별해 내는 정도를 의미한다. 학교시험의 경우 문항의 변별도를 구하기 위한 준거로 총점이 사용된다. 총점이 높은 학생들(상위 27%)은 정답을 하고 총점이 낮은 학생들(하위 27%)이 오답을 했다면 그 문항은 학생들의 능력에 따라 변별하는 기능이 높으며 문항의 질 또한 높다고 할 수 있다. 반면, 총점이 높은 학생들은 오답을 하고 총점이 낮은 학생들이 정답을 맞혔을 경우 그 문항은 학생들을 능력별로 변별하는 기능을 다하지 못하였으므로(역변별 문항) 다음 평가 문항 출제 시 수정되어야 한다는 것을 의미한다.

상·하위 집단의 학생들이 모두 특정 문항을 맞히거나 틀렸다면 그 문항의 변별 정도는 '0'이라고 할 수 있다. 규범지향평가에서 변별도가 높은 경우에만 문항의 질이 높다고 할 수 있지만, 준거지향 평가에서는 문항의 변별 정도가 '0'이 나온다 하더라도 그 문항이 교육목표와 일치한다면 좋은 문항이라고 할 수 있다.

문항의 변별도 지수를 구하는 방법으로 상·하위 집단을 나누어 상위 집단의 정답률과 하위 집단의 정답률 차이를 사용할 수 있다.

$$\text{변별도 지수(DI)} = \frac{\text{상위집단의 정답자 수} - \text{하위집단의 정답자 수}}{\text{각 집단의 피험자 수}}$$

예를 들어, 300명의 학생들을 상위집단 27%와 하위집단 27%로 구분하여 특정 문항에 대해 다음과 같은 공식을 활용하여 변별도 지수를 산출할 수 있다(박도순, 2008: 184).

	정답자 수	오답자 수	합계
상위집단	72	9	81(27%)
중위집단	51	87	138(46%)
하위집단	27	54	81(27%)
총계	150	150	300

$$변별도\ 지수\ =\ \frac{72-27}{81} = .56$$

(2) 변별도 지수의 해석

문항변별도 지수의 범위는 +1.0에서 -1.0 사이에 위치한다. 상위
집단에서 모두 정답을 하고 하위집단에서 모두 틀렸을 경우 변별도
지수는 +1.0이고, 상위집단에서 모두 틀리고 하위집단에서 모두 정
답을 했을 경우 변별도 지수는 -1.0이 된다. 상위집단과 하위집단 학
생들이 모두 정답을 하거나 오답을 하면 변별도 지수는 '0'이 된다.
문항의 변별도 지수는 〈표 3-6〉과 같이 해석할 수 있다.

〈표 3-6〉 문항변별도 평가 기준

문항변별도 지수	문항평가
.40 이상	변별력이 높은 문항
.30 이상 ~ .39 이하	변별력이 있는 문항
.20 이상 ~ .29 이하	변별력이 낮은 문항
.19 이상 ~ .10 이하	변별력이 매우 낮은 문항
.10 이하	변별력이 없는 문항

(성태제, 2010)

문항변별도 지수가 .40보다 높으면 변별력이 매우 양호하고, .30∼.39이면 적당하므로 문항을 수정할 필요가 없다. 앞의 두 경우는 평가도구의 신뢰도 또한 높아진다. 문항변별도 지수가 .20∼.29이면 변별력이 낮으므로 문항을 수정할 필요가 있다. 문항변별도 지수가 .20 이하이거나 음수인 문항은 능력이 높은 학생들에게 불리하고 능력이 낮은 학생들에게 유리한 영향을 미칠 수 있으므로 문항 제작 시 유념해야 한다.

2. 평가 문항 분석사례

평가는 의사결정을 위하여 필요한 정보를 수집하는 과정을 의미한다. 따라서 평가 후 양질의 정보를 제공하는지의 여부를 판단하기 위해서는 평가 문항을 분석하는 과정이 필요하다. 평가 문항은 시험을 구성하는 기초단위이므로 좋은 문항은 좋은 평가의 기본 조건이 된다. 평가를 구성하는 각 문항의 질이 나쁘면 평가 전체의 질도 나빠지게 되는 것은 당연한 일이다. 평가에 포함된 문항이 원래 의도한 기능을 제대로 수행하고 있는지, 또는 각 문항의 좋고 나쁨, 즉 문항의 양호도를 검토하는 절차를 문항분석(item analysis)이라고 한다. 여기에서는 평가 문항의 난이도, 변별도, 오답지 매력도 분석 사례를 통해 교사가 제작하는 문항의 양호도를 높이기 위한 방안을 제시한다.

1) 난이도에 따른 평가 문항 분석사례

역사교사들이 적절한 난이도를 지닌 평가 문항들을 제작하기 위해서는 학생들이 쉽게 답하거나 어렵게 여기는 평가 문항의 특성들을 파악하고 있어야 할 것이다. 다음 예시문항들은 국가수준 학업성취도 평가 문항들로 난이도별 평가 문항의 특성을 보여주고 있다. 제시된 평가 문항들 중 학생들이 쉽게 응답한 문항의 난이도 지수는 .70이상이고, 어렵게 응답한 문항의 난이도 지수는 .40미만이다.

〈예시문항 3-1〉은 2008년도에 중학생을 대상으로 실시한 국가수준 학업성취도 평가 문항 14번이며, 읽기자료가 제시하는 위치를 지

〈예시문항 3-1〉 쉬운 문항 사례 1

14. 밑줄 친 부분이 공통으로 가리키는 지역을 지도에서 찾으면?

① (가)　　　② (나)　　　③ (다)　　　④ (라)　　　⑤ (마)

- 조선 숙종 때: 안용복의 활약으로 <u>이 지역</u>이 우리 영토임을 확인함.
- 대한제국 시기: 1900년 칙령 제41호로 울도군의 행정구역 안에 <u>이 지역</u>이 포함되어 있음을 표시함.
- 러·일 전쟁 중: 일본이 <u>이 지역</u>을 몰래 자신들의 영토로 편입시키고, '다케시마'라 칭함.

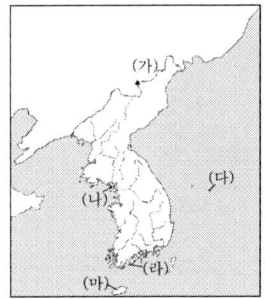

문항번호	정답률	답지 반응 분포(%)					
		①	②	③	④	⑤	무응답
14	82.7	3.0	3.4	82.7	4.0	6.8	0.1

2008학년도 국가수준 학업성취도 평가 중학교 3학년 사회A형

도에서 찾는 문제로 정답은 ③번이다. 이 문항은 난이도 지수가 .83으로, 학생들에게 읽기자료가 독도는 우리 영토임을 확인하는 역사적 증거라는 것을 파악하게 하는 능력을 요구하고 있다. 이 문항에서 역사적 자료가 공통적으로 제시하고 있는 지명은 교과서나 수업내용을 숙지하고 있는 학생들에게는 그다지 어렵지 않은 문제이다. 이와 같이 간단한 그림자료를 통해 시대를 파악하는 것이나, 읽기자료가 나타내는 지명 찾는 것, 또한 역사적 증거자료가 어렵지 않게 제시되는 것에 대해 중학생들은 쉽게 답하는 경향이 있다고 볼 수 있다. 또한 중학생들에게 친숙한 역사적 사실이나, 교과서나 수업시간에 강조된 간단한 시대적 특징들에 대해서는 쉽게 답할 수 있다.

〈예시문항 3-2〉는 2007년도에 고등학생을 대상으로 실시한 평가 문항 9번이다. 이 문항은 고구려 고분벽화에 나타난 고구려 사회의 특징을 알아내는 문제로 정답은 ②번이다. 학생들은 (가)의 그림이 5세기 삼실총 벽화의 고구려 기마병을 나타낸 것으로 고구려인의 상무적 기풍을 파악해야 하고, (나)는 수산리 벽화도 중 시녀도로서 시녀들이 귀족 부부에 비해 작게 그려졌다는 벽화의 특징을 파악해야 한다. 이 문항의 난이도 지수는 .74로, 이 문항의 답지에 제시된 내용이 벽화에 나타난 당대의 시대상보다 더 많은 역사적 사실을 포함하고 있거나, 폐쇄적인 신분사회였던 고대사회에서 쉽게 이루어질 수 없는 신분상승 등을 표현하고 있어 학생들이 어렵지 않게 정답을 찾아낼 수 있었을 것으로 보인다. 따라서 이 문항은 주어진 자료가 말하고 있는 것이 무엇인가를 이해하면 풀 수 있는 문제이다. 이와 같이 고등학생들도 간단한 그림이나 읽기자료 등에 대한 해석 능력을 요구하는 문제에는 쉽게 답하는 경향이 있다.

2008년도에 실시한 학업성취도 평가인 〈예시문항 3-3〉은 중학생

〈예시문항 3-2〉 쉬운 문항 사례 2

9. 그림은 고구려 고분 벽화의 일부이다. 이와 관련된 설명으로 옳은 것은?

(가) 기마전을 하는 고구려 무사   (나) 시녀도

① (가)에서 싸우고 있는 무사들은 평민과 천민이었을 것이다.
② (가)에서 말에게 갑옷을 입힌 것으로 보아 전쟁이 빈번한 시대였을 것이다.
③ (가)에서 드러나는 상무적 기풍은 사회 내부의 갈등 때문이었을 것이다.
④ (나)에서 시녀들이 입는 옷은 주인의 옷과 큰 차이가 없었을 것이다.
⑤ (나)에서 시녀들도 재산을 축적하면 귀족으로 신분 상승이 가능하였을
     것이다.

문항 번호	정답률	답지 반응 분포(%)					
		①	②	③	④	⑤	무응답
9	74	3.9	74.1	10.3	5.2	6.3	0.3

2007학년도 국가수준 학업성취도 평가 고등학교 1학년 사회A형

을 대상으로 실시한 평가 문항 28번이고, 〈예시문항 3-4〉는 고등학생을 대상으로 한 수행평가 7번이다. 두 문항 모두 난이도 지수 .40 미만이다. 중학생 대상의 28번 문항은 그라쿠스 형제의 연설문을 통해 로마의 개혁정책 배경을 이해하는 문제로 정답은 ④번이다. 이 문항은 포에니 전쟁 이후 귀족들의 대농장 경영으로 인해 자영농민이 토지를 잃고 몰락하는 문제를 해결하기 위해 그라쿠스 형제가 시도하고자 한 토지제도의 개혁 배경을 파악해야 풀 수 있다. 이 문항은 난이도 지수 .33으로 학생들이 어렵게 생각하는 문제이다. 이와

〈예시문항 3-3〉 어려운 문항 사례 1

28. 다음과 같은 연설이 나오게 된 배경을 〈보기〉에서 고른 것은?

> 떠돌아다니는 동물들은 밤이 되면 돌아가 누울 동굴이 있다. 그러나 조국을 지키고 영토를 확장하기 위해 전쟁에서 피 흘려 싸운 우리의 평민들은 밤이 되면 돌아가 누울 단 한 뼘의 땅조차도 없다. 이제는 개혁이 필요하다!
>
> – 티베리우스 그라쿠스의 연설문 –

```
——〈 보  기 〉——
ㄱ. 군사력의 강화          ㄴ. 대농장 경영의 성행
ㄷ. 토지 소유 제한 정책     ㄹ. 중소 자영농민의 몰락
```

① ㄱ, ㄴ   ② ㄱ, ㄷ   ③ ㄴ, ㄷ   ④ ㄴ, ㄹ   ⑤ ㄷ, ㄹ

문항 번호	정답률	답지 반응 분포(%)					
		①	②	③	④	⑤	무응답
28	33.3	4.0	14.7	17.4	33.3	30.5	0.1

2008학년도 국가수준 학업성취도 평가 중학교 3학년 사회A형

〈예시문항 3-4〉 어려운 문항 사례 2

〈수행평가7〉 (가)와 (나)는 고려시대 두 가정의 호적을 간략하게 정리한 표이다. **굵은 글씨**로 나타낸 부분을 통해 알 수 있는 고려시대 가족 제도의 특징을 2가지 쓰시오.

(가)		(나)	
가족관계	이름	가족관계	이름
호주	**낙랑군 부인 최씨**	호주	박송
장남	오윤배	처	조이
차남	오윤성	장녀	박초이
삼남	오윤방	**사위**	**황문**
사남	오혜근	차남	박구달

(,   )

문항 번호	정답률	답지 반응 분포(%)				
		0	1	2	3	4
수행평가7	22.2	69.4	16.8	13.8	–	–

2008학년도 국가수준 학업성취도 평가 고등학교 1학년 사회A형

같이 중학생들은 주어진 사회 · 경제적 상황과 관련된 역사적 배경이나 지식에 대한 종합적 이해를 요구하는 문제에는 어렵게 생각하는 경향이 있다고 볼 수 있다.

고등학생 대상의 수행평가 문항 7번은 학생들이 두 가정의 호적 기재 상황을 읽고 고려시대 여성의 지위를 파악해 내는 문제이다. 이 문항의 난이도 지수는 .22로 소수의 학생들만이 정답을 맞힐 수 있었던 어려운 문항이었다. 학생들은 호적 기재에서 남녀 차별을 하지 않았고, 사위도 처가의 호적에 입적할 수 있다는 역사적 사실에 대한 이해를 기반으로 고려시대 여성의 사회적 지위를 파악하고 있어야 문제에 답할 수 있다. 이 문항에 대한 낮은 정답률을 고려해 볼 때, 고등학생들은 문항이 요구하는 시대적 상황에 대한 이해와 관련하여 역사적 자료를 해석하는 문제에 대해서는 어렵게 생각하고 있다는 것을 알 수 있다.

일반적으로 문항의 정답률이 매우 낮다면, 평가 문항이 요구하는 내용을 수업시간에 중요하게 다루지 않았거나, 학생들이 그 내용을 심도있게 알지 못하고 있다는 것을 함축한다. 또한 수업에서 강조했음에도 불구하고 정답률이 낮다면 문항이 학생들에게 혼란을 유발할 수 있는 요인을 포함하고 있을 수 있으므로, 문두나 답지의 내용을 검토해서 다음 평가 문항 제작 시에 참고해야 한다. 따라서 일반적으로 학생들이 쉽게 생각하는 평가 문항과 어렵게 생각하는 평가 문항의 경향을 구분해 보면 〈표 3-7〉과 같다.

<표 3-7> 문항난이도에 따른 평가 문항의 특징

쉬운 문항	중학교	• 간단한 시대적 특징 이해하기 • 대표적인 역사적 사실 파악하기 • 수업 중의 강조나 교과서를 통해 친숙해진 내용 찾아내기 • 단순한 과거 상황이나 사건을 연표에서 찾아내기
	고등학교	• 대표적인 역사적 사실 파악하기 • 간단한 역사적 자료에 대한 시대적 특징 이해하기 • 제시된 자료의 단순한 역사적 상황과 쟁점 찾아내기 • 구체적이고 명확한 역사적 사건이나 상황을 시대순으로 나열하기
어려운 문항	중학교	• 제시된 정보의 분석을 바탕으로 시대적 배경과 사회적 의미 해석하기 • 역사적 자료에 나타난 시기를 파악하고 시대적 상황과 연관짓기
	고등학교	• 제시된 자료에서 해결해야 할 과제 구분하기 • 역사적 자료의 특성과 과거 시기와의 관련성 추론하기 • 역사적 자료에 나타난 정보를 선행 지식과 연결지어 종합·판단하기, 추상적인 결론 이끌어내기

2) 변별도에 따른 평가 문항 분석사례

변별력이 낮은 문항으로는 2006년도 중·고등학생을 대상으로 실시한 국가수준 학업성취도 평가 문항 중에서 두 문항을 소개한다. 중학생을 대상으로 한 13번 문항(《예시문항 3-5》)은 변별력 지수가 .04로 변별력이 매우 낮은 문항에 해당한다. 이 문항은 7~8세기 무렵 동아시아 각국이 당의 제도를 받아들여 동아시아 문화권을 형성한 공통요소(불교, 유교, 율령, 한자)를 알고 있어야 답할 수 있도록 제작된 것으로 보인다. 또한 당의 도읍지 모습도 본떠서 조성한 경우도 있다는 것을 이해하고 있어야 풀 수 있는 문항이다. 이 문제의 정답은 ②번으로 고려청자의 상감법은 고려만의 독창적인 기법으로

〈예시문항 3-5〉 변별도가 낮은 문항 1

13. 다음의 밑줄 친 부분을 뒷받침할 수 있는 근거를 찾기 위한 탐구활동으로 적절하지 <u>않은</u> 것은?

> 당 제국이 강력한 국력을 바탕으로 크게 발전해가자, 주변 국가들은 당과 조공 관계를 맺는 한편, 당의 선진 문물을 앞다투어 받아들였다. 그리하여 7~8세기부터는 동아시아 각국이 당의 문화를 받아들여 독특한 동아시아 문화권을 형성하였다.

① 통일 신라와 당의 율령을 비교해 본다.
② 고려의 상감청자와 당삼채를 비교해 본다.
③ 동아시아 불교의 특징을 서로 비교해 본다.
④ 일본의 가나 문자와 한자의 유사성을 비교해 본다.
⑤ 발해와 당의 도읍지 모습을 나타낸 지도를 비교해 본다.

문항 번호	정답률	변별도	답지 반응 분포(%)					무응답
			①	②	③	④	⑤	
13	16.2	0.04	8.8	16.2	16.7	23.5	34.5	0.3

2006학년도 국가수준 학업성취도 평가 중학교 3학년 사회A형

〈예시문항 3-6〉 변별도가 낮은 문항 2

26. 다음 도표와 같은 변화가 나타난 시기의 사회 현상으로 보기 어려운 것은?

(단위 : %)

시기	양반 호	상민 호	노비 호
1729년	26.29	59.78	13.93
1765년	40.98	57.01	2.01
1804년	53.47	45.61	0.92
1867년	65.48	33.96	0.56

① 국가에서는 양민의 수를 늘리기 위해 공노비를 해방시켰다.
② 일당 전제화의 추세가 강화되면서 몰락하는 양반들이 늘어났다.
③ 부계 중심의 가족 제도가 확립되면서 딸들이 상속권을 잃게 되었다.
④ 서로 다른 신분 사이의 소생일 경우 대부분 아버지의 신분을 계승하였다.
⑤ 부를 축적한 농민들이 양반 신분을 사거나 족보를 위조하는 경우도 있었다.

문항 번호	정답률	변별도	답지 반응 분포(%)					무응답
			①	②	③	④	⑤	
26	27.2	0.15	10.5	27.4	25.0	27.2	9.5	0.4

2006학년도 국가수준 학업성취도 평가 고등학교 1학년 사회A형

당삼채의 영향을 받은 것으로 보기 어렵다. 이 문항은 난이도 .16으로 대부분의 학생들에게도 어려운 문제였다. 따라서 학생들은 동아시아의 공통된 문화요소를 잘 모르고 있다고 분석되며, 학생들의 시대적 특징에 대한 일반적인 이해가 부족해도 문항의 변별력이 매우 낮을 수밖에 없다고 해석된다.

고등학생 대상 26번 문항(〈예시문항 3-6〉)은 변별력 지수가 .15로 변별력이 매우 낮다. 이 문항은 신분별 인구 변동을 나타낸 도표를 해석하고 이와 관련 있는 시대의 사회현상과 연결짓는 문제로 정답은 ④번이다. 그러나 주어진 답지내용을 보면 학생들이 충분히 오답을 할 수 있는 부분들이 있다. 예를 들면, 학생들은 양반들의 수가 늘어나는 이유로 부를 축적한 농민이 양반신분을 돈을 주고 사거나 족보를 위조하였기 때문으로 이해했다면, ②번 '몰락양반의 수가 늘어난' 경우를 오답으로 선택했을 가능성이 높다. 또한 ③번의 경우는 이 자료를 통해 이해하는 사회현상으로 볼 수 없기 때문에 학생들이 오답으로 반응했을 수도 있다. 이와 같이 답지에 자료해석과 관계가 없거나 맥락적으로 오해할 소지가 있는 내용이 포함된 경우는 문항의 변별력 지수를 떨어뜨리는 것으로 보인다.

3) 오답지 매력도에 따른 평가 문항 분석사례

평가 문항의 오답지 분석은 문항이 측정하고자 하는 지식을 지니지 않은 학생들이 오답을 할 수 있도록 유도하는 기능을 제대로 발휘했는가를 검토하는 작업을 말한다. 이것은 오답지 매력의 정도로서 나타낼 수 있다. 오답지 매력도에 대한 평가 문항은 앞에서 설명한 난이도와 변별도에 따른 평가 문항 분석 예시와 〈사례 3-4〉를 통해 이해하도록 하자.

〈예시문항 3-3〉에서 중학생 대상 평가 문항 28번은 정답률이 33.3%이므로 오답지 매력도는 약 .17(1-0.33/5-1)이 된다. 그러므로 답지 ①번과 ②번은 매력적이지 못한 오답으로, ③번과 ⑤번은 매력적인 오답으로 판단할 수 있다. 이 평가 문항은 제시된 지문에서 '영토'나 '땅'이라는 암시적 요소가 〈보기〉 ㉠의 '군사력의 강화'와는 관련성이 없어 보여 정답이 아닐 가능성을 충분히 내포하고 있다. 다수의 학생들은 이 내용이 포함된 답지 ①번과 ②번은 선택하지 않았을 것으로 보인다.

〈예시문항 3-5〉에서 중학생 대상 13번 문항의 경우는 정답률이 16.2%로, 산출 방식에 의한 오답지 매력도는 .21(1-0.16/5-1)이 된다. 그렇다면 ④번과 ⑤번이 이 문항의 매력적인 오답지에 해당하게 된다. 문제는, 이 오답지의 응답비율이 정답에 대한 응답비율보다 높아 문항의 변별도가 매우 낮다는 데에 있다(0.04). 아무리 매력적인 오답지를 작성했다 하더라도 학생들이 평가 문항의 내용지식에 대한 이해가 매우 부족하여 그들의 학업성취 정도를 정확하게 측정하지 못한다면 이 오답지들은 그 기능을 제대로 발휘할 수 없게 된다. 이러한 경우 평가 문항의 오답지는 문항을 어렵게 만드는 셈이 될 수 있다.

〈예시문항 3-6〉에서 고등학생 대상 26번의 경우는 문항의 매력적인 오답지에 해당하는 것이 ②번과 ③번이다. 오답지 매력도는 약 .18(1-0.27/5-1)이므로 ①번과 ⑤번이 매력적이지 않은 오답지가 된다. 앞에서 설명한 바와 같이 이 문항은 답지에 제시된 자료와는 상관없는 내용이 포함되어 있거나, 정답으로 오판할 만한 역사적 사실을 서술하고 있어 문항의 변별력이 떨어지는 문항이다. 따라서 오답

〈사례 3-4〉 오답지 매력도 추정

문항번호	답지 번호	응답비율(%)	판단
〈예시문항 3-3〉 중학생 대상 28번	①	4.0	매력적이지 않은 오답지
	②	14.7	매력적이지 않은 오답지
	③	17.4	매력적인 오답지
	④	33.3	정답
	⑤	30.5	매력적인 오답지

문항번호	답지 번호	응답비율(%)	판단
〈예시문항 3-5〉 중학생 대상 13번	①	8.8	매력적이지 않은 오답지
	②	16.2	정답
	③	16.7	매력적이지 않은 오답지
	④	23.5	매력적인 오답지
	⑤	34.5	매력적인 오답지

문항번호	답지 번호	응답비율(%)	판단
〈예시문항 3-6〉 고등학생 대상 26번	①	10.5	매력적이지 않은 오답지
	②	27.4	매력적인 오답지
	③	25.0	매력적인 오답지
	④	27.2	정답
	⑤	9.5	매력적이지 않은 오답지

지 매력도에 따라서 오답의 매력이 적은 문항으로 판단될지라도 학생들이 충분히 답할 수 있는 범위를 벗어나거나 잘못 제작된 답지는 오답지로서 역할을 할 수 없게 된다. 따라서 역사교사는 문항 검토를 체계적으로 실시해서 다음 평가 문항 제작에 이를 반드시 참고할 수 있도록 해야 한다.

평가도구를 잘못 제작할 경우 학생들의 평가 문항에 대한 추측도가 높아지게 되고, 그 평가도구는 학생들의 능력을 정확하게 측정하기 어렵다. 오답지 매력도가 낮을수록 문항이 쉬워지고 추측도는 높아지므로 당연히 학생들의 점수는 높아지게 된다. 또한 추측도가 높아지게 되면 신뢰도도 덩달아 낮아지는 경향을 보이게 된다. 이런 경우 평가도구가 학생들의 능력을 제대로 측정하지 못하고 있음에도 불구하고 높은 점수만을 가지고 평가준거에 도달했다고 판단하기 어렵게 된다.

실제편

실제편은 이론편에서 살펴본 목적과 방향에 적합한 평가 문항을 그 원리에 따라 실제로 제작할 수 있도록 안내하는 가이드북의

형식을 따랐다. 먼저, 역사과 평가 문항을 크게 셋으로 나누어 선다형 평가와 서술형 평가, 수행 평가로 구분하였다. 그리고 각각

의 평가가 어떤 특성을 지니는지를 설명하고, 평가 문항의 제작 절차와 원리를 체계화하였다. 무엇보다 풍부한 사례를 제시하려

하였다. 이론적으로 선다형 평가의 문두와 답지는 간결 명료하게 작성해야 하며, 서술형 평가와 수행 평가를 실시할 때에는 채점

기준을 작성해야 한다는 것을 알고 있어도 실제로 그 원리에 맞도록 문항을 제작하는 일은 쉽지 않다. 그러므로 실제편을 매뉴얼

삼아 직접 문항을 제작해 보고, 사례로 제시된 문항은 변형하여 사용하거나 또 다른 아이디어를 얻는 계기로 삼았으면 한다.

제4장

역사과 선다형 평가

 이 장에서는 선택형 문항 중에서도 가장 많이 활용되는 선다형 문항의 제작에 대해 정리하고자 한다. 대학수학능력시험, 학업성취도 평가, 모의시험, 중간고사와 기말고사 등 학생의 학업성취를 평가하고 선발하는 각종 시험은 선다형 문항 위주로 되어 있다. 선다형 문항은 다른 선택형 문항에 비해 내재적인 결점이 상대적으로 적고, 매우 쉬운 문항에서부터 어려운 문항까지 제작할 수 있으며, 채점이 쉽고 객관적이기 때문이다. 선다형 문항은 학교 현장에서도 가장 많이 쓰이는 활용도 높은 평가도구이지만 기억이나 회상에 기초하는 지식을 평가하는 문항이 되기 쉽다. 따라서 역사적 사고력이나 기능을 측정하는 선다형 문항 제작을 위해서는 시간과 노력 그리고 기술이 필요하다는 측면에서 어려운 점이 있다. 그러므로 좋은 선다형 문항을 만들기 위해서는 문항 제작의 실습과 경험을 통하여 문항 개발에 필요한 지식과 기술 및 감각을 익혀야 한다.

1. 역사과 선다형 문항의 특성

선다형 문항은 선택형 문항 중의 하나이다. 선택형 문항(selection type item)은 문항 내에 주어진 답지 중에 하나를 고르는 문항 형태를 말한다. 선택형 문항에 포함되는 문항에는 진위형(true-false type), 선다형(multiple choice type), 연결형(matching type)이 있다. 진위형 문항은 제시된 진술문에 학습자가 옳고 그름을 응답하는 문항유형이고, 연결형 문항은 일련의 문제군과 답지군을 배열하여 문제군의 질문에 대한 정답을 답지군에서 찾아 연결하는 형태이다.

선다형 문항은 문두와 세 개 이상의 답지로 구성되어 학습자가 답을 선택하는 형식으로 선택형 문항 중에서 가장 많이 사용되고 있으며 다음과 같은 장점을 가지고 있다.

첫째, 문항형식의 융통성, 신축성이 커서 단순한 정보지식은 물론, 문항의 변형 정도에 따라 생소한 상황에서 원리를 응용할 수 있는 적용력, 나아가서는 추리력, 판단력, 비판력 등도 측정할 수 있다.

둘째, 채점이 쉽고 채점 시 주관성을 배제할 수 있으므로 객관적이다.

셋째, 학습내용의 많은 영역을 포괄적으로 다룰 수 있다. 문항 수를 많이 담을 수 있기 때문에 학습한 교수목표 및 내용을 고르게 배치할 수 있어 여러 가지 문제 상태, 목적, 내용을 다양하게 다룰 수 있다.

넷째, 초등학교 저학년을 제외한 모든 학년에서 사용할 수 있는 문항유형이다.

역사과 평가에서도 다양한 기능을 측정할 수 있도록 적절하게 제작된 선다형 문항은 논리적 계열성, 이해와 적용, 종합, 분석, 비판적 능력, 특수 용어, 그리고 일반화된 지식과 인식에 기초한 반응을 이끌어 낼 수 있으며, 심지어 쓰기 기능까지도 인식과 식별에 의해 테스트할 수 있다.

하지만 선다형 문항은 다음과 같은 단점이 지적되기도 한다.

첫째, 문항 제작이 어렵다. 4~5개의 답지를 상호 독립적이면서 유사한 형태로 만들어야 하기 때문이다. 특히 가장 어려운 것은 좋은 오답지를 만드는 일이다. 선다형 문항은 오답지를 어떻게 제작하느냐에 따라 난이도가 변화되는 특징을 지니고 있으므로 정확한 정답과 그럴듯한 오답을 명확히 구별하여 제시하기 위해서는 문항 제작의 지식 및 기술과 더불어 상당한 훈련과 경험이 필요하며 문항제작에 많은 시간이 소요된다.

둘째, 응답의 범위가 제한적이다. 학습자는 문제에 제시된 답지 중에서만 정답을 선택할 수 있으며 답지에 제시되지 않은 견해나 출제자의 의도를 넘어서는 예외 등에 대하여 의사를 표시할 수가 없다.

셋째, 추측에 의해 정답을 맞힐 가능성이 있다. 이러한 추측의 가능성을 줄이기 위해 답지를 4지 선다형에서 5지 선다형으로 바꾸더라도 선다형 문항으로 검사가 실시될 때는 답지에서 한두 개의 확실한 오답을 제외하고 두세 개의 답지 중에서 선택하는 경우도 있기 때문에 문항의 답을 모를 때 추측에 의하여 답을 맞힐 수 있는 가능성이 언제나 존재한다.

2. 역사과 선다형 문항의 제작 절차

1) 선다형 문항 개발의 기본 조건

문항을 제작할 때에는 시험의 성격에 따라 평가의 목적을 분명히 해야 한다. 학교에서 평가는 주로 가르친 내용을 평가하는 총괄평가로 선다형 문항의 비중이 높은데, 일정 기간의 학습에 대한 도달 여부를 측정하고 있다. 좋은 문항을 제작하기 위해서는 다음과 같은 필요조건을 문항 제작자는 구비해야 한다.

조건 1. 역사과에 대한 충실한 이해

역사교육의 목표와 역사과의 내용, 그리고 교수 및 학습 원리 등에 대해 충분히 이해해야 한다. 또 학생이 알아야 할 내용에 대해서는 물론 잘못 알고 있는 내용에 대해서도 파악하고 있어야 한다. 이와 같이 교과에 대한 이해를 바탕으로 교수목표를 정확히 평가하도록 제작된 문항은 내용타당도가 높아지게 된다.

조건 2. 학습자 집단에 대한 충분한 이해

수업진행 과정에서 학생들의 학습 발달 수준을 수시로 점검하면서 다른 지역, 다른 학교와 구별되는 담당 학생의 지역, 학교의 특성과 학생의 수준을 파악하여야 한다. 특히 학생의 어휘 수준이나 주로 사용하는 어휘들을 파악해야 그 집단에 적절한 문항을 제작할 수 있다. 학생들은 문항을 충분히 맞힐 수 있음에도 불구하고 어떤 특정 어휘 때문에 문항을 틀리게 되는 경우가 있다. 또한 역사과에서 학생들이 매우 어렵게 여기거나 쉽게 생각하는 문항들의 특성을 파악해야 한다. 역사과 문항에서 난이도는 제시문에 몇 개의 결정적 키워드(단서)의 여부, 출제의 빈도성, 오답의 매력도 여부, 교사가 수업시간에 강조한 정도, 역사자료에서 요구하는 선행 지식의 정도 등과 관련이 있다.

조건 3. 문항 제작에 대한 기본 지식과 기능 숙지

선다형 문항의 형식에 대한 기본 지식과 기능을 숙지하고 문항 제작 방법을 이해해야 한다. 아울러 문항의 완성도와 수준을 평가하기 위한 문항 분석 방법도 알고 이를 이용할 수 있어야 한다.

조건 4. 언어 구사력과 문장력

문항 제작에 이용하려는 아이디어를 언어라는 의사소통의 매체를 통해 정확하고 분명하게 글로 표현할 수 있는 능력이 필요하다. 그러므로 자신의 생각을 분명하게 나타낼 수 있는 표현력을 갖추어야 한다. 아무리 좋은 아이디어를 가지고 있더라도 그 내용을 간결하고 명확하게 표현하지 못한다면 제대로 평가할 수 없다. 특히 문두(발문)에 문항 제작에 이용하려는 아이디어를 정확하고 분명하게 표현할 수 있는 능력이 필요하다. 산만하고 긴 문장은 자칫하면 질문의 요지를 잃게 하여 검사도구의 신뢰도를 저하시키는 원인이 된다. 제한된 시간에 많은 내용을 질문하여 학습자의 능력과 수준을 평가하므로 문항은 가급적 간단명료하여야 한다.

조건 5. 문항 제작을 위한 지속적인 관심과 검토

문항 제작은 본질적으로 창의적인 활동이다. 새로운 문제, 새로운 기회, 새로운 경험을 창조하는 작업인 것이다. 따라서 여러 가지 능력을 지니고 있다 하더라도 문항에 대한 지속적인 관심과 부단한 노력이 없으면 좋은 문항을 제작할 수 없다. 평소 역사 관련 서적이나 신문의 기획 기사 등 역사관련 자료를 통해 문항 소재를 정리하고 언제나 자료 수집을 위해 노력하면서 문항에 대한 아이디어가 떠오르면 메모하고 문항 출제로 전환하는 연습이 필요하다. 또한 동료 교사와 교과협의를 통해 문항을 제작, 분석하고 검토하여 수정, 보완해야만 양질의 문항을 제작할 수 있다.

2) 선다형 문항의 제작 과정

문항 제작 과정은 평가결과에 결정적인 영향을 준다. 문항 제작 과정에서 문항 제작자는 왜, 언제, 무엇을 평가할 것인지 명확히 인식하고 평가와 관련된 실제적인 여건을 고려해야 하며, 개인의 일회적인 작업이 아니라 공동의 협의 · 검토 · 수정 · 보완의 절차를 거

〈그림 4-1〉 선다형 문항의 제작 절차

① 출제 계획 수립
⇩
② 문항 초안 작성
⇩
③ 공동 검토
⇩
④ 문항 선제 및 수정 보완
⇩
⑤ 문항 배치 및 검사지 편집
⇩
⑥ 검사지 완성 및 인쇄

쳐야만 문항 및 검사의 질이 보장될 수 있다. 학교 상황을 고려하여 선다형 문항 제작 과정의 일반적인 절차를 제시하면 〈그림 4-1〉과 같다.

① 출제 계획 수립

문항 제작의 기본 방향과 계획을 수립하는 단계이다. 출제영역(내용 및 행동영역), 문항유형, 문항 수, 배점 등을 설정하고 출제 계획을 수립하여 이원분류표를 작성한다. 출제 계획은 현실적인 시험 시간을 고려하여 수립해야 한다. 이원분류표 작성 시에는 출제하고자 하는 각 문항의 측정 내용과 행동을 재확인하고 구체화한다.

② 문항 초안 작성

평가목표에 부합하는 문제 상황을 설정하고, 문항의 체계 및 문두를 구상한 후 문항 초안을 제작하는 단계이다. 각종 기법을 최대한 활용하고 창의적인 아이디어를 발휘하여 평가목표에 따라 문항을 작성한다.

문항작성은 문항작성자의 아이디어로부터 출발한다. 문항의 질, 나아가 검사의 질은 아이디어에 달려 있다고 해도 과언이 아니다. 그러므로 문항을 작성할 때 가장 어려운 점은 아이디어를 만들어 내거나 선정하는 것이다.

단순한 사실이나 개념에 대한 지식 및 기억력을 측정하는 문항은 출제가 용이하고, 사고력이나 고등 정신 기능을 측정하는 선다형 문항은 제작하기 어렵다. 그러므로 일반적으로 교사는 학교 수업시간에 강조한 내용을 중심으로 개념에 대한 지식을 주로 출제하는 경향이 있다. 하지만 시험을 통해 측정하고자 하는 전체 내용영역

과 행동영역의 상대적 중요성을 적절히 안배하여 고르게 출제해야
한다.

③ 공동 검토

작성된 문항의 초안은 논리적 측면에서 검토할 필요가 있다. 검토
시에는 출제자의 관점이 아니라 학생의 관점에서 검토하는 자세가
필요하다. 검토는 형식과 내용면에서 모두 이루어져야 하는데 형식
검토는 문항번호가 제대로 부여되었는지, 배점 합산이 맞는지, 날짜
와 과목코드가 정확한지 등의 기본적인 것에서부터 문두의 내용이
나 답지들이 간결한 단어나 단문으로 구성되어 있는지, 문항과 답지
의 서술, 표현형식이 문항 작성 편집 지침에 부합되는지, 오자 · 탈
자 · 띄어쓰기 · 붙여쓰기 등에 문제가 없는지, 소요 시간이 적정한
지 등을 중점 검토한다

내용 검토는 평가목표와의 부합성, 복수 정답 여부, 오답의 매력
도, 난이도 등을 고려한 상호 검토가 반드시 필요하다. 복수의 교사
가 출제한 경우에는 출제자가 미처 보지 못한 새로운 관점의 검토가
요구되고 담당하는 학급에 따른 유불리 문제가 발생할 수 있으므로
상호 협의 과정이 더욱 요구된다. 단독 출제의 경우는 동일 교과 교
사의 검토를 받을 필요가 있다. 문항 검토 시에는 검토 항목 등을 체
크리스트 형태로 만들어 사용하는 것도 권장할 만하다.(체크리스트:
☞ 179쪽)

④ 문항 선제 및 수정 보완

초안에 대한 공동 검토를 거친 후 여유 문항이 있을 때는 평가 기
준의 적합성, 내용영역과 행동영역의 균형 및 난이도를 고려하여 선

제한다. 그리고 선제한 문항을 수정, 보완하여 동일한 문두 유형을 유지하고, 정답이 일정한 답지에 치우치지 않도록 조절한다. 이때 문두의 형식, 답지의 길이와 배치 등은 일반적인 문항 제작 요령에 따라 정리하여 수정, 보완한다. 하지만 현실적으로 필요한 문항 수만큼 초안을 작성했을 경우에는, 선제한 후 탈락 문항을 수정, 보완하거나 재출제해야 한다.

⑤ 문항 배치 및 검사지 편집

문항의 수정, 보완이 완료되면 문항을 배치하는데, 기준은 교육과정에 제시된 순서로 하되, 학생의 동기를 유발하고 시험불안을 조장하지 않으며 심리적 상태를 안정시키기 위해서는 난이도가 쉬운 문항부터 차례로 제시하는 것이 바람직하다. 검사지는 가독성을 고려하여 문항 형식에 맞게 편집해야 하며, 이때 각 문항의 배점이 다를 경우에는 문항마다 배점을 명기해 주는 친절함도 필요하다.(선다형 문항 편집지침: ☞ 175쪽)

⑥ 검사지 완성 및 인쇄

문항의 배열과 편집을 마친 검사지를 인쇄한다. 인쇄 후에는 시험지 원안과 대조하는 작업을 반드시 거쳐야 한다. 문제지 편집 상태, 선명도, 글씨의 크기, 문항 간의 간격 등 인쇄상태에 대한 검토도 충실히 이루어져야 한다. 특히 역사과 문항의 경우 컬러로 된 사진, 그림, 도표(그래프)가 문항의 소재로 많이 활용되므로 흑백 출력물이 인쇄된 상태에서 학습자가 구분하여 문제를 풀 수 있는지 유의해서 확인해야 한다.

3. 역사과 선다형 문항의 유형

선다형 문항의 유형은 문항 형식, 제시문의 소재, 평가목표에 따라 구분해 볼 수 있다.

1) 문항 형식에 따른 분류

선다형 문항은 두 부분으로 되어 있는데, 문제를 도입하는 데 필요하고 관련되는 모든 정보를 함축하는 문두와 학습자가 선택해야 할 답지가 그것이다. 과거 예비고사, 학력고사 시기에 선다형 문항은 문두(발문) - 답지(4개 선택지)만으로 주로 구성되어 정치 기구, 제도, 인물 등의 용어, 사실, 개념에 대한 단순한 지식을 물어보는 기억형 문항이 많았다.

대학수학능력시험이 도입되면서 자료와 관련하여 역사적 상황을 추론하는 역사적 사고력을 강조하는 문항들이 출제되었다. 그 결과 문두(발문) - 제시문(지문) - 답지(5개 선택지) 등 3개 구성 요소로 만들어지는 수능형 문항이 근래에는 각종 시험에 적용되고 문항의 활용도가 점증하고 있다.

문항 형식에 따른 분류는 문두의 종결부 내용에 따라 결정된다. 문두는 묻는 내용을 확실하게 알 수 있도록 간결하고 쉬운 용어를 사용하여 진술한다. 또한 단순하고 직접적이며 모호하지 않은 어구를 사용해야 한다. 즉, 문항의 목적이 독해능력을 시험하기 위한 것이 아니라면, 문두에서부터 용어 해석에 어려움을 겪도록 해서는 안 된다는 것이다.

선다형 문항은 형식에 따라 최선답형, 정답형, 부정형, 합답형 등

		⊙ 답지 안내 부분	ⓛ 답지 선택 지시 부분
A. 최선답형		고구려의 대 중국 전쟁이 가지는 역사적 의의로	가장 적절한 것은?
B. 정답형		역사의 의미와 관련된 서술로	옳은 것은?
C. 합답형		다음 중 삼국의 통치체제에 대한 설명으로	옳은 것을 〈보기〉에서 고른 것은?
D. 부정형		조선 초기의 수취체제에 대한 설명으로	적절하지 <u>않은</u> 것은?

으로 분류된다. 최선답형은 답지 일부가 적절하더라도 그중에서 가장 적절한 것을 고르는 문항 형식이고, 정답형은 옳은 답지는 한 개이고 나머지는 오답으로 되어 있는 문항 형식이다. 부정형은 틀린 내용이 정답이 되는 경우이고, 합답형은 〈보기〉에서 여러 개의 답을 고르게 하는 문항 형식이다.

제시문이 없는 문항을 형식에 따라 분류할 경우 문두 구성의 예를 들면 〈사례 4-1〉과 같다.

〈사례 4-1〉의 가로축은 문두를 ⊙ 답지 안내 부분, ⓛ 답지 선택 지시 부분으로 구별한 것이다. ⊙ 답지 안내 부분은 답지 중에서 정답을 한정하는 조건을 담고 있다. 복수 정답이나 정답이 없는 문제가 발생하지 않도록 정답이 되는 조건을 명확히 한정하여야 한다. ⓛ 답지 선택 지시 부분은 문두를 마무리하는 부분이며 기본적으로 불완전 문장으로 구성된다.

A. 최선답형 문항 형식에서 '가장 적절한 것'은 '가장 맞는 답', '정답의 정도가 가장 큰 것'을 선택하게 하는 것으로 '가장'이라는 최선어구가 들어가는 것이 특징인데 종결부는 주로 "~ 가장 적절한

것은?” 등으로 마무리된다.

B. 정답형 문항 형식의 종결부는 “~ 옳은 것은?”, “~ 적절한 것은?” 등으로 이루어진다. 여러 개의 답지 중 한 개만 정답이고 다른 것은 오답으로 구성되는 형식이다.

C. 합답형 문항 형식은 〈보기〉 안의 선택지 가운데 하나 혹은 둘 이상의 옳은 것을 모두 골라 제시한 답지가 정답이 되고 나머지는 오답이 되는 형식이다. 〈보기〉 중 옳은 것을 하나만 알아서는 안 되며 여러 개의 옳은 선택지를 모두 알아야 한다. 합답형 문항은 학습자가 내용을 완전히 이해해야만 답할 수 있다는 점 때문에 수능에서 자주 출제되는 문항 형식이기도 하다. 그러나 답지를 구성하는 〈보기〉를 어떻게 답지에서 묶느냐에 따라, 예컨대 “ㄱ은 있어야 되고, ㄴ은 없어야 되며 그렇기 때문에 정답은 ○번이야.” 등으로 정답을 추측할 수 있는 단서가 되는 점이 문제점으로 지적되기도 한다. 답지의 구성에서 경우의 수를 모두 제시할 수 없으므로 배열에 주의를 요한다.

D. 부정형 문항 형식은 답지에 진(眞)이 아닌 위(僞)인 항목을 주고 그것을 선택하게 하는 방법이다. 문항 풀이 과정에서 착오가 없도록 부정적 표현의 어구에는 반드시 밑줄을 그어서 학습자에게 주의를 환기시켜야 한다. “~ <u>아닌</u> 것은?”, “~ 적절하지 <u>않은</u> 것은?”, “~ 옳지 <u>않은</u> 것은?” 등으로 표현된다.

수능의 경우, 합답형은 답지에 제시된 〈보기〉의 개수가 동일할 경우와 다를 경우를 구분하여 문두를 사용하고 있다. 답지에 제시된 〈보기〉의 개수가 동일할 경우의 문두는 “~ 옳은(적절한) 것(설명, 내용 등)을 〈보기〉에서 고른 것은?”이라고 하고, 답지에 제시된 〈보기〉의 개수가 다를 경우는 “~ 옳은 것만을 〈보기〉에서 있는 대로 고른 것은?”으로 한다.

2) 제시문의 소재에 따른 유형

수능 사회탐구 영역의 문항은 제시문(지문)이 필수 구성 요소이다. 제시문은 사고력을 측정하는 탐구 요소가 포함되어 있어야 하고 이는 선지식과 결합하여 문제 풀이의 근거가 된다. 그러므로 제시문을 선정할 때에는 탐구 요소가 얼마나 있는지, 어떤 부분을 발췌하고 어떻게 표현할 것인지, 새로운 제시문을 창작할 것인지 여부가 문항의 질을 좌우하는 중요한 요건이 된다.

수능 문항은 탐구형 역사 문항을 대표하는데, 제시문을 통해 역사적 사실 또는 사건을 분석하게 하고 그와 연관된 사실을 묻거나 역사적 의미, 개념을 도출하게 하는 문항이 과반수를 점하고 있다. 그런데 역사 지식 이해의 문항 비중이 커지면서 문항이 정형화된다는 비판이 제기되고 있다. 그러므로 다양한 소재의 자료를 발굴하고 가공하여 제시문으로 활용하려는 노력이 요구된다.

〈표 4-1〉은 제시문의 소재와 형태에 따라 구성 및 표현방식을 유형별로 분류한 것이다.

〈표 4-1〉 제시문의 소재에 따른 유형

제시문의 형태 자료 기반			제시문의 형태 상황 설정
문자 자료	① 사료	비문자 자료	③ 연표	⑦ 교수 학습 상황
		④ 사진·그림·삽화	
	② 설명문	⑤ 통계·그래프	⑧ 가상 상황
		⑥ 역사지도	

제시문의 소재는 자료에 따라 문자 자료와 비문자 자료로 구분할

수 있다. 문자 자료에는 사료와 설명문, 비문자 자료에는 연표, 사진 · 그림 · 삽화, 통계 · 그래프, 역사지도 등이 있다. 그리고 상황을 어떻게 설정하느냐에 따라 교수 학습 상황과 가상 상황으로도 나눌 수 있다.

비문자 자료 중에서 연표, 사진 · 그림 · 삽화가 학생들로 하여금 역사를 이해하고 그 의미에 대해 해석을 유도해 내는 독해형 자료라면, 통계 · 그래프, 역사지도 등은 역사를 분석하거나 이해하는 데 필요한 정확한 데이터가 뒷받침되어야 하므로 분석형 자료라 할 수 있다.

비문자 자료들은 자료의 내용에 따라 차이가 있으나 일반적으로 명확히 서술된 문자 자료와는 달리 역사 이해나 해석의 결과를 직접 전달하는 것이 아니므로 다각적인 해석이 가능하다. 그러므로 학생들은 비문자 자료에 의해 표현된 역사적 의미를 다양하게 받아들일 가능성이 높다.

제시문의 소재에 따른 문항의 유형을 순서에 따라 살펴본다.

① 사료 기반 문항

학습자에게 사료를 제시하고, 그 내용을 보면서 학습과제를 해결하게 하는 방식은 역사 수업이나 평가에서 익숙하다. 역사학은 사료에 입각하여 연구하는 학문이고 사료의 활용은 역사수업이나 문항의 특성에 해당하므로 사료 문항은 적극 활용되어야 한다. 수능에서 학생들의 사고력을 측정하는 문항이 출제되면서 나타난 가장 큰 변화는 사료를 활용한 탐구학습의 활성화였다. 사료를 읽고 분석, 해석하여 주어진 문항을 해결하는 방식이 역사과의 탐구력을 향상시키거나 측정할 수 있는 유용한 수단으로 인식된 것이다. 즉, 학생들의 자료 해석 능력과 분석 능력을 측정할 수 있으므로 사료는 역사 문항에서 좋은 소재이다.

그런데 선다형 평가에서 익숙한 사료가 제시되면, 역사적 사실에 대한 지식이나 기억의 측정에 머물러 학생은 이에 쉽게 반응하며, 문항을 소홀히 대하게 된다. 그러므로 타당도 높은 문항 제작을 위해서는 먼저 교과 내용의 기본적인 역사적 지식을 배경으로 이해할 수 있는 좋은 사료를 발굴하는 것이 중요하다.

사료를 활용할 때 원사료를 그대로 사용할 경우 문항에 적합하지 않을 수 있다. 그러므로 원사료를 번역하거나 번역문을 활용하게 되는데, 여기에는 필요 부분의 발췌, 불필요한 부분의 생략, 맞춤법과 가독성을 고려한 윤문의 과정이 따른다.

〈예시문항 4-1〉의 제시문은 근대 민족주의 역사학을 대표하는 박은식의 『한국통사』와, 일제가 식민 사학을 조장하기 위해 저술하기 시작한 『조선반도사』의 취지문을 통해 민족주의 역사학과 식민사학의 주장을 비교하는 사료이다. 사료 출전이 명시되어 있을 경우 제시문의 의미가 없어지므로 생략하였고, 사료에서는 어떤 부분을 발췌하고 어떻게 표현하느냐가 문항의 질을 좌우하는 만큼 불필요한 부분을 생략하고 학생 이해 수준에 맞게 윤문하였다.

사료 문항은 선지식을 기초로 해서 사료의 내용을 파악하여 답안을 도출하게 하거나, 밑줄을 그어 해당 부분에 대한 분석을 요구하거나, 빈칸에 들어갈 개념을 물어보는 방식으로 제작할 수 있다.

〈예시문항 4-1〉 사료 제시문의 수정

9. (가), (나) 자료는 어느 역사책과 관련된 것이다. 이에 대한 분석으로 적절하지 <u>못한</u> 것은?

> (가) 옛 사람이 말하기를 나라는 멸망할 수 있으나 그 역사는 결코 없어질 수 없다고 했으니, 이는 나라가 형체라면 역사는 정신이기 때문이다. 이제 우리 나라의 형체는 없어져 버렸지만, 정신은 살아남아야 할 것이다. 이것이 '통사'를 만드는 목적이다. 정신이 살아 있으면 형체도 부활할 때가 있을 것이다. -『한국통사』-
>
> (나) '한국 통사'라고 하는 재외 조선인의 저서는 진상을 깊이 밝히지 않고 함부로 망령된 주장을 펴고 있다. 이들 역사책이 인심을 어지럽히는 해독은 헤아릴 수 없다. 이들 역사책을 절멸시킬 방책을 강구한다는 것은 도리어 그 전파를 격려하는 결과가 될지 모른다. 차라리 구사(舊史)의 금압에 대신하기를 공명 정확한 사서로써 함이 첩경이고 효과인즉, 이것이 바로 조선반도사의 편찬 이유다. 사서의 편찬이 없다면 조선인은 합병과 관계 없는 고사(古史) 또는 합병을 저주하는 서적만 읽게 되어 수년이 경과하면 밝은 세상이 오로지 합병의 은혜에 기인한다는 사실을 망각하게 된다. …… 이와 같이 된다면 어떻게 조선인 동화의 목적을 달성할 수 있을 것인가! -『조선반도사』-

제시문 사료 수정

> 괄호에 한자를 병기하여 해석을 용이하게 함
> 출전이 직접적 단서가 되는 경우 처음부터 제외함
> 학생이 이해할 수 있게 가독성을 고려하여 현대어로 윤문함
> 빠른 시간 안에 학생들이 풀어야 하므로 불필요한 부분은 생략

9. (가), (나) 자료를 읽고 학생이 나눈 대화로 적절하지 <u>않은</u> 것은?

> (가) 옛 사람이 말하기를 나라는 멸할 수 있으나 역사는 결코 멸할 수 없다고 했으니, 이는 나라가 형체라면 역사는 정신이기 때문이다. 이제 우리나라의 형체는 없어져 버렸지만, 정신은 살아남아야 할 것이다. 이것이 '통사(痛史)'를 쓴 이유이다.
>
> (나) '한국 통사'라고 하는 재외 조선인의 저서는 진실을 깊이 밝히지 않고 함부로 망령된 주장을 펴고 있다. 이 책이 인심을 현혹시키는 해독은 이루 말할 수 없다. 이 같은 역사책을 절멸시킬 방책을 강구한다는 것이 도리어 그 전파를 격려하는 결과가 될지 모른다. 차라리 구사(舊史)의 금압 대신에 공명 정확한 역사책을 편찬하여 대처하는 것이 보다 첩경이고 효과 또한 더 현저할 것이다. 이것이 조선반도사 편찬의 이유다.

2010학년도 대학수학능력시험 한국 근·현대사 9번

② 설명문 제시 문항

출제에 적합한 사료를 발굴하는 일은 쉽지 않다. 또한 사료의 내용을 임의로 고쳐서 제시하는 것도 교육적으로 바람직하다고 볼 수 없다. 그러므로 사료를 인용하기보다는 출제자가 역사 서적에서 설명문을 따와서 다듬거나, 2차 사료의 일부분을 발췌하여 제시할 수도 있다. 설명문은 문항을 위해서 재구성한 문장이기 때문에 탐구 요소의 수준과 정도 조절이 용이하다. 설명문을 제시문으로 이용할 경우 핵심 개념에 해당하는 부분을 빈칸으로 두거나, 문장의 특정 부분에 대한 분석을 질문하기도 한다. 설명문의 경우 역사 개설서 등 기본적인 서적이 도움이 된다.

③ 연표

연표는 역사 문항에서만 활용할 수 있는 문항 소재로, 역사적 사실을 연대순으로 배열하여 역사적 사건의 전후 관계 및 시대상 등을 파악할 수 있는 자료이다. 연표는 과거 사실을 기본으로 하는 역사 과목의 특성이 잘 반영된 자료이며 연대기 파악 능력을 측정하는 문항에서 주로 활용된다.

연표를 소재로 한 문항은 역사적 사실의 시간적 순서와 그에 따른 사회 구조의 변화를 파악하는 능력을 측정할 수 있으며 중요 사건의 순서, 한 사건과 다른 사건을 계기적으로 연결시켜 주는 사건의 이해 등에 대해 질문할 수 있다.

> **TIP 연표**
>
> • 한국사데이터베이스 http://db.history.go.kr/(한국사 연표)
> • 한국정신문화연구원,『민족문화대백과사전 연표』, 1996.
> • 한국역사연구회,『역사문화수첩』, 역민사, 2000.
> • 한국정신문화연구원,『한국사 연표』, 동방미디어, 2004.

④ 사진 · 그림 · 삽화

사진 · 그림 · 삽화를 이용한 문항은 언어나 문장을 통하여 묻는 것보다 이미지나 사실 전달에서 좀 더 분명하고 효과적이다. 근래의 영상시대에는 언어가 가지고 있는 본질적인 어려움으로 인해 사진 · 그림 · 삽화가 학습보조 자료의 성격에서 벗어나 주요 자료로 취급되고 있으며 문항에서도 그래픽의 발전으로 가독성을 높이는 소재로 많이 쓰이고 있다.

제시문의 사진 · 그림 · 삽화 문항은 학생들의 역사적 상상력을 자극하고 가독성을 높여, 역사 지식의 기억과 전이를 돕는다. 또한 역사적 사실에 대한 학생들의 흥미를 자극하고 역사 이해를 구체화하여 과거를 보다 실감 있고 가깝게 느끼게 하는 데 활용될 수 있다.

문자 자료에서는 선행 지식을 가지고 역사적 상황에 대해 추론한다면, 사진 · 그림 · 삽화 문항에서는 문항 내용이 함축적이므로 단조롭고 사고력보다는 선지식을 주로 요구한다는 단점이 있다. 그럼에도 불구하고 시각자료를 제시문으로 적절히 활용하면 중요한 교육내용을 정리하고 확인하면서 충분한 사고를 요구하는 문항이 제작될 수 있다. 따라서 역사 지식을 정리하여 전체적인 내용을 머릿속에 그려주어 역사적 상상력을 자극할 수 있도록 개발되어야 한다.

TIP 사진 · 그림 · 삽화

- 국가문화유산포털 http://www.heritage.go.kr/index.jsp
- 국립문화재연구소 http://www.nrich.go.kr
- 문화재청 http://www.cha.go.kr
- 민주화운동 아카이브즈 http://db.kdemocracy.or.kr/
- ICT 교육용 소프트웨어 http://school.kerinet.re.kr/teach/

⑤ 통계 · 그래프

그래프와 도표 문항은 제시문의 성격상 자료를 분석하거나 해석하게 하는 역할을 하는 분석적 자료를 주로 활용한다. 그러므로 그래프와 도표 문항은 정확한 데이터가 뒷받침되어야 한다. 또한 가독성을 고려하여 읽어야 하는 정보의 양, 표현 형태 등이 조정되어야 한다. 그래프와 도표 문항의 경우 분석을 요하기 때문에 단일 자료로 답지를 찾기 어려운 경우에는 사료나 설명문을 함께 제시하는 형태로 개발할 수 있다.

TIP 통계 · 그래프

- 우사임, 『통계로 본 한국의 변천』, 통계청, 2004.
- 통계청 http://www.kostat.go.kr
- 국가통계포털 http://kosis.kr/nsportal/index/index.jsp

⑥ 역사지도

역사지도는 과거 인간 생활의 역사적 · 시간적 변천을 구조적으로 파악하기 위해 만들어진 특수 지도로 역사과에서 활용되는 주요 자료이다. 학습자들은 역사지도를 통해 역사적 사건과 맥락을 공간화시켜 이해할 수 있게 된다. 또한 역사지도는 역사 인식의 한 방법으로서 지도를 통해 역사를 직관적으로 인식하게 하고, 지도에 담긴 정보의 의미를 사고하게 하는 데 유용한 교재이다. 문항에 있어서도 역사 과목 출제에 활용할 수 있는 좋은 소재인데 지도는 내용요소의 정확한 표기가 무엇보다 중요하다.

역사지도를 활용한 문항은, 역사지도에 특정 국가나 영역을 표시하고 그에 해당하는 시기에 관한 설명을 답지로 구성하는 사례, 역사지도와 사료를 함께 제시해서 문항을 구성하는 사례, 지도만을 자료로 활용하는 사례 등이 있다.

TIP 지도

- 아틀라스 한국사편찬 위원회, 『아틀라스 한국사』, 사계절, 2004.
- 지오프리 파커, 『아틀라스 세계사』, 사계절, 2001.

---

⑦ 교수 학습 상황

학교에서 이루어지는 교수·학습활동을 이용할 수 있다. 제시문의 친근성을 높이기 위해 교실 수업 상황에서 제시문의 소재를 찾는 것은 문항의 참신성을 높여주고 학생들이 다양한 자료에 대해 관심을 가질 수 있게 하는 중요한 방안이다.

교수 학습 상황을 소재로 한 제시문은 발표수업 중의 발표문, 수행평가 과제, 역할극의 등장인물 대사, 역사 신문의 기사, 수업시간에 칠판에 정리한 내용 등이 있다. 즉, 교사와 학생 사이에서 이루어지는 학습 상황을 바탕으로 지식의 탐구 과정을 문항 형식에 도입한 것이다. 이러한 문항은 실제 수업과 시험 사이의 연계성을 높이는 효과를 기대할 수 있다.

⑧ 가상 상황

가상 상황은 제시문의 형태를 다양화하는 과정에서 최근에 소재로서 많이 쓰이고 있다. 가상 대화, 인터뷰 등 당시의 역사적 사실을 바탕으로 실재 있을 법한 상황을 그럴듯하게 꾸미기도 하고, 원자료를 가공하여 역사 신문, 역사 일기, 희곡 등의 형태로 꾸밀 수 있다. 이러한 가상 상황은 제시문의 소재를 친근하게 하여 학생들의 역사 이해를 용이하게 할 수 있으며 문항에 더 쉽게 접근할 수 있도록 한다. 가상 상황이라 하더라도 원자료에 기반을 두어 내용의 정확성을 반드시 견지해야 한다.

3) 평가목표에 따른 유형

역사과의 평가목표와 관련해서 역사영역의 독자적인 평가목표를 제시한 최상훈의 분류(최상훈, 2007 : 165)대로 유형의 예를 제시하고자 한다.(☞ 33쪽)

(1) 역사 지식의 이해

역사 지식의 이해는 역사 탐구에 필요한 기본적인 지식, 즉 역사적 사실 · 개념 · 원리 등의 이해 정도를 묻는 영역으로 역사과에서 기본이고 필수이다. 그런데 역사 지식의 이해 문항은 역사학습에 필요한 기본적이면서 단순한 사실의 암기 정도를 측정하는 것은 아니며 단편적이거나 지엽적이지 않으면서 구체적인 문제 상황에서 활용될 수 있는 역사적 사실 · 개념 · 원리를 정확하게 이해하고 있는

〈예시문항 4-2〉 역사 지식의 이해

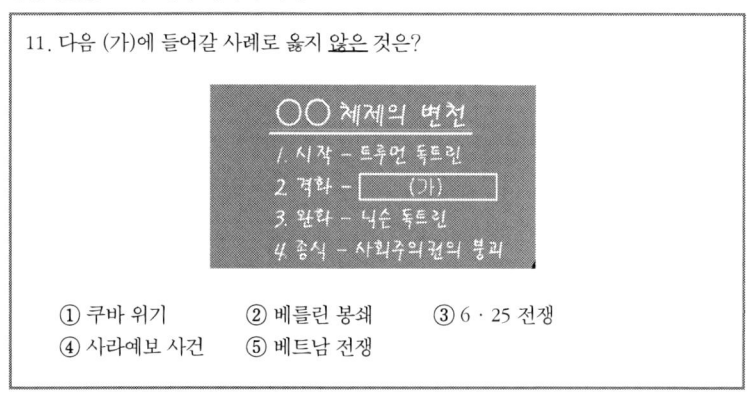

11. 다음 (가)에 들어갈 사례로 옳지 <u>않은</u> 것은?

○○ 체제의 변천

1. 시작 – 트루먼 독트린
2. 격화 – (가)
3. 완화 – 닉슨 독트린
4. 종식 – 사회주의권의 붕괴

① 쿠바 위기   ② 베를린 봉쇄   ③ 6 · 25 전쟁
④ 사라예보 사건   ⑤ 베트남 전쟁

2008년도 고3 10월 전국연합학력평가 세계사 11번

가를 묻는 것이다. 〈예시문항 4-2〉는 냉전 체제의 시작과 격화, 완화, 종식을 묻는 문항으로, 역사학습에 필요한 중요한 사실과 개념을 얼마나 알고 있는지 측정하는 문항이다. 트루먼 독트린과 닉슨 독트린, 사회주의권의 붕괴 등 다양한 요소로 현대사의 주요 사건을 고르게 구성하여 냉전 체제의 시작에서 종식까지 전 과정을 정확하게 이해하고 있는지, 격화된 사건은 무엇이었는지 등을 맥락적이고 계기적으로 알고 있는지 질문한 역사 지식 이해 문항이다.

(2) 연대기의 파악

연대기 파악은 역사의 연속성과 변화 및 발전을 이해하고 있는지를 묻는 영역이다. 〈예시문항 4-3〉을 풀기 위해서는 베트남 파병과 한 · 일 협정이 연표에 제시된 정치적 사건의 인과 관계 속에서 언제 있었던 사건인지 파악하고 있어야 한다. 연대기 파악 문항은 시간과 관련된 여러 용어를 이해하고 활용하는 능력, 연표에 제시된 항목

〈예시문항 4-3〉 연대기의 파악

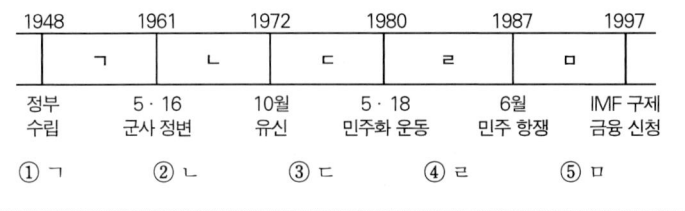

18. 다음 외교적 합의가 이루어진 시기를 연표에서 옳게 고른 것은?

- 베트남에 파병하는 추가 병력에 대한 필요한 장비를 제공하는 한편, 증파에 따른 모든 추가적 경비를 부담한다.
- 일본이 3억 달러의 무상 자금과 2억 달러의 장기 저리 정부 차관 및 3억 달러 이상의 상업 차관을 제공하기로 약속한다.

1948	1961	1972	1980	1987	1997
	ㄱ	ㄴ	ㄷ	ㄹ	ㅁ
정부 수립	5·16 군사 정변	10월 유신	5·18 민주화 운동	6월 민주 항쟁	IMF 구제 금융 신청

① ㄱ   ② ㄴ   ③ ㄷ   ④ ㄹ   ⑤ ㅁ

2008학년도 대학수학능력시험 한국 근·현대사 18번

간의 시간 관계를 해석하는 능력 등을 측정하는 것이다. 연대기 파악력을 측정하기 위한 선다형 문항은 지식형 문항에 그칠 가능성이 높다. 따라서 단순한 역사 지식을 묻는 형태보다는 선행 지식을 바탕으로 적용, 분석, 종합, 평가 등의 사고 기능을 활용하거나 자료를 이용해서 추론할 수 있는 문항을 제작해야 한다.

(3) 역사 상황 및 쟁점의 인식

역사 상황 및 쟁점의 인식은 제시된 자료에서 해결해야 할 구체적 역사 상황과 핵심적인 논쟁점, 주장 등을 찾을 수 있는지를 묻는 영역이다.

〈예시문항 4-4〉는 모스크바 3상 회의 결정에 대한 역사적 갈등 관계 속에서 등장한 찬반 논리의 쟁점에 관한 문항이다. '3상 회의 결정' 지지를 주장한 사람은 모스크바 결정은 "적당한 시기에 한국을

독립시킨다."고 하는 카이로, 포츠담 선언의 막연한 내용을 최고 5
년으로 그 시한을 구체화한 것이라고 이해하였다. 따라서 당시 역사
적 상황에서 한국의 독립은 연합국의 협조 정신에 의해서만 이뤄질
수 있다고 보고 '3상 회의 결정'을 지지한 것이었다.

그에 반하여 '신탁통치 반대'를 주장한 사람들은 신탁통치 결정이
한국 독립을 약속한 카이로, 포츠담 선언을 위반한 것이라고 보았
다. 이 입장에 선 사람들은 신탁통치란 일제의 식민통치와 다름없는

것이라고 인식하였으므로 다시 자주독립운동에 나서야 한다고 주장한 것이었다. 따라서 이 문항을 풀기 위해서는 역사적인 갈등 관계 속에 내재된 주장이나 쟁점을 인식할 수 있는 능력이 필요하다.

(4) 역사 탐구의 설계

역사 탐구의 설계는 제시된 문제의 성격과 목적을 고려하여 절차와 방법에 따라 역사 탐구를 설계할 수 있는 능력이 있는가를 묻는 영역이다. 역사 탐구는 다음과 같은 '사회과학적 연구의 과정과 절차'에 따라 이루어진다.

① 연구문제의 확정 → ② 연구 가설 → ③ 연구의 설계→
④ 자료 수집 → ⑤ 자료 분석 및 해석 → ⑥ 결론 도출

역사 탐구의 설계 문항은 역사 탐구의 과정을 순서대로 물어볼 수 있지만, 특히 ② 연구 가설 설정, ③ 연구의 설계, ④ 자료 수집 과정에서 물을 수 있는데, 주어진 자료에서 개념이나 요소들의 연관 관계를 추론하여 가설을 설정할 수 있는지, 문제 해결을 위한 절차를 제시하고 그것에 적합한 사료 수집과 방법을 선택할 수 있는지를 묻는 것이다.

〈예시문항 4-5〉는 연구의 설계 부분을 묻고 있는데, 아시아 각국의 근대화 과정을 이해하고 있는지를 평가하는 문항으로, 서양 문물의 수용이 끼친 영향과 아시아 각국의 자생적인 사회·경제 체제의 발전 모습을 묻고 있다. 즉, 이 문항은 역사 문제 해결을 위한 탐구 설계의 방법을 찾는 문항이다.

26. 다음의 탐구 주제에 대한 모둠별 탐구 활동 내용으로 적절하지 <u>않은</u> 것은?

> 탐구 주제: 아시아 각국의 근대 사회로의 발전 모습

① 1모둠: 에도 막부 후기의 난학에 대하여 조사한다.
② 2모둠: 명나라가 일조편법을 실시하게 된 배경을 조사한다.
③ 3모둠: 조선 후기 상품 화폐 경제의 발달 모습을 파악한다.
④ 4모둠: 청대의 서양 과학과 기술의 수용 실태를 파악해 본다.
⑤ 5모둠: 몽골 제국의 역참 제도의 운영 실태와 효과를 조사한다.

2007년 국가수준 학업성취도 평가 중학교 3학년 사회A형 26번

(5) 역사 자료의 분석 및 해석

역사 자료의 분석 및 해석은 자료에 나타난 정보를 해석하여 그 의미를 파악할 수 있는가를 묻는 영역이다. 역사 자료에서 목적과 필요에 따라 적합한 정보를 찾아 이용할 수 있으며, 정보의 신빙성과 총체성을 분석하여 핵심 내용을 정확하게 포착할 수 있는가를 검사하는 것을 말한다. 〈예시문항 4-6〉은 노비 문서의 자료 분석을 통해 노비 신분에 대한 핵심 내용을 정확히 포착하여 윤점이가 솔거 노비가 되는 정보의 분석, 노비종모법에 대한 이해, 노비 도망 등 조선시대 노비의 실상을 파악하게 하고 있다. 또한 노비가 되는 당시 시대적 배경과 사회적 의미를 사료를 통해 이해하는 과정이 잘 반영되어 있는 문항이다.

(6) 역사적 상상 및 판단

역사적 상상 및 판단은 주어진 사실이나 자료를 토대로 있을 법한 상황을 추론하게 하는 영역이다. 〈예시문항 4-7〉은 주어진 자료에서 주물 공정, 압연 공정, 선반 공정의 내용을 통해 생산 과정이 분업

〈예시문항 4-6〉 역사 자료의 분석 및 해석

5. 조선 시대 노비 문서의 일부이다. 노비 신분과 관련하여 유추할 수 <u>없는</u> 것은?

> 저 윤점이는 부모가 염병으로 다 죽고 어린 나이에 홀로 남아 굶주림과 추위로 거의 죽을 지경이었으나, 남생원 댁 아씨가 불쌍히 여겨 구해 주셨습니다. 저는 이를 고맙게 여겨 아씨 곁에 붙어 종이 되어 생계를 유지하게 되었습니다. 20세에 이르러 같은 동네 평민 점삼의 꼬임에 넘어가 도망하여 함께 살았습니다. 그러나 흉년으로 남편이 죽고 자식 셋과 먹고 살 길이 막연하여, 다시 주인 집에 들어와 저와 자식 셋을 영영 주인 집 노비로 드리니 뒷날 다른 말 하거든 이 문서를 가지고 관가에 가 바로잡을 일입니다.

> ① 윤점은 솔거 노비가 되었다.
> ② 윤점의 자식 세 명의 신분은 노비이다.
> ③ 점삼은 윤점과 결혼함으로써 노비가 되었다.
> ④ 평민이 어려운 생활 형편으로 인해 노비가 되기도 했다.
> ⑤ 윤점은 노비의 처지를 벗어나는 방법으로 도망을 택했다.

2005학년도 대학수학능력시험 국사 18번

〈예시문항 4-7〉 역사적 상상 및 판단

> 선다형 35번. 다음 내용을 토대로 당시의 사회 모습을 바르게 추론한 사람을 〈보기〉에서 모두 고른 것은?

> > 〈방짜 유기 생산 제조장 노동자 구성표〉
> > • 주물 공정: 곁대장[鑄物夫] 1명, 발풍구 1명
> > • 압연 공정: 대장 1명, 앞망치(제1망치꾼) 1명, 곁망치(제2망치꾼) 1명, 제망치(제3망치꾼) 1명, 네핌가질(압연 선반공) 1명, 네핌앞망치(연연망치꾼) 1명, 안풍구(숙련 풍구 책임자) 1명
> > • 선반 공정 : 가질(선반공) 2명

> > ─── 〈보 기〉
> > ㄱ. 갑 - 작업장은 소(所)에 위치하고 있었어.
> > ㄴ. 을 - 전국적으로 장시가 성행하였을 거야.
> > ㄷ. 병 - 장인들의 부역 노동은 더욱 심해졌어.
> > ㄹ. 정 - 생산 과정에서 분업 체제가 도입되고 있었어.

> ① 갑, 을   ② 갑, 병   ③ 을, 병   ④ 을, 정   ⑤ 병, 정

2007년 국가수준 학업성취도 평가 고등학교 1학년 사회A형 35번

체제로 되어 있음을 알고 조선 후기 수공업 발달 상황이란 것을 파악한다. 이 자료를 토대로 조선 후기 경제에서 있을 법한 역사적 사실이나 행위의 상황을 추론하는 문항이다.

4. 역사과 선다형 문항의 제작 원리

선다형 문항의 구성요소는 주로 문두, 제시문, 답지로 이루어져 있으므로 선다형 문항의 개발 원리를 기존에 출제된 선다형 문항을 가지고 3가지 구성요소별로 살펴본다.

1) 문두 작성의 원리

첫째, 문두가 분명하여 출제 의도가 학습자에게 정확히 전달되어야 한다.

출제자의 출제 의도가 정확히 전달되도록 문두는 분명해야 한다. 불필요하게 어렵고 복잡한 문두보다는 간단하고 정확하게 문두를 제시함으로써 무엇을 묻는지 명확하게 드러나야 한다는 것이다.

문두는 중심개념을 포함하면서도 문두에 대한 다양한 해석이 없도록 명백하게 서술되어야 한다. '간결하고 쉬운 용어', '명백한 표현', '학생 수준에 맞는 용어의 사용'을 통하여 무엇을 묻는 질문인지 학습자가 바르게 이해할 수 있어야 한다는 것이다. 읽기 자료라면 불분명하고 모호한 표현이 일부 포함되어 있어도 전후 관계의 연결을 통하여 내용을 쉽게 이해할 수 있지만, 문항은 한 단위씩 독립되어 있기 때문에 정답은 하나이고 누구라도 그것을 정답으로 인정하게 하려면 무엇보다 문두에서 묻고자 하는 바가 분명하게 드러나야 한다.

평가요소는 가급적 문두의 끝부분에 위치하여 명확하게 인지되도록 해야 한다. 예를 들면 '~의 역사적 의의(평가요소)로 적절한 것은?, ~에 대한 설명(평가요소)으로 적절하지 <u>않은</u> 것은?' 이다.

〈예시문항 4-8〉은 문두의 내용이 불분명하여 출제자의 의도를 알기가 어렵다. 문두의 '백성들의 반응'에서, 백성의 범위는 시대에 따라 그 범위와 의미가 달라지며 백성들의 반응에 대해서도 다양한 해석이 나올 수 있다.

답지의 내용을 고려하여 출제자의 의도를 추측해 본다면 백성의 범위를 양반과 구별되는 피지배층으로 보고 반응이 찬성(지지)이라면 답지 ①, ③은 성립할 수 있다. 그러나 답지 ②는 농민들의 불만도 컸다. 또한 답지 ④의 척화비 건립은 양요를 거친 다음이라 분위기상으로 찬성했을 것이라 볼 수도 있지만 정확히 알 수는 없다. ⑤ 양전사업 실시는 지주들의 불법적 토지소유를 근절하고 이에 세금을 매겨 국가의 재정을 보충하는 것이므로 개혁 정책이지만 반응을

〈예시문항 4-8〉 문두가 분명하지 않은 경우

> 홍선대원군의 정책 중, 백성들의 반응이 전혀 달랐던 하나를 고르면?
> ① 서원 철폐   ② 경복궁 중건   ③ 호포제 실시
> ④ 척화비 건립   ⑤ 양전사업 실시

↓ 수정

> 다음은 홍선대원군이 실시한 정책이다. 농민의 지지를 받았던 정책을 〈보기〉에서 있는 대로 고른 것은?
> ── 〈보기〉 ──
> ㄱ. 서원 철폐   ㄴ. 경복궁 중건
> ㄷ. 호포제 실시   ㄹ. 사창제 시행
>
> ➡ 문두를 고치고 답지를 활용하기 위해서는 합답형 문항으로 수정해야 함.

○○고등학교 2008학년도 1학기 중간고사 2학년 한국 근·현대사

39. 다음 자료와 관련 있는 민족 운동의 흐름에 대한 설명으로 적절하지 <u>않은</u> 것은?

① 민립 대학 설립 운동을 전개하였다.
② 사회 진화론으로부터 많은 영향을 받았다.
③ 민족 산업을 발전시켜 경제적 자립을 꾀하였다.
④ 조선사 편수회를 두어 역사 연구를 강화하였다.
⑤ 자작회, 토산 애용 부인회 등의 단체들이 참여하였다.

수정

(가), (나)는 일제 시대 민족 운동과 관련된 자료이다. 이에 대한 설명으로 적절하지 <u>않은</u> 것은?

➔두 개의 자료를 각각 (가), (나)로 하고 답지를 작성함.

1회 한국사능력검정시험 4급 39번

알 수 있는 근거가 없다. 그러므로 이 문항은 "다음은 홍선대원군이 실시한 정책들이다. 농민의 지지를 받았던 정책을 〈보기〉에서 있는 대로 고른 것은?"과 같이 되어야 문두가 분명해진다.

〈예시문항 4-9〉의 경우도 문두에서 묻고자 하는 평가요소가 구체적으로 드러나지 않는다.

문두에서 '자료와 관련 있는 민족운동'은 물산장려운동과 브나로드 운동의 상위범주로 실력양성운동이다. 그렇다면 답지 ①, ②, ③은 실력양성운동에 대한 설명인데 답지 ⑤는 물산장려운동이기 때문에 실력양성운동 전반을 가리키는 것인지, 물산장려운동과 브나로드 운동 각각에 관한 것인지, 문두가 불확실하여 해결이 되지 않

〈예시문항 4-10〉 문두가 제시문을 분명하게 안내하지 못한 경우 1

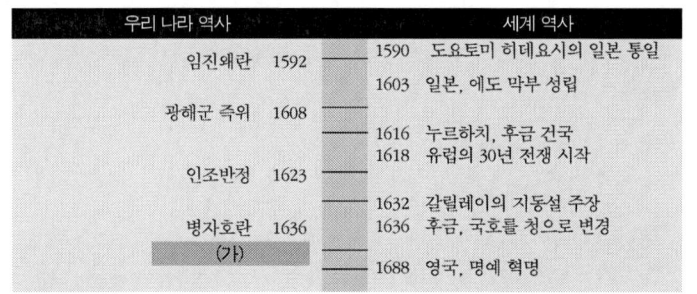

22. ○○ 방송국의 특집 '임진왜란 그 이후'를 제작하려는 계획안이다. (가) 시기와
관련한 내용으로 옳지 <u>않은</u> 것은?

우리 나라 역사		세계 역사	
임진왜란	1592	1590	도요토미 히데요시의 일본 통일
		1603	일본, 에도 막부 성립
광해군 즉위	1608		
		1616	누르하치, 후금 건국
		1618	유럽의 30년 전쟁 시작
인조반정	1623		
		1632	갈릴레이의 지동설 주장
병자호란	1636	1636	후금, 국호를 청으로 변경
(가)			
		1688	영국, 명예 혁명

① 특파원 보고 - 남한산성을 가다.
② 공익 광고 - 북벌 운동에 적극 동참하자.
③ 동행 취재 - 이종무 장군과 함께 간 전쟁터
④ 긴급 좌담회 - 삼전도의 굴욕, 어떻게 볼 것인가?
⑤ 특집 인터뷰 - 혼란한 정국을 수습하려고 노력한 최명길

↓ 수정

(가) 시기와 관련하여 역사신문을 제작하고자 할 때 기사 제목으로 적절하지 <u>않은</u>
것은?

한국사능력검정시험 2007년 2회 4급 22번

는다. 그러므로 답지 ⑤를 "3·1운동 이후 일제의 식민지 정책이 변
화되면서 전개되었다." 정도로 문두와 맞게 교체하거나, 문두를
"(가), (나)는 일제 시대 민족 운동과 관련된 자료이다. 이에 대한 설
명으로 적절하지 <u>않은</u> 것은?"으로 물산장려운동과 브나로드 운동을
각각 물어보아야 평가요소가 구체적으로 드러난다.

둘째, 문두는 제시된 자료(제시문)와 긴밀하게 연결되어야 한다.

문항 형식을 다양화하는 과정에서 사료를 가공하여 설명문, 교

〈예시문항 4-11〉 문두가 제시문의 안내를 분명하게 하지 못한 경우 2

---

10. 다음 내용이 실린 조선 후기 서적에 대한 설명으로 옳은 것은?

> • 한 가정의 생활을 유지하는 데 필요한 규모의 토지를 영업전(永業田)으로 정한다. 영업전은 법으로 매매를 금지하고 나머지 토지만 매매를 허용해야 한다.
> • 나라를 좀먹는 폐단이 있는데, 노비, 과거, 양반, 사치와 미신, 승려, 게으름이 그것이다.

   ① 거중기와 배다리를 설계한 인물이 저술하였다.
   ② 화폐 유통의 필요성을 주장하는 내용도 실려 있다.
   ③ 개항 이후 개화파의 형성에 직접적인 영향을 주었다.
   ④ 문화 인식의 폭이 확대되면서 편찬된 백과사전류이다.
   ⑤ 주자 중심의 성리학을 절대화하려는 의도에서 편찬되었다.

↓ 수정

다음과 같이 주장한 인물의 활동에 대한 설명으로 적절한 것은?

➡️**문두를 고치고 답지 ④를 활동에 대한 문장으로 교체해야 함.**

2009학년도 10월 고3 전국연합학력평가 국사 10번

수·학습상황, 그림·삽화 등으로 제시문의 자료를 참신하게 꾸미는데 문두에는 그 제시문 상황에 대한 출제자의 의도가 표현되어야 함에도 불구하고 그 설정이 맞지 않을 때가 있다.

〈예시문항 4-10〉의 경우 문두는 방송 제작 계획안이지만, 제시된 자료는 역사 연표이고 요구한 답지는 역사신문의 제목에 해당하는 내용이다. 문두·제시문·답지의 성격이 모두 다른 것이다.

그러므로 〈예시문항 4-10〉의 문두를 "(가) 시기와 관련하여 역사신문을 제작하고자 할 때 기사 제목으로 적절하지 <u>않은</u> 것은?"으로 고쳐야 제시문과 답지의 호응이 분명해진다.

〈예시문항 4-11〉은 이익의 저술 일부를 제시하고 그 내용이 수록

된 책에 대해 물었다. 즉, 문항의 평가목표를 『성호사설』의 특징을 파악한다."로 출제자는 설정하였다. 그런데 자료에 제시된 사료에서 영업전에 대한 사료의 출처는 『성호사설』이 아닌 『성호문집』의 「잡저」와 「곽우록」이다. 이익의 저술 가운데 『성호사설』이 가장 널리 알려져 있는 대표작이지만 제시문의 내용이 실려 있는 것이 아니므로 현재의 문두로서는 문항이 성립할 수 없다.

〈예시문항 4-11〉의 문두는 "다음과 같이 주장한 인물의 활동에 대한 설명으로 적절한 것은?"으로 고치고 답지를 수정하는 것이 좋다.

셋째, 문두는 되도록 긍정문으로 개발하고 최선답형을 활용한다.

틀린 답을 찾는 것보다 맞는 답을 찾게 하는 것이 보다 교육적이다. 검사도 교육적 행위의 일부이므로 옳은 답을, 그리고 가장 옳은 답을 찾게 하는 것이 바람직하다.

부정형 문항은 '아닌', '없는', '않은' 등과 같이 부정을 나타내는 단어를 사용하면 학습자가 부주의해서 그 부분을 빠뜨리고 읽지 않아 틀리게 답할 수가 있기 때문에 측정의 오차를 줄이기 위해서는 되도록 긍정문 위주로 출제해야 한다. 따라서 문두를 되도록 긍정문으로 만들되, 부득이하게 부정문을 사용해야 할 경우 전체 문항의 30%를 넘지 않도록 해야 한다. 또한 부정 어구를 사용하는 경우 부정을 나타내는 단어에 밑줄을 그어 표시해 주어야 한다.

역사과의 경우 최선답형의 문두를 많이 쓰게 된다. 자료에 대한 해석이 다를 수 있는 경우에 '정답에 가장 가까운 것'을 선택하게 하는데 "가장 적절한" 답지를 선택하라는 내용이 문두에 포함되어야 한다.

〈예시문항 4-12〉는 제시문의 자료를 이용해서 오답을 네 가지로

〈예시문항 4-12〉최선답형 문항

57. 다음 시에 나타난 역사의식에 부합되는 사실로 가장 적절한 것은?

> 삼국이 나날이 서로 싸우니
> 백만 창생이 고통 속에 지새웠네.
> 나·제는 어찌 몰랐던고, 입술이 다치면 이가 시린 것을
> 수·당은 어부지리를 노렸다네.
> 점점이 놓인 저 강산은 말이 없지만
> 사서의 편간에 역력하네 그 사실이.
> 그대들은 반은 영웅이나, 반은 흉역이요
> 후인이 하릴없이 소매에 눈물 적시네.
>
> — 「독삼국사(讀三國史)」 —

① 왕건이 국호를 '고려'로 정하였다.
② 통일 신라가 후삼국으로 분열되었다.
③ 발해와 신라가 정치적으로 대립하였다.
④ 복신·도침이 백제 부흥 운동을 일으켰다.
⑤ 일연이 삼국유사에 단군 이야기를 실었다.

2004학년도 대학수학능력시험 9월 모의평가 사회·과학 탐구 57번

만든 경우이다. 서거정의 「독삼국사」라는 시에 담긴 역사의식이 삼국은 모두 한민족인데 왜 서로 싸웠느냐는 삼국 역사의 비극을 통감하고 있기 때문에 단일 민족 의식으로 파악할 수 있다. 그러므로 삼국을 민족 분열의 시기로 보고 그보다 앞 시기에 단일 민족의 기원으로 단군을 강조한 일연의 인식이 서거정의 시에 담겨 있다고 보아 정답은 ⑤번이다. 그런데 사료를 다른 관점에서 파악하면 "나·제는 왜 몰랐던고, 입술이 다치면 이가 시린 것을"에서 신라와 백제가 민족의 방파제 역할을 한 고구려에 대한 공격으로 수·당이 어부지리를 노린 것으로 해석되어 고구려 계승의식으로도 보인다. 또한 단일 민족인데 삼국이 싸우는 상황과 답지 ②의 통일 신라가 후삼국으로 분열된 안타까움도 같은 역사의식이라고 볼 수도 있다. 〈예시문

항 4-12〉는 선택지가 부분적으로 옳은 내용을 포함할 경우 문두에서 '가장'이라는 단어가 없었다면 복수 정답 시비가 일어날 수 있었다고 보인다. 즉, 최선답형은 답지 중에서 '가장 맞는 답', '정답의 정도가 가장 큰 것'을 선택하게 하는 방법으로 학습자에게 보다 정확한 답지를 고르게 할 수 있고 복수 정답 시비를 방지하는 데도 유용하다는 이점이 있다.

2) 제시문 작성의 원리

첫째, 제시문은 의미가 있어야 한다.

제시문이 있다고 해서 모두 탐구형 문항인 것은 아니다. 단편적인 지식이나 사실을 단순히 기억하고 있는가를 확인하는 암기력 위주의 측정이 아닌 학습자의 사고력을 충분히 측정할 수 있는 문항이 되기 위해서는 제시문의 내용을 분석하여 답지에서 확인하는 과정이 문제 해결 과정에서 반영되어야 한다. 그런데 좋은 사료를 발굴하거나, 설명문을 제작하였다 하더라도 제시문이 무의미한 경우가 있다.

〈예시문항 4-13〉의 제시문은 고려 순수청자에 대한 내용이며, 고등학교 국사교과서의 서술로는 순수청자가 발전한 시기를 11세기부터 12세기까지라고 보았을 때 정답은 ②, ⑤로 생각할 수 있다.

그러나 제시문이 서긍의 『고려도경』의 내용이므로, 〈예시문항 4-13〉의 정답을 찾기 위해서는 『고려도경』이 고려 인종 때임을 알아야 한다. 답지 ②는 인종, 답지 ⑤는 문종이므로 정답은 ②번이 된다. 즉, 문두가 "다음 기록이 나타났던 시기"이므로 출전만 있으면 제시문이 불필요하게 된 것이다. 따라서 문두를 "다음 자료에 나타난 도

〈예시문항 4-13〉 제시문이 무의미한 문항 1

11. 다음 기록이 나타났던 시기의 상황으로 옳은 것은?

> 도기의 빛깔이 푸른 것을 고려인들은 비색(翡色)이라고 하는데, 근년에는 만드는 솜씨와 빛깔이 더욱 좋아졌다. 술그릇의 형상은 오이 같은데, 위에 작은 뚜껑이 있는 것이 연꽃에 엎드린 오리의 형태를 하고 있다. 또 주발, 접시, 술잔, 사발, 꽃병, 탕잔도 만들 수 있었으나, 모두 중국의 것을 모방한 것이기 때문에 생략하여 그리지 않고, 술그릇만은 다른 그릇보다 다르기 때문에 특히 드러내었다.
>
> - 『고려도경』 -

① 대형 철불과 거대한 석불이 많이 조성되었다.
② 이자겸이 두 딸을 왕비로 들이고 막강한 권력을 행사하였다.
③ 유교 교육 기관인 국학과 공자 사당인 문묘를 새로 지었다.
④ 공주 명학소에서 망이 · 망소이를 중심으로 백성들이 봉기하였다.
⑤ 지급 대상을 현직 관료로 제한하는 내용으로 전시과 제도가 정비되었다.

수정

↓

> 다음 자료에 나타난 도자기가 유행했던 시기의 상황으로 옳은 것은?

➡**문두를 고치고 답지 ⑤를 수정해야 함.**

한국사능력검정시험 2007년 2회 2급 11번

자기가 유행했던 시기의 상황으로 옳은 것은?"으로 하고 답지 ⑤를 순수청자가 유행한 시기와 거리가 있게 수정하는 것이 문항의 질을 향상시킬 수 있다. 제시된 자료의 효용성을 높이고 자료를 최대한 살리는 답지의 구성이 필요한 것이다.

〈예시문항 4-14〉의 제시문은 혜초가 쓴 『왕오천축국전』의 일부로 오히려 학습자는 제시문의 내용보다는 출처인 『왕오천축국전』으로 문항을 풀게 된다.

〈예시문항 4-14〉의 정답을 찾기 위한 제시문의 단서는 인도에 있는 '보리사'와 '녹야원'이지만, 학습자가 불교에 특별한 관심을 가지고 있지 않으면 '보리사가 사찰일 거야'라는 추측으로 불교와 관

<예시문항 4-14〉 제시문이 무의미한 문항 2

10. 자료의 내용을 바탕으로 역사 다큐멘터리를 만들려고 한다. 다음에서 사전에 조사할 내용으로 가장 적절한 것은?

> 보리사가 멀다고 근심할 것 없었는데
> 녹야원이 먼들 어찌하리오.
> 다만 멀고 험한 길이 근심이 되나
> 불어닥치는 악업(惡業)의 바람은 두렵지 않네.
> 여러 차례의 탑을 보기 어려움은 여러 차례의 큰 불에 타버렸음이라.
> 어찌해서 사람들의 소원을 들어줄거나
> 오늘 아침부터 이 눈으로 똑똑히 보오리.
>
> ─『왕오천축국전』─

① 둔황 석굴의 신라 사신
② 승려 혜초의 인도 여행
③ 흑치상지의 무덤에서 발견된 비문
④ 압살라 고분 벽화에서 만난 삼국 시대 사신
⑤ 쇼토쿠 태자에게 학문을 전수하는 고구려인

↓ 수정

왕오천축국전 → 제시문의 출처로 문항을 풀이

2009년 7회 한국사능력검정시험 4급 10번

런시켜 문항을 풀게 된다. 즉, 『왕오천축국전』이 제시문으로 활용되었다는 점에서는 의미가 있지만, 학습자가 인식하는 제시문의 내용은 불교와 관련된 자료일 뿐이다. 그러므로 제시된 자료의 내용을 분석하여 문항을 이해하고, 답지를 찾을 수 있도록 적절한 자료를 확인하고 개발해야 한다.

둘째, 제시문이 지나치게 길고 복잡해서는 안 된다.

제시문의 설명을 자세히 하면 할수록 문항의 뜻이 더 분명해진다고 믿고 있는 경우가 있다. 그러나 〈예시문항 4-15〉와 같이 제시문

〈예시문항 4-15〉 제시문이 길고 복잡한 문항

18. 다음과 같이 수취 체제가 개편된 결과를 옳게 추론한 것은?

> 선조 41년 5월 임신 선혜청을 설치하였다. 처음에 영의정 이원익이 아뢰었다. "각 고을의 진상과 공물이 각 관청의 방납인에 막혀 물건값의 3~4배에서 수십, 수백 배가 되어 폐해가 큽니다. 특히 경기도가 심합니다. 지금 따로 담당 관청을 설치하여 해마다 봄, 가을에 백성들에게 토지 1결당 2번에 걸쳐 각각 8두씩 거두어들이게 합니다. 담당 관청은 때에 따라 물가 시세를 보아 쌀을 방납인에게 지급하여 수시로 물건을 조달하도록 해야겠습니다. 때를 보아 16두 중에서 2두를 지방에 내려주어 수령의 공사 비용으로 쓰게 하면 될 것입니다."라고 하니, 왕이 받아들였다. 왕의 교지 가운데에 선혜라는 말이 있어 담당 관청의 이름으로 삼았다.
>
> — 『광해군일기』 —

① 국가 재정이 약화될 것이다.
② 상품 화폐 경제가 위축될 것이다.
③ 양반 지주층의 부담이 줄어들 것이다.
④ 아들이 많은 집의 부담이 늘어날 것이다.
⑤ 토지가 적은 농민의 부담은 줄어들 것이다.

수정
↓

> 지금 따로 담당 관청을 설치하여 해마다 봄, 가을에 백성들에게 토지 1결당 2번에 걸쳐 각각 8두씩 거두어들이게 합니다. …… 때를 보아 16두 중에서 2두를 지방에 내려주어 수령의 공사 비용으로 쓰게 하면 될 것입니다."라고 하니, 왕이 받아들였다. (삭제)

한국사능력검정시험 2008년 5회 3급 18번

이 길어지면서 문항의 본래 의도와는 관계 없는 잡다한 요소가 삽입되어 도리어 질문의 핵심이 모호해진다.

〈예시문항 4-15〉는 선혜청이라는 개념과 이원익의 상소, 경기도에서 방납의 폐단이 심하다는 것에서 개편된 수취 체제가 대동법임을 이미 알 수 있다. 그러나 이에 덧붙여 대동법 실시 초기 내용인 1결에 16두를 징수하고 그 가운데 2두를 지방으로 내려주어 수령의 공사 비용으로 쓸 수 있도록 하는 내용까지 포함되면서, 대동법에서는 1년에 1결당 12두를 거둔다는 학생들의 선지식 내용과 달라져 대동법에 대해 오히려 혼동을 야기시키는 결과를 낳고 있다.

문항의 구조는 최대한 간결하면서도 꼭 필요한 요소를 제시해야 한다. 문항의 구조가 복잡하고 자료의 양이 많으면 묻고자 하는 내용이 잘 전달되지 않을 위험이 있다. 따라서 문항의 구조와 자료를 단순화하는 것이 측정하고자 하는 내용을 명료화하는 데 도움을 줄 수 있다. 자료가 복잡하게 제시되면 학습자는 자료를 읽고 문항의 구조를 파악하는 데 시간을 소비하기 때문에 질문의 내용에 대해 숙고할 시간이 줄어들고 자신의 능력을 제대로 발휘하지 못할 수 있다. 그러므로 문항의 자료와 구조는 될수록 간결하게 제시해야 한다.

셋째, 제시된 자료와 답지의 연관성이 높아야 한다.

제시문과 답지는 연관성이 높아야 좋은 문항이라 할 수 있다. 이를 위해서는 제시된 자료의 분석을 통해 답지의 사실들이 내용적으로 연관성을 가져야 한다. 〈예시문항 4-16〉에서 제시문의 역할은 비

〈예시문항 4-16〉 자료와 답지가 연관성이 없는 문항

6. 다음 자료에서 설명하는 제국의 종교에 대한 탐구 활동으로 가장 적절한 것은?

> • 황제는 종교에도 강한 영향력을 행사하였다.
> • 농민에게 토지를 지급하여 군역에 종사시켰다.
> • 전국 군관구의 군단 사령관이 주둔지의 민정도 맡았다.
> • 수도는 동서 교역의 중심지였고 특히 견직업이 발전하였다.

① 아비뇽 유수에 대해 조사한다.
② 카노사의 굴욕에 대해 찾아본다.
③ 성상 숭배 금지령에 대해 알아본다.
④ 예수회의 조직과 활동에 대해 알아본다.
⑤ 클뤼니 수도원 중심의 개혁에 대해 조사한다.

2005학년도 대학수학능력시험 세계사 6번

잔티움 제국이라는 것만 알면 되는 것이고, 문두에서는 비잔티움 제국의 종교인 그리스 정교에 대해 물어보고 있어 제시문과 답지의 연관성이 높지 않다. 정답인 '③성상 숭배 금지령'도 제시문과의 개연성이 밀접하다고 보기는 힘들다.

〈예시문항 4-16〉의 경우 제시된 자료는 비잔티움 제국에 관한 내용이고, 정답이 아닌 선택지는 모두 비잔티움 제국에 해당하는 내용이 아니다. 문두에 탐구 활동이라는 단어가 들어가지만 이 문항은 탐구 활동 과정의 논리적 순차를 묻는 문제가 아니라 그 시기의 역사적 사실을 묻는 문항이 되었다. 문두에서 탐구 활동이라는 말을 빼고, 자료의 제시 없이 "다음 중 비잔티움 제국에서 일어난 일이 <u>아닌 것은?</u>"이라고 만든 문항과 성격이 유사하다.

〈예시문항 4-16〉과 같이 제시문에서는 어느 시대인지만 판단하도록 하고, 답지에서는 그 시대 내용 어느 것이든 관련이 있거나 없는 것을 묻는 문항보다는 제시문의 역할이 답지와의 긴밀성을 갖는 것이 바람직하다.

답지의 작성은 문두 및 제시문의 자료와 직접적인 연관을 지니면서 핵심적인 내용을 간결하게 표현하는데, 답지들에 반복된 단어들이 있을 경우에 이를 문두나 자료에 제시하여 반복을 피하고 답지의 배열은 논리적 혹은 시간적 순서가 있는 경우 그 순서에 따라 답지를 제시해야 한다.

넷째, 제시된 자료가 논리적 오류 없이 분명해야 한다.

제시문은 사료뿐 아니라 다양한 표, 그래프, 연표 등 비문자 자료를 이용할 수 있다. 제시문이 문자 자료인 경우 자료 자체에 문제가 없는지, 원문과 비교하여 번역의 오류가 없는지 살펴야 한다.

〈예시문항 4-17〉 제시된 자료에 논리적 오류가 있는 문항

9. 표는 고려와 조선의 어떤 신분 계층을 나타낸 것이다. (가)~(라) 계층에 관한 설
   명으로 옳은 것은?

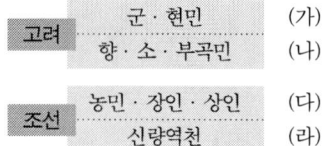

① (가)는 (나)보다 공물 부담이 무거웠다.
② (가)와 (다)는 과거 응시 자격이 없었다.
③ (나)와 (라)는 매매, 상속, 증여의 대상이었다.
④ 고려의 백정은 (가), 조선의 백정은 (라)에 속했다.
⑤ 전쟁에서 공을 세우면 (나)에서 (가)로 승격되기도 하였다.

문항	정답률	답지 반응 분포(%)					
번호		①	②	③	④	⑤	무응답
9	33.95	5.66	5.02	11.26	44.05	33.95	0.06

2005학년도 10월 고3 전국연합평가 국사 9번

   비문자 자료는 문자서술에 나타나는 것과 같이 역사이해나 해석
의 결과를 직접적으로 전달하는 경우는 별로 없기 때문에 학생들로
하여금 다각적인 해석을 유도해 낸다. 〈예시문항 4-17〉은 고려와 조
선의 양민 혹은 상민의 개념을 이해하는지에 대한 문항이다.

   하지만 〈예시문항 4-17〉의 경우 표 구성에 문제가 있다. 고려 시대
양민 구성의 군·현민과 향·소·부곡민의 대응 관계가 조선 시대
상민 구성의 농민·장인·상인과 신량역천 사이에는 성립하지 않아
도식화하는 것이 적합하지 않다. 군·현민과 향·소·부곡민은 지
역적으로 엄격하게 구별된 신분이지만, 신량역천은 누구나 기피하
는 고된 직업이나 역에 종사하는 양인으로 농민이면서 신량역천이

될 수도 있는 것이다. 이와 같이 비문자 자료에 의해 표현되는 제시문의 자료도 논리적 오류가 없이 분명해야 한다.

3) 답지 작성의 원리

첫째, 답지에 정답이나 오답의 단서가 있어 답지 분석만으로 답을 찾지 않도록 제작해야 한다.

문두와 제시문은 상관성이 적고 답지만을 근거로 정답을 고를 수 있거나 오답을 제거할 수 있도록 해서는 안 된다. 학습자가 어떤 문항의 질문을 충분히 이해하지 못했어도 답지의 형식이나 내용을 근거로 정답에 대한 단서를 찾을 수 있다면, 그 문항은 학습자의 능력을 변별할 수도 없고 문항 자체가 쓸모없게 된다.

정답의 단서가 되는 요인에는 여러 가지 형태가 있다.

첫째, 언어적 연상(verbal association) 때문에 주는 단서이다. 수능 언어영역에서 역사를 소재로 하는 문항과 같이 선지식이 없거나 부족하더라도 제시문의 문맥을 제대로 파악하면 정답을 구할 수 있는 답지는 역사적 사고 능력을 측정하기보다는 언어적 능력으로 문항을 풀기 때문에 역사과 문항으로는 적절하지 못하다.

둘째, 문법적 구조(grammatical construction) 때문에 주는 단서가 있다. '…은(는)', '…이(가)', '…과(와)', '…(으)로' 라는 조사는 앞에 오는 명사의 받침에 의해 결정된다. 이것을 생각하지 않고 받침 없는 말 다음에 '…가(는)' 가 올 때 자연히 정답의 단서를 주게 된다. 문법적 구조가 정답 선정에 영향을 주지 않도록 이(가) 또는 은(는)을 동시에 제시하는 배려가 필요하다.

셋째, 정답지를 오답지보다 길고 자세하게 쓰는 경향 때문에 주는 단서이다. 문항 제작의 기술이 서툰 경우에 이러한 현상은 흔히 나타난다. 그러므로 오답도 정답의 길이와 비슷한 정도로 맞춰야 한다.

넷째, 답지 간에 공통된 요소(common elements)가 있을 때 단서를 준다. 답지만을 가지고 추측 요인을 활용하거나 답지 간에 간섭이 존재하여 정답을 고를 수 있는 문항은 좋지 못하며 답지의 내용이 상호 독립적이어야 한다.

다섯째, 절대적인 어구인 '모두', '확실히', '절대로', '반드시' 라는 말이 정답의 단서를 준다. 이러한 말이 들어 있는 답지는 대개 오답일 가능성이 많다.

〈예시문항 4-18〉은 답지 간의 공통적인 요소가 단서를 준 경우이다. 즉, 답지 간 유사성과 상반성이 동시에 존재하여 정답의 단서가 될 수 있다.

〈예시문항 4-18〉에서는 답지만을 분석하여 정답을 추리할 수 있도

〈예시문항 4-18〉 답지간의 공통적인 요소가 단서가 되는 경우

14. 다음 자료를 통해 알 수 있는 당시의 사회상으로 옳지 <u>않은</u> 것은?

> 충렬왕 24년 정월에 다음과 같은 교서를 내렸다. "근래에 양민을 강압하여 천인으로 만드는 예가 많으니 해당 관리는 문건이 없거나 위조한 자를 조사하여 처벌하라. …(중략)… 양반의 노비는 주인 집 부역이 따로 있다 하여 예로부터 공역(公役)이나 다른 세금을 부과하지 않았다. 지금 양민이 세력 있는 집으로 들어가서 그 공역을 피하고 있으니 이제부터는 이런 일이 일절 없도록 하라."
> ㅡ『고려사』ㅡ

① 권세가의 사노비가 증가하고 있었다.
② 농민들은 스스로 노비가 되기도 하였다.
③ 이러한 현상은 전민변정도감 설치의 배경이 되었다.
④ 양민의 수가 감소하여 조세 수입이 줄어들고 있었다.
⑤ 양천의 구분이 엄격해지면서 신분제가 강화되고 있었다.

2007학년도 대학수학능력시험 국사 14번

록 되어 있다. 답지 "① 권세가의 사노비가 증가하고 있었다. ② 농민들은 스스로 노비가 되기도 하였다. ④ 양민의 수가 감소하여 조세 수입이 줄어들고 있었다." 즉 ①, ②, ④는 모두 노비가 증가하고 있어 양민이 줄어들며 신분제가 흔들리는 모습을 설명하고 있는데, 답지 ⑤의 경우는 반대로 신분제가 강화되고 있다고 진술되어 답지 간 공통된 요소가 단서가 되어 제시문을 읽지 않고 답을 할 수 있다. 추측 요인을 활용하거나 답지 간에 간섭이 존재하여 정답을 고를 수 없도록 답지의 내용이 상호 독립적이어야 한다.

〈예시문항 4-19〉와 〈예시문항 4-20〉은 학력고사와 수능 국사 문항에서 절대적인 어구나 질적인 표현으로 정답에 단서가 되고 있는 경우이다.

학력고사 문항처럼 절대적인 어구가 들어간 답지는 오답이라는 것을 암시하게 되고 수능의 답지 ④번 내용 중 '별 영향을 주지 않았다.'는 문구 자체가 질적인 표현이므로 되도록 사용을 삼가는 것이 좋다.

'대다수', '거의', '약간', '많다', '적다', '멀다', '가깝다', '좀', 등의 표현은 사람마다 그 정도의 의미와 해석이 다르므로 오해를 가져오기 쉬워 정답의 단서를 암시하고 있으므로 삭제하거나 수정해야 한다.

둘째, 답지는 문두와 호응성이 있어야 한다.

답지는 반드시 내용상으로나 문법적으로 문두와 서로 연결되어 관련성이 있어야 한다. 〈예시문항 4-21〉의 답지 내용은 등장인물들의 신분별 특성에 대한 대사로 '배역 소개'라는 문두와 서로 맞지 않는다.

〈예시문항 4-19〉 어구가 단서가 되는 경우 1

12. 조선 후기의 경제 상황에 대한 설명으로 옳지 <u>않은</u> 것은?
  ① 대동법 실시 후에도 조세의 현물 징수가 행하여졌다.
  ② 농업 기술의 발달로 광작 현상이 촉진되었다.
  ③ 독립수공업자가 등장하여 생산과 판매를 행하였다.
  ④ <u>전국적으로 면세지는 모두 없어졌다.</u>

↓ 답지 수정

  ④ 전국적으로 면세지는 줄어들어 갔다.

1983학년도 학력고사 국사 12번

〈예시문항 4-20〉 어구가 단서가 되는 경우 2

65. 광복 직후에 발표된 아래의 두 자료를 읽고 당시의 정국 상황을 추론한 내용으로 가장 거리가 <u>먼</u> 것은?

  (가) 우리 3천만은 영예로운 피로써 자주 독립을 획득해야 할 단계에 들어섰다. 동포여! 8 · 15 이전과 이후, 피차의 과오와 마찰을 청산하고 우리 정부 밑에 뭉치자. 그리하여 3천만의 총 역량을 발휘하여 신탁 관리제를 배격하는 민족 운동을 전개하자. ―『자료 대한민국사』, 제1권
  (나) 모스크바 3상 회담의 결정을 신중히 검토한 결과 이번 회담은 세계 민주주의 발전에 한 걸음 나아간 것이다. …(중략)… 이러한 국제적 결정은 금일 조선을 위하여 가장 정당한 것이다. 문제의 5년 기한은 그 책임이 3상 회담에 있는 것이 아니라 장구한 일본 지배의 해독 및 민족적 분열에 있으므로 우리 역량에 따라 달라질 수 있는 것이다. ―『자료 대한민국사』, 제1권

  ① 신탁 통치 문제를 둘러싸고 사상적 대립이 더욱 심화되었다.
  ② (가)의 입장은 신탁 통치를 우리 민족의 자주적 역량을 무시한 처사로 보고 있다.
  ③ (나)의 입장은 우리 민족의 노력으로 신탁 통치 기간이 단축될 수 있다고 보고 있다.
  ④ <u>신탁 통치 문제는 임시 민주 정부 수립을 위한 미 · 소 공동 위원회의 활동에 별 영향을 주지 않았다.</u>
  ⑤ 당시의 국민들은 통일 국가 건설을 염원하고 있었지만, 방법론에는 커다란 시각차가 있었다.

↓ 답지 수정

  ④ 신탁 통치 문제로 인한 대립으로 좌우합작위원회가 결렬되었다.

2002학년도 대학수학능력시험 65번

16. 다음과 같은 역할극에서 등장인물들이 자기 배역을 소개할 때, 그 내용이 옳지 <u>않은</u> 것은?

> • 제목 : 고려 시대 사람들의 생활
> • 때 : 11세기
> • 장소 : 개성 부근의 어느 마을
> • 등장 인물 : 갑(귀족), 을(향리), 병(군인), 정(백정), 무(외거 노비),
>   그 외 다수

① 갑: 3품 관직에 계셨던 아버지가 돌아가시면서 공음전을 물려주셨어.
② 을: 아들에게도 과거에 응시할 수 있는 자격을 주었으면 좋겠어.
③ 병: 아버지의 군역을 세습하고 군인전을 함께 물려받았어.
④ 정: 국가에 조세와 공납뿐만 아니라 역도 부담해야 해.
⑤ 무: 주인에게 신공을 바쳐야 하지만, 노력하면 토지를 가질 수도 있어.

↓ 답지 수정

① 갑: 3품 관직에 계셨던 아버지가 돌아가시면서 공음전으로 생활하고 있습니다.
② 을: 아들에게도 과거 응시 자격이 있기를 희망하며 살고 있습니다.
③ 병: 아버지의 군역을 세습하고 군인전으로 생활하고 있습니다.
④ 정: 국가에 조세와 공납뿐만 아니라 역까지도 부담하고 있습니다.
⑤ 무: 주인에게 신공을 바치면서 내 토지를 가지려고 노력하고 있습니다.

한국사능력검정시험 2007년 2회 3급 16번

〈예시문항 4-21〉의 문두는 "다음과 같은 역할극에서 등장인물의 대사로 적절하지 <u>않은</u> 것은?"으로 수정해야 답지와 호응한다. 이와 반대로 문두를 그대로 두고 답지를 문두의 역할극 등장인물 소개에 맞게 수정할 수도 있다.

〈예시문항 4-22〉도 문두와 답지가 호응성이 없는 사례다.

〈예시문항 4-22〉의 문두는 (가)~(마)의 지배층을 물어보고 있지만 ①~⑤ 답지는 (가)~(마)의 순서를 물어보는 것처럼 되어 있으므로 학생들은 지배층의 특성을 읽지 않고 답지에서의 순서를 가지

<예시문항 4-22> 답지와 문두가 호응하지 못한 경우 2

<표>는 고려 지배층의 특징을 나타낸 것으로, (가)~(마)의 지배층을 바르게 짝지어
나열한 것은?

(가)	• 신라 말 등장하여 반독립적 세력으로 스스로 성주, 장군을 칭함 • 고려 건국의 주체
(나)	• 음서 • 친원파 세력 중심 • 도평의사사 장악
(다)	• 중방 중심의 권력 행사 • 토지와 노비를 늘리고, 사병을 길러 권력쟁탈전 벌임
(라)	• 과거 또는 음서 • 공음전의 혜택 • 왕실과의 혼인
(마)	• 향리 출신 • 과거 • 성리학

	(가)	(나)	(다)	(라)	(마)
①	호족 →	문벌귀족 →	무신 →	권문세족 →	신진사대부
②	신진사대부 →	권문세족 →	문벌귀족 →	무신 →	호족
③	호족 →	문벌귀족 →	무신 →	신진사대부 →	권문세족
④	문벌귀족 →	호족 →	권문세족 →	신진사대부 →	권문세족
⑤	호족 →	권문세족 →	무신 →	문벌귀족 →	신진사대부

↓ 수정

문두 - (가)~(마)에 들어갈 지배층을 바르게 고른 것은?
답지 - 화살표(→) 삭제

○○여고 2007년 1학기 중간고사

고 문항을 풀게 되었다. 문두는 "(가)~(마)에 들어갈 지배층을 바
르게 고른 것은?"으로 수정해야 하며 답지에서의 화살표(→)는 없
어져야 오해의 소지가 줄어든다고 하겠다.

셋째, 답지 구성에서 정답은 분명하고 오답은 그럴듯하게 만들어야 한다.

선다형 문항 제작에서 가장 중요한 기술은 '답지의 틀을 짜는 기
술'이다. 답지 가운데 정답은 누가 보아도 분명하고 논쟁할 여지가
없도록 명확해야 하며, 오답은 '그럴듯하게', '정답인 듯하게', 즉

〈예시문항 4-23〉 오답 시비의 가능성이 있는 경우

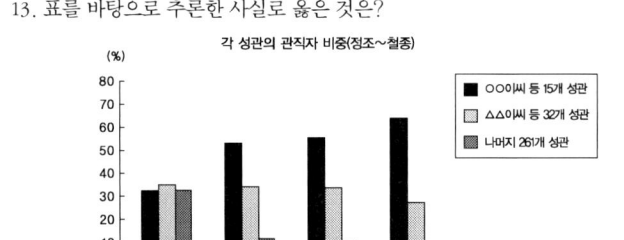

13. 표를 바탕으로 추론한 사실로 옳은 것은?

각 성관의 관직자 비중(정조~철종)

■ ○○이씨 등 15개 성관
□ △△이씨 등 32개 성관
▨ 나머지 261개 성관

*성관(姓貫): 본관과 같은 의미, 부계 친족 범위를 나타냄
*도당록: 문과 합격자 중 홍문관 관리 후보 인명부
*당상관: 정3품 이상의 관리

① 탕평책이 성과를 거두지 못했다.
② 삼사의 언론 활동이 활발해졌다.
③ 유력 성관이 문과 합격자를 독차지하였다.
④ 문과 합격자는 대부분 고위직으로 승진하였다.
⑤ 비변사가 약화되고 의정부의 기능이 강화되었다.

문항 번호	정답률	변별도	답지 반응 분포(%)					
			①	②	③	④	⑤	B/D
13	36.38	0.26	36.38	8.30	39.91	9.14	6.16	0.11

2007년도 10월 고3 전국연합학력평가 국사 13번

매력이 있도록 만들어야 한다. 한 문항의 전체적 기능 혹은 정답이 정답다운 구실을 하게 하려면 중요한 것은 '오답의 매력'에 달려 있다.

　선다형 문항은 정답과 오답이 잘 만들어져야 완성도 높은 문항이 될 수 있는데 교육과정과 학술적 근거 등이 비교적 엄밀히 검토되어 제작된 시험에서도 오답 시비는 발생할 수 있다.

　〈예시문항 4-23〉은 세도정치기의 정치 상황을 묻는 문항인데 도표에 나타난 성관의 관직자 비중은 정조에서 철종까지이다. 따라서 정

답 ①의 내용을 세도정치와 직접 연결시키기에는 무리가 있다.

즉, 〈예시문항 4-23〉에서는 정조에서 철종까지(18세기 말~19세기)의 주요 성관(본관) 관직자 비중을 보여주고 시대상을 추론하게 하였다. 그런데 이 문항의 문제점으로 지적할 수 있는 것은, 이 시기 성관의 관직자 비중이 다른 시대와 얼마나 차이가 나는지 알 수 없다는 것이다. 16세기부터 이미 소수 가문에 관직이 집중되는 현상이 나타나므로 의미 있는 추론이 힘들며 붕당 간 정치 세력의 균형을 꾀한 탕평책의 실패가 특정 성관으로의 집중을 낳았다고 보기도 어렵기 때문에, 답지 ①을 정답으로 보는 것은 오답 혹은 정답 없음으로 귀결될 가능성이 있다고 여겨진다. 또한 답지 ③을 오답이라 하였으나, 15개의 성관이 과거 합격자의 1/3을 차지하고 대부분 고위직으로 승진한다는 것이 맞는 진술이라고도 볼 수 있다. 학생들의 답지 반응률을 살펴볼 때, 정답지 ①의 반응률 36.38%보다 오답지 ③의 반응률이 39.91%로 높은 것은 답지 ③의 내용이 매력적인 오답이라고 볼 수도 있지만, 변별도도 0.25로 변별력이 낮은 문항이고 관점에 따라서는 복수 정답의 시비가 매우 높은 문항이다.

〈예시문항 4-24〉의 경우는 학교 시험에서 오답 시비가 있었던 문항이다.

〈예시문항 4-24〉의 정답은 민중들의 평등사회를 지향하는 움직임으로 정답이 답지 ④번으로 제시되었지만, 답지 ①에서 시비가 발생하였다. 즉, 조선 후기 신분질서에 대한 저항이 동학농민운동에서도 표출되지만, 그 결과가 반영되어 답지 ①의 신분제 철폐가 되었기 때문에 발생한 시비였다.

오답의 경우 시비를 없앨 수 있도록 답지를 제작해야 하며 학습자가 질문에 대한 정확한 지식을 가지고 있지 않다면 매력적인 틀린

〈예시문항 4-24〉 학교 시험에서 오답 시비가 가능한 경우

> 다음과 같은 조선 후기 사회의 움직임이 종합적으로 반영되어 나타난 사례로 가장 적절한 것은?
>
> - 서당 교육의 보급과 서민 문화의 발달로 민중의 사회 의식이 높아졌다.
> - 신분 질서가 무너지고, 평등 사회를 지향하는 움직임이 나타나고 있었다.
> - 봉건적 수취제도의 문란, 부패한 관리의 탐학과 횡포에 민중들은 저항하기 시작했다.
>
> ① 갑오개혁으로 신분제가 철폐되었다.
> ② 독립협회는 의회 설립 운동을 추진하였다.
> ③ 위정 척사론자들은 열강의 통상 수교 요구에 반대했다.
> ④ 동학 농민군은 무명 잡세 폐지, 천인 차별 개선을 요구했다.
> ⑤ 개화당은 갑신정변 정강에서 문벌 폐지를 주장했다.

○ ○ 고등학교 2006학년도 1학기 중간고사 2학년 한국 근·현대사

답지로 인하여 혼동이 생기도록 답지를 제작해야 한다. 또한 문두와 답지의 서술이 학생에 따라 상이한 해석의 여지가 있는 문항은 없어야 하고 정답의 준거를 교과서 내용에 의거하되 새로운 학문적 성과에도 유의할 필요가 있다.

넷째, 답지 서술은 분명하고 답지에서는 거짓이 되는 내용을 포함시키지 않는 것이 좋다.

답지는 반드시 정확한 단어로 서술하여야 하며, 불필요하게 어려운 단어나 복잡한 구문을 사용하지 말아야 한다. 복잡한 구문에 의한 서술은 교과내용이나 사고력보다는 언어능력을 측정할 가능성이 크기 때문이다.

또한 답지를 쓰는 데 있어 학습자와 관계없는 것, 구체화된 평가목표의 성취도 측정에 영향을 주지 않는 것이라 하더라도 거짓 진술은 되도록 쓰지 않아야 한다. 답지에서 비역사적 사실을 서술하는

〈예시문항 4-25〉 답지에서 비역사적 사실이 있는 경우

> 다음 중 후삼국의 성립에 관한 설명으로 틀린 것은?
> ① 견훤은 전라도 지방의 군사력과 호족 세력을 토대로 완산주에 도읍을 정하고 후백제를 세웠다.
> ② 견훤은 신라에 적대적이었고, 호족을 포섭하는 데 실패하였다.
> ③ 궁예는 신라 왕족의 후예자로서, 후고구려를 세우고 골품제도를 대신할 새로운 신분 제도를 모색하였다.
> ④ 궁예는 미륵 신앙을 이용한 전제 정치를 도모하다가 신하들에 의하여 축출되었다.
> ⑤ 궁예는 도읍을 철원으로 옮기면서 국호를 태봉으로 바꾸었다가 다시 마진으로 바꾸고, 새로운 정치를 추구하였다.

○ ○ 고등학교 2008학년도 1학기 중간고사 1학년 국사

경우는 〈예시문항 4-25〉와 같이 학교의 정기고사 문항에서 자주 볼 수 있는데, 교과서의 내용을 그대로 서술하면서 답지의 일부를 살짝 바꾸어 틀린 답지를 만들게 된다.

〈예시문항 4-25〉의 답지 ①, ②, ③, ④는 교과서에 있는 문장이나 어구를 선택지에 그대로 사용하였고, 정답인 ⑤번은 일부분의 서술은 맞게 하면서 "국호를 태봉으로 바꾸었다가 다시 마진으로 바꾸고"의 부분에서 일부분을 틀리게 하여 부정형에서 정답이 되게 하였다.

시험도 학습자에게는 하나의 학습과정이므로 거짓으로 쓴 내용이 수험자에게 학습효과로 강화될 수 있기 때문에 답지 서술은 가급적 사실에 근거해야 한다(권대훈, 2008: 179).

그리고 〈예시문항 4-25〉의 답지와 같이 교과서의 내용을 그대로 옮긴 답지는 교재 내용을 암기하고 있는지를 검사하는 문항이 될 수 있으므로 학습 결과를 평가하려면 교과서에 있는 문장이나 어구를 표현을 달리해서 사용하는 것이 바람직하다.

〈예시문항 4-26〉 답지의 형태가 다른 경우

> 한국사를 연구하는 하나의 관점으로서 '식민사관'이라는 역사관이 있다. 이에 관 한 설명으로 사실과 <u>다른</u> 것은?
> ① 식민사관이란 일제의 식민지배에 대항하기 위해 제시된 역사관을 말한다.
> ② 식민사관을 뒷받침하는 주요 논리로는 정체성과 타율성론이 있다.
> ③ 타율성론이란 한국사의 전개과정이 외세간섭과 압력에 의해 타율적으로 이루어졌다고 설명하는 것을 말한다.
> ④ 정체성론이란 한국이 스스로 사회, 경제 구조에 아무런 발전을 가져오지 못하여 전 근대적인 단계에 머물러 있다는 논리이다.
> ⑤ 식민사관이란 일제가 한국침략과 식민 지배를 역사적으로 정당화하기 위한 역사관이라 말할 수 있다.

○ ○ 고등학교 2008학년도 1학기 기말고사 2학년 한국 근 · 현대사

다섯째, 답지들의 형태와 길이를 유사하게 하고, 되도록 짧게 해야 한다.

평가 시간을 고려하여 의미의 변화가 없다면, 답지 길이를 되도록 짧게 구성하고 답지의 길이와 문법적 구조도 유사하게 하는 것이 바람직하다. 공통적으로 반복하여 나타나는 단어는 되도록 문두에 서술하여 답지를 짧게 구성하도록 하고, 답지의 길이가 서로 비슷하게 유지되도록 문장을 다듬는 작업이 중요하다. 그리고 답지는 짧은 것부터 긴 것으로 길이 순서로 배열하는 것이 좋다. 〈예시문항 4-26〉은 답지의 길이가 너무 길고 구조도 다르다.

〈예시문항 4-26〉은 답지 ①의 식민사관 개념이 답지 ②의 내용이 되고, 답지 ②의 정체성론과 타율성론이 답지 ③, ④의 내용으로 서술되면서 답지가 전혀 상호 독립적이지 못하며, 답지 ①과 답지 ⑤는 둘 중에 하나가 답이 되어야 하는 반대 서술이다. 이러한 경우 학생들의 학습 능력을 측정하는 것이 아니라 답지 분석 능력을 측정하게 된다. 따라서 답지만을 분석하여 정답을 추측할 수 없도록 답지를 개발하는 것이 중요하다. 즉, 답지는 형태를 유사하게 하면서 비

슷한 위계를 가지고 서술되어야 한다.

4) 문항 완성도의 원리

첫째, 문항 형식에 맞게 지침에 따라 편집한다.

문항편집은 검사지 안에 있는 문항의 일관성을 유지하여 검사의 형식상의 질을 높이기 위한 것이다. 동일한 검사지 안에서 문두, 제시문의 형태, 답지 표기 형태가 다른 것을 찾아볼 수 있는데, 편집 수준이 이러하면 아무리 좋은 문항이라도 검사지의 수준이 낮아 보일 수 있다. 그러므로 문항편집도 간과할 수 없는 중요한 부분이라 할 수 있다. 문두의 진술형식과 제시문, 답지에 있어서 편집의 중요한 부분을 살펴보면 다음과 같다.

문항번호는 아라비아 숫자 1, 2, 3⋯으로 표기하며, 답지번호는 문항번호와 다른 표기를 사용하기 위해서 원문자 ①, ②, ③, ④, ⑤로 표기한다. 선다형 문항의 경우 문두는 불완전 문장의 물음으로 종결한다. 그러므로 선다형 문항의 끝은 '것은?'으로 하는 것이 일반적이다.

제시문에서 문단을 구분하여 나타낼 경우 〈예시문항 4-27〉과 같이 (가), (나)⋯로 표기하며, 지문 속에서 문장이나 어구를 지시할 경우 ㉠, ㉡, ㉢⋯으로 표기하고 해당 부분에 밑줄을 친다. 자료의 출처를 밝히는 경우는 자료의 우측 하단에 책 표시를 한다.

제시문에서 내용을 단순히 열거할 경우 〈예시문항 4-28〉과 같이 각 항목 앞의 기호를 'ㅇ'로 표기한다. 〈보기〉에서 열거한 내용을 선택할 경우 각 항목 앞의 기호를 ㄱ, ㄴ, ㄷ⋯으로 표기한다.

제시문이 사료인 경우 중략 표시는 '⋯' 또는 '⋯(중략)⋯'으로

〈예시문항 4-27〉 문두의 형식과 제시문 내용에서 번호 표기 방법

8. 다음 자료와 관련된 설명으로 옳지 <u>않은</u> 것은?

> (가) 산과 하천을 경계로 구역을 정하여 함부로 들어갈 수 없다. ㉠읍락이 서로 침범하면 노비와 소, 말을 내도록 하였다. …(중략)… 대군장이 없고 옛부터 후, 읍군, 삼로가 ㉡하호를 다스렸다.
> (나) 사람이 죽으면 가매장한 후 뼈를 추려 가족 공동 무덤을 만들었다. …(중략)… 큰 나라 사이에서 시달리다가 마침내 고구려에게 복속되었다. 고구려는 ㉢이 나라 사람 가운데 세력이 큰 사람을 사자(使者)로 삼아 다스리게 하고, 고구려의 ㉣대가(大加)로 하여금 조세 수취를 책임지도록 하였다. ―『삼국지』―

2007학년도 대학수학능력시험 국사 8번

〈예시문항 4-28〉 제시문에서 내용 열거와 〈보기〉 표기의 방법

7. 다음은 중국의 어떤 지배층이 추구하는 가치를 보여주고 있다. 그 지배층을 〈보기〉에서 고른 것은?

> ○ 편안히 살려함에 호사한 집을 지을 필요가 없나니
>   책 속에 황금으로 지은 집이 들어 있도다.
>   문을 나섬에 시중들어 따르는 이 없음을 한탄하지 말지니
>   책 속에 수레와 말이 무수히 있도다.
> ○ 나이를 먹으니 공명에 대한 생각도 희미해지누나.
>   홀로 병든 말을 타고 시골길을 묻는 신세로다.
>   쓸쓸한 마을에 새벽녘이 되도록 등불이 타고 있으니
>   어느 집인가 과거 시험 공부로 밤을 새는 젊은이가 있겠구나.
>
> ―――〈보 기〉―――
> ㄱ. 한대의 호족   ㄴ. 남북조 시대의 문벌 귀족
> ㄷ. 송대의 사대부   ㄹ. 명·청대의 신사

2008학년도 대학수학능력시험 세계사 7번

하며 문장을 강조하거나 인용하는 경우에는 " "로, 어구나 단어를 강조하거나 인용하는 경우에는 ' '로 표기한다.

문항의 질문이나 답지들의 모든 활자는 가장 가독성이 높은 글자

체로 하는 것이 바람직하다. 일반적으로 많은 인쇄물의 경우 휴먼명
조, 신명조체 등 명조체 계통을 사용하고 있으므로 질문이나 답지를
명조체 계통으로 하는 것이 피험자에게 편안함을 준다. 특이한 지시
사항이나 지시문 혹은 주의사항에 대하여 고딕체나 궁서체 등의 다
른 글자체를 사용할 수 있다.

글자크기를 피험자 집단의 연령에 따라 달리하는 것이 바람직하
다. 일반적으로 교과서의 글자 크기는 10포인트이다. 한글에서 사용
하는 글자 크기는 10포인트로 성인들에게 적절한 글자 크기이다. 그
러나 연령이 어린 피험자일수록 글자 크기를 크게 하는 것이 시각적
으로 편안함을 줄 수 있다. 중 · 고등학생의 경우 11포인트 정도가
적당하다.

둘째, 문항 아이디어의 상황 설정이 그럴듯해야 한다.

문항의 참신함은 문항작성자의 아이디어로부터 출발한다. 문항의
질, 나아가 검사의 질은 아이디어가 좌우한다고 해도 과언이 아니
다. 문항을 작성할 때 가장 어려운 점은 새로운 상황 설정을 창작하
거나 선정하는 것이다. 참신한 아이디어라 하더라도 소재에 맞는 상
황 설정이 필요하다. 〈예시문항 4-29〉의 아이디어는 민족 운동의 시
작 도시를 지도에 표시하여 각각의 민족 운동을 묻는 데 있지만 상
황 설정이 어색하다.

즉, (가), (나)의 민족 운동에서 (가)는 1923년의 물산장려운동,
(나)는 1907년의 국채보상운동에 대한 것이다. 그런데 지도의 상황
설정을 보면 (가)는 평양, (나)는 대구에서 같은 시기에 각각의 남녀
가 서로 상반된 주장으로 대립하는 것처럼 표현되어 있어 문항 아이
디어의 상황 설정이 적절하지 못하다. (가), (나) 운동의 시기가 다

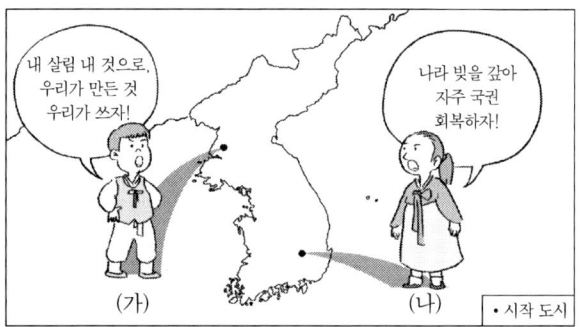

9. 자료에 나타난 (가), (나) 민족 운동에 대한 설명으로 옳지 <u>않은</u> 것은?

① (가) - 민족주의 계열이 주도한 토산품 애용 운동이다.
② (가) - 일부 자본가들의 이익만을 추구한다는 비판을 받았다.
③ (나) - 대한 매일 신보를 중심으로 모금 활동을 벌였다.
④ (나) - 조만식의 주도로 금주, 금연 운동을 함께 전개하였다.
⑤ (가), (나) - 우리 민족의 경제적 자립을 목표로 하였다.

2009학년도 11월 고2 전국연합학력평가 한국 근 · 현대사 9번

르지만 서로 다른 주장은 아니기 때문이다. 〈예시문항 4-29〉의 경우 남녀 삽화를 삭제하고 당시의 사진으로 대체하거나, (가), (나)의 민족 운동을 사료로 물어보는 것이 상황 설정에 더 어울린다. 지도 문항은 지도에 담긴 정보의 의미를 사고하게 하는 데 유용한 소재가 되어야 한다.

5) 문항 검토 및 수정

문두, 제시문, 답지 작성의 원리에 따라 문항을 개발한 후에는 검사지 수준과 개별 문항의 내용과 형식 항목을 검토하고 수정해야 한다. 검토와 수정 작업 없이 좋은 문항을 개발할 수 없다. 문항내용과

형식 검토 항목을 〈사례 4-2〉와 〈사례 4-3〉과 같이 체크리스트 형태를 만들어 사용할 수 있다.

〈사례 4-2〉 문항별(개별 문항) 검토

	검토항목	YES	NO
문항 내용	① 오답 시비가 없도록 필요한 조건이 모두 포함되어 있는가?		
	② 출제범위(교육과정)를 벗어난 내용은 없는가?		
	③ 문항의 내용이 너무 지엽적이고 단편적이지는 않은가?		
	④ 관점에 따라서 정답이 될 가능성은 없는가?		
	⑤ 문두는 무엇을 묻는지가 간결하고 명확한가?		
	⑥ 제시문이 무의미하지는 않은가?		
	⑦ 답지끼리 중첩되는 것은 없는가?		
	⑧ 묻는 내용을 잘 모르는 학생들도 쉽게 정답을 찾을 수 있는 너무 뻔한 답지가 아닌가?		
	⑨ 문항(특히 제시문)의 내용이 비교육적이거나 반사회적이지는 않은가?		
문항 형식	① 문두나 답지의 문장 표현이 불필요하게 장황한 것은 없는가?		
	② 답지의 형태와 길이는 서로 유사한가?		
	③ 답지의 특성이 정답에 대한 단서를 제공하지는 않는가?		
	④ 제시문의 길이는 풀이 시간을 고려하여 지나치게 길지는 않은가?		

〈사례 4-3〉 검사지 수준(출제 전반) 검토

	검토항목	YES	NO
문항 내용	① 출제범위를 벗어난 문항이 있지는 않은가?		
	② 전체 문항의 난이도 수준은 적절한가?		
	③ 중요한 학습요소에서 출제되었는가?		
	④ 문항은 수업시간에 배운 내용이나 자료를 활용할 수 있도록 출제되었는가?		
	⑤ 동일한 내용을 서로 중복하여 측정하고 있는 문항들은 없는가?		
	⑥ 정답에 대한 단서가 본 문항 또는 타 문항에 나와 있지 않은가?		
문항 형식	① 문항, 〈보기〉, 배점 등의 표기가 편집 지침에 부합하는가?		
	② 글자 크기, 오자, 탈자, 띄어쓰기 등에 오류는 없는가?		
	③ 주어진 검사시간 내에 무난히 풀 수 있는가?		
	④ 문항 배점의 합이 총점과 같은가?		
	⑤ 너무 어려운 문항이 앞쪽에 많이 있지는 않은가?		
	⑥ 부정형 문항이 전체 문항의 30%를 넘지는 않은가?		

제5장

역사과 서술형 평가

초 · 중 · 고등학교에 수행평가가 도입되고 글쓰기 방식을 활용한 평가가 다양하게 이루어지면서 서술형 평가가 새롭게 주목받고 있다. 이전에도 학생이 직접 답안을 쓰는 주관식 형태의 문항이 활용되어 왔으므로 서술형이라는 평가 방식 자체가 새로운 것은 아니다.

이 장의 목적은 역사과 서술형 평가의 특성을 실제 사례를 통해 알아보고 각자의 여건에 맞도록 활용하는 데 필요한 기본적 사항을 안내하는 데 있다. 이를 위해 먼저 서술형 평가의 일반적인 특성을 정리할 것이다. 다음으로 역사과 서술형 평가의 특성과 문항 유형, 실행 과정상에서 유의할 점 등을 알아볼 것이다. 또한 실제 학교 현장에서 적용된 사례를 통해 서술형 문항 제작 및 답안 채점 과정, 평가결과 해석 및 활용 방안 등을 살필 것이다.

서술형 평가는 질적 평가의 특성을 지닌다. 따라서 평상시 수업의 조건이나 교수 · 학습활동의 맥락과 더욱 긴밀한 관련성을 가지고 이루어져야 한다. 이에 유념하여 역사과에서 서술형 평가가 제대로 정착하는 데 필요한 조건을 역사수업과의 연관성 속에서 생각해 볼 것이다.

1. 역사과 서술형 평가의 특성

1) 서술형 평가의 의미

서술형 평가는 학생 스스로 답이라고 생각하는 바를 문장으로 구성하여 쓰도록 하는 평가 방식이다. 서술형 평가에서는 평가 문항이 요구하는 바를 파악하여 학생이 알고 있는 정보를 정리하여 쓰거나, 자신의 주장, 견해와 판단을 논리적으로 구성하여 서술하도록 한다.

학생이 문항의 요구에 따라 '직접 답안을 쓰도록 하는' 평가 방식을 일반적으로 주관식 평가라고 부르기도 한다. 주관식 평가에는 여러 형태가 있다. 단어나 비교적 짧은 어구로 답하는 단답형도 있고, 문법 형식을 제대로 갖춘 여러 문장을 논리적으로 구성한 답안을 요구하는 서술형도 있다. 서술형은 정보나 지식을 활용한 문제해결과 그에 따른 글쓰기를 요구하므로 대부분의 교과에서 지식과 정보를 다루는 능력, 논리적인 사고 능력을 평가할 수 있는 방안으로 인정받고 있다. 이에 비해 단답식은 단순한 기억이나 회상에 의존한 답안을 요구할 가능성이 상대적으로 높다는 점이 문제로 지적되기도 한다. 그러나 주요 지식과 개념의 정확한 기억은 어느 교과목에서나 매우 중요하며 다양한 자료를 바탕으로 한 사고 결과를 간단한 개념이나 단어로 답하도록 할 수도 있다. 따라서 단답식 평가 문항을 사고 능력과 무관한 것으로 보는 시각은 그리 적절하지 않다.

서술형 평가는 다시 논술형 평가와 좁은 의미의 서술형 평가로 구분되기도 한다. 좁은 의미의 서술형 평가는 학생이 알고 있는 지식과 정보를 정리하여 문항의 요구에 맞추어 조리있게 서술하거나 주어진 자료로부터 적절한 정보를 추려내 정리하는 활동을 주로 요구한다. 이에 비하여 논술형은 어떤 사건이나 대상에 대한 학생 자신의 생각과 주장을 타당한 근거를 들어 창의적이고 설득력 있게 전개한 답안을 요구한다. 이 장에서는 서술형 평가를 대부분 넓은 의미로 사용하였다.

한편 학생의 선발이나 배치, 서열화를 위해 학습 결과를 양적으로 측정하는 방식을 양적 평가라고 한다면, 수업 과정이나 결과에 대한 각종 정보를 수집하고 교사가 전문적으로 판단하는 평가 방식을 질적 평가라고 한다.

학교에서 널리 사용되는 선택형 평가는 특성상 학생이 습득한 정보나 지식을 양적으로 평가하는 데 유리하며 학생 선발이나 등급화라는 목적에 부합하는 양적 평가에 가깝다. 이에 비해 종합적 사고 능력의 평가, 수업 활동 개선을 위한 정보 제공에 적합하다는 장점을 지닌 서술형 평가는 질적 평가의 특성을 지닌다. 이러한 서술형 평가는 수업 활동의 연장선에서 수행평가나 정기고사의 일부로 시행된다. 평가결과 처리에서는 학생의 답안에 나타난 다양한 정보를 교사가 판단하고 해석하는 과정이 중요하다.

2) 서술형 평가의 일반적인 특징과 유용성

서술형 평가에 관한 연구 및 교사들의 실천 경험에 의하면 그 특징과 유용성을 다음과 같이 정리할 수 있다.

첫째, 서술형 평가는 지식과 정보를 다루는 능력, 문제해결을 위한 사고 및 표현 능력을 종합적으로 평가한다. 학생들은 서술형 답안을 쓰는 데 필요한 정보와 지식을 기억해 내거나 또는 주어진 자료에서 찾아야 한다. 그런 다음 자료의 중요도를 평가하고 선택하여 답안에 활용할 수 있어야 한다. 따라서 교과서 내용을 단순 회상하여 옮겨 적는 문항은 가급적 피하는 것이 바람직하다.

서술형 평가 문항은 교과서적 지식의 단순한 축적을 평가하는 데 그치지 않고 다양한 출처(기억 또는 제시 자료)로부터 필요한 증거를 찾아내서 적절히 조직하는 능력, 다양한 견해 및 상충하는 관점들을 분석하거나 비평하는 능력, 논리적인 사고와 표현 능력을 엿볼 수 있도록 제작되어야 한다.

둘째, 서술형 평가 문항을 통해 학생들의 지적 수준을 비교적 구체적으로 정확하게 평가할 수 있다. 서술형 문항에 대해 학생들은 각자 자신의 방식대로 반응한다. 서술형 답안을 통해 교사는 학생들 개개인이 사고하는 과정의 특성과 수준을 가늠할 수 있으며 실제 학업 성취 정도를 좀 더 타당하게 측정할 수도 있다. 이러한 특성은 교사가 학생들의 수준이나 여러 조건에 맞추어 수업 방법을 개선하거나 수업 내용을 조정하고 학생 개인의 성장을 도울 수 있는 학습 활동을 계획하는 데 도움이 된다.

셋째, 서술형 평가에서는 평가가 시행되는 특정 상황에서 발생할 수 있는 추측 요인의 영향을 배제할 수 있다. 추측 요인이란 학생이 모르고도 정답을 맞히거나, 문항에서 알 수 있는 여러 정보를 종합하여 정답을 추론할 수 있는 상황을 뜻한다. 가령, 선택형 문항의 4~5개의 선(택)지 중 논리적으로 어긋나는 것을 배제하는 방식으로 정답을 고르거나 우연하게 다른 문항으로부터 관련 정보를 얻어서 정답을 맞힐 수 있다. 서술형 평가에서는 이러한 추측 요인이 작용하기 어렵다.

넷째, 서술형 평가 결과를 면밀히 분석하여 수업 계획부터 실행에 이르기까지 실천 과정 전반을 성찰하고 개선 방향을 모색할 수 있다. 서술형 답안은 독해, 글쓰기, 사고 능력, 어휘 수준 등 학생들에 대한 다양한 정보를 제공한다. 수업 과정에서 일어나는 학생들의 변화에는 교사가 의도하지 않았던 부분도 많다. 때로는 목표했던 바와는 다른 방향으로 학생의 변화나 성장이 일어나기도 한다. 이러한 정보들은 수업 개선을 위한 피드백에 활용되며 평가결과 분석으로부터 알아낸 시사점과 정보 등을 다른 교과 교사와 공유할 수도 있다.

다섯째, 학생 반응의 자유도가 크다는 점도 서술형 평가의 특징이다. 학생들은 서술형 문항에 대하여 각자의 지적, 정서적 토대 위에서 적절한 자료와 정보를 선택하여 자신의 논리와 언어로 답안을 작성하므로 평가 과정에서 자유롭고 창의적인 사고가 촉진되기도 한다. 그러나 반응의 자유도가 크다는 점이 늘 긍정적으로만 작용하지는 않는다. 바로 그 점 때문에 교사들은 서술형 문항의 채점 기준을 세우거나 점수나 등급 부여 기준을 마련할 때 곤란을 겪을 수도 있다. 학생들이 평가의 신뢰성에 의문을 제기하는 배경이 될 수도 있다. 특히 역사과 서술형 평가에서는 역사적 사건에 대한 학생 나름의 평가와 견해, 자료에 대한 창의적인 해석 등을 요구할 가능성이 많기 때문에 다양한 반응을 어떻게 처리할 것인지에 대한 기준을 분명히 세울 필요가 있다.

한편, 기존의 평가 방식들, 가령 선택형 평가를 대신할 수 있는 대안으로 서술형 평가를 바라보는 것은 바람직하지 않다. 서술형 평가가 종합적 사고 능력을 어떻게 측정할 수 있는지에 관한 논의도 아직 충분하지 않으며 학생이 자유롭게 반응하는 문항이 객관식 문항보다 교육 효과가 높다는 주장도 아직 충분히 검증되지 않았다. 따라서 서술형 평가와 선택형 평가는 각 교과목의 교육내용이나 교육목적, 평가목적 등에 합당하도록 적절히 조화롭게 시행되어야 한다.

2. 역사수업과 서술형 평가

1) 학생 활동 중심 역사수업과 서술형 평가

모든 평가는 수업 활동의 한 부분이며 수업은 평가의 내용과 형식을 규정하는 실천적 기반이다. 수업 시간에 배운 내용이나 활동이 평가 대상이 되어야 하며 평가 도구는 실제로 이루어진 수업에 비추어 타당성을 확보할 수 있어야 한다.

최근 들어 일선 초·중·고등학교의 역사수업 풍경이 많이 달라졌다. 역사 개념이나 지식을 체계적으로 습득하는 데 중점을 두는 수업, 교사 중심의 설명식 수업이 여전히 큰 부분을 차지한다. 그러나 많은 교사들은 학생들이 제 나름의 관점을 가지고 역사를 이해하도록 다양한 활동 중심의 수업을 시도하고 있다. 학생 스스로 역사적인 질문을 던지고 해결하며 그 과정에서 느낀 점이나 결론, 가치관과 생각의 변화를 표현하는 능력을 기를 수 있는 수업 방법을 고안하고 실천하려고 애쓴다. 그리하여 역사수업에서 토론하기, 연극하기, 역사신문 만들기, 글쓰기 등이 자리를 잡아왔고 역사과 수행평가의 기반이 되기에 이르렀다.

이렇듯 달라진 역사수업들은 역사 지식의 습득 여부에 대한 양적 평가와 함께 역사적 사고 방식의 내면화나 태도의 변화, 다양한 정보를 다루는 지적 기능의 성장을 살필 수 있는 평가 방식을 자연스

럽게 요구하였다. 역사수업을 통해 학생들에게(또는 학생 개인에게)
일어난 변화와 그 변화의 의미를 살피고 이를 바탕으로 수업 활동
전반을 성찰할 필요가 커졌기 때문이다.

2) 역사 글쓰기 수업과 서술형 평가

수업과 평가 사이의 관계를 생각해 보았을 때 역사과의 서술형 평
가는 역사 글쓰기 수업을 기반으로 삼는 것이 자연스럽다. 역사수업
시간의 다양한 글쓰기는 서술형 평가가 학교 현장에 성공적으로 뿌
리내릴 수 있는 실천 기반이라 할 수 있다. 아직까지 역사수업의 글
쓰기에 대한 이론적 접근이나 연구가 부족하지만 학교 현장의 역사
교사들은 학생들의 흥미, 읽기 · 쓰기 능력, 역사에 대한 감수성 등
여러 조건을 고려하여 다양한 글쓰기 수업을 전개해 왔다(예: 상소문
쓰기, 역사일기 쓰기, 보고서 쓰기 등). 그리고 교사들의 경험에 의하면
역사 글쓰기는 역사적 사고 과정을 동반하는 교육적으로 가치 있는
활동이다. 역사 글쓰기는 준비 단계부터 역사적으로 사고하고 사고
내용을 조직하는 과정이 필요하므로 글쓰기 능력과 역사적 사고 능
력을 통합적으로 가르칠 수 있는 방법이라는 것이다. 이 같은 점과
관련하여 한 역사교육론 개론서에서 역사 글쓰기 수업을 통해 기대
할 수 있는 학생들의 성장과 변화로 다음 사항들을 꼽았다.

첫째, 고정관념에서 탈피하여 새로운 관점에서 문제를 인식하는 방
법, 즉 비판적 사고 방법과 그 의미를 배울 수 있다.
둘째, 자료의 논리적인 분석 능력, 추론 및 종합 능력과 함께 자신이
사고한 내용을 적절한 역사적 용어로 표현하는 능력을 기를 수 있다.

셋째, 역사적 탐구력과 판단력은 물론 과거 사람들의 인식 세계에 들어가 보려는 상상적 태도와 맥락적 사고력과 같은 역사적 사고 방법을 익힐 수 있다(최상훈 외, 2007: 228-229).

역사과의 서술형 평가가 역사적 사고로 표현되는 지적 능력 전반을 평가 대상으로 삼는다면, 그러한 능력의 신장을 중요한 목표로 하는 역사 글쓰기 수업과 적극적으로 연계하여 실시되는 것이 타당할 것이다. 만일 수업 시간에 역사 글쓰기 활동을 경험하지 못한 학생이나, 선택형 문항에만 길들여진 학생이 갑자기 서술형 문항을 만난다면 어떤 반응을 보일까?

역사과를 비롯한 각 교과의 서술형 평가에서 요구하는 글쓰기는 여러 단계에 걸친 복잡한 사유 과정을 거친 문제해결의 결과다. 이는 학생들에게 역사 글쓰기 자체가 수업을 통해 체계적으로 배워야할 대상임을 뜻한다. 역사수업 시간의 글쓰기를 통해 학생들은 역사적 문제에 접근하는 방법, 그것을 해결하기 위해 정보를 다루는 방법, 더 나아가 자기 스스로 역사적 의문을 제기하는 방법을 배우게된다. 정보 수집과 분석, 자료 해석과 판단, 과거의 상황에 대한 상상적 구성도 글쓰기에 필요하다. 따라서 수업 시간의 글쓰기 경험이없는 상태에서 이루어지는 서술형 평가는 제대로 배우지 않은 것을 평가한다는 비판을 받을 수 있다. 수업과 동떨어진 서술형 평가는 어떻게 반응해야 할지 잘 알 수 없는 당황스러운 상황일 수 있기 때문에 학생이 자신의 역량을 제대로 발휘하지 못할 수도 있다.

한편, 수업 시간에 글쓰기 주제로 다룬 내용으로만 평가 문항을 개발할 필요는 없다. 수업 내용과 평가 내용 사이에 내적인 연결고리가 있다면 크게 문제가 되지 않는다. 다만, 역사적 질문에 답하기 위해 자료와 정보를 다루면서 사고하고 글을 쓰는 경험 여부가 서술형 평가의 타당성 및 유용성에 결정적인 영향을 미친다는 점을 명심해야 한다.

3. 역사과 서술형 평가의 실제

1) 평가 계획 수립하기

모든 평가 활동은 학교별 연간 교육 계획에 따라 체계적으로 준비하고 시행해야 한다. 학년 초에 학교 교육 계획에 따라 수립되는 학교 단위 평가 계획을 바탕으로 서술형 평가 실행 여부를 결정하고 평가 활동에 영향을 줄 수 있는 환경 요인을 고려하면서 구체적인 계획을 세운다. 교사의 수업 방법 또는 학습 활동 계획, 정기고사 시행 시기, 정기고사 중 지필고사와 수행평가의 비율, 주당 수업 시수, 학생 변수 등이 고려 대상이다.

교사는 수업을 전개하면서 진단평가, 형성평가, 총괄평가 등을 실시한다. 기본적으로 서술형 평가는 이 모든 평가에서 활용할 수 있는데, 어느 경우든 답안을 읽고 해석하는 데 많은 시간과 노력이 든다. 진단평가에 서술형 문항을 활용하면 앞으로 배울 내용에 대한 학생들의 흥미도와 사전 지식, 학습 태도 및 오개념에 대한 비교적 풍부한 정보를 얻을 수 있다. 이를 바탕으로 교사는 수업 활동 방향과 학습 내용의 분량 및 수준을 조정할 수 있을 것이다. 진단평가에서는 학생에 관한 다양한 정보를 얻을 수 있도록 반응의 자유도가 크다는 장점을 적절히 살릴 수 있는 문항을 구성하도록 한다.

학습 과정에서 수시로 이루어지는 형성평가에 서술형 문항을 활용한다면 학생들의 지적·정서적 성장 과정이나 변화 양상, 성취수준에 대해 생생하고 구체적인 정보를 얻을 수 있을 것이다. 그러나 형성평가는 거의 매시간 수시로 이루어지는 만큼, 답안을 읽고 피드백을 해야 하는 교사에게 부담이 되지 않는 선에서 실행해야 한다.

총괄평가에서는 서술형 평가의 특징과 장점을 최대한 잘 살려 다양한 평가의 목적에 부응하도록 한다. 일반적으로 총괄평가는 중간·기말 등의 정기고사로 실시된다. 서술형 문항은 정기고사의 일부 문항으로 출제되거나 수행평가의 일환으로 실시되는 경우가 많다.

양적 평가에 가까운 선택형 문항 중심의 총괄평가는 자칫 학생들의 성적을 서열화하는 데 치우칠 수도 있으므로 서술형 평가를 통해 학생들의 성취수준 등을 세심하게 확인하면서 평가 자체의 질을 높이도록 노력해야 한다.

총괄평가를 전제로 했을 때 서술형 평가는 '평가목적 확인→학습목표 설정→평가환경 분석→평가도구 선정·평가도구 개발→평가 시행→결과 분석 및 해석→결과의 보고 및 활용'이라는 역사과 평가의 일반적인 절차에 준하여 실시된다.(☞ 46쪽) 이 절차들 가운데 서술형 평가에서 특히 유념할 부분은 평가도구 개발, 평가결과의 분석 및 해석 단계이다. 이 단계들을 중심으로 서술형 평가를 시행할 때 유의할 점을 살펴보도록 하겠다.

2) 서술형 평가 도구 개발

(1) 개발의 기본 방향

교사들은 평가도구를 개발할 때 먼저 평가하려는 학생 집단의 특성을 살핀다(이하 '도구'를 편의상 '문항'으로 씀). 학교급에 따른 지적 · 정서적 성숙도를 감안하여 문항의 형태, 문항의 수 등을 결정하며, 평소 수업을 하면서 수집한 학생들에 관한 정보를 바탕으로 문항 제작에 필요한 판단을 해 나간다.

일반적으로 서술형 문항 개발이 선택형에 비해 시간이 덜 들고 쉽다는 견해가 많다. 현실적으로 그런 측면도 없지는 않다. 상대적으로 문항당 배점이 큰 서술형 문항에 비해 배점이 작은 선택형 문항은 많은 수의 문항을 출제해야 하는 부담이 있다. 특히 선택형 중에서도 선지형의 경우는 여러 선(택)지들이 서로 모순되지 않도록 구성하는 동시에 추측 요인을 배제하는 등 문항을 정밀하게 다듬는 데 상당한 공을 들여야 한다. 그러나 학생들의 지식과 사고 능력을 종합적으로 평가하고 수업 개선에 유용한 정보를 얻어낼 수 있도록 서술형 문항을 제작하는 일도 결코 쉽지 않다. 학생의 사고를 이끌 수 있도록 자료를 치밀하게 구조화하여 제시하거나, 발문과 표현을 명료화하는 일도 상당한 전문성과 고민을 필요로 하는 작업이다.

다음은 서술형 평가 문항을 개발할 때 기본적으로 고려할 사항들이다.

첫째, 서술형 문항의 요구에 대한 자신의 견해나 주장을 설득력 있는 가설로 구성하는 능력, 자신의 기억과 자료에서 찾은 정보나 지식을 평가하고 그 가운데서 가설을 뒷받침할 수 있는 것을 선택하는 능력을 평가할 수 있도록 한다.

둘째, 문항과 관련이 있는 역사적 사실이나 현상을 제대로 파악 또는 이해하고 있는지 평가할 수 있도록 한다. 학생의 관점에 기초한 역사적 판단이나 해석을 요구하는 논술형 문항에서도 기본적이고 핵심적인 역사적 사실의 이해 여부는 중요한 평가 기준이다.

셋째, 자료제시형 서술형 문항에서는 자료를 주도면밀하게 선택하고 문제해결에 필요한 사고 활동을 뒷받침하도록 배열해야 한다. 특히 답안을 작성할 때 제시된 자료를 어떻게 활용할 것인지가 명확히 드러나야 한다. 서술형 문항의 제시 자료는 정보나 지식을 증거로 사용할 수 있는 능력, 자신이 알고 있는 지식과 자료를 연결하여 이해하거나 해석하는 능력, 자신의 주장을 논리적으로 모순없이 뒷받침하는 증거를 찾는 능력 등을 평가하기 위한 것이다. 그저 읽기 위한 것이 아니라 사고를 자극하고 방향성을 주기 위한 도구인 셈이다. 자료 읽기와 글쓰기는 서로 다른 작업이지만, 실제로는 별개로 진행되는 것이 아니라 서로 간에 자극을 주고 보완하는 관계에 있다(김한종·이영효, 2002)는 점에 유의할 필요가 있다.

문항의 제시 자료에서 역사적 개념을 추출하고, 그 개념을 활용하여 어떤 역사적 정황이나 쟁점을 설명할 수 있는지를 알아보는 질문도 구성할 수 있다. 이러한 문항을 통해 여러 사실을 인과적으로 연결하여 이해하는 능력, 자료해석 능력, 여러 역사적 사실을 비교하여 분석하고 공통점 등을 추려내는 능력, 개념 추상화 능력, 개념 적용 능력 등을 평가할 수 있을 것이다.

넷째, 서술형 문항의 난이도에 제시 자료의 난이도가 큰 영향을 준다는 점에 유의해야 한다. 학습자의 성취수준을 알아보면서 부족한 점을 구체적으로 진단하려면 학습자가 무난하게 읽고 이해할 수 있는 자료를 선택해야 한다. 제시 자료에 등장하는 지나치게 어려운 용어나 어휘 등 지엽적인 문제 때문에 학생을 당황하게 하고 평가의 본질을 놓치는 일이 있어서는 안 된다.

다섯째, 학생들이 문항의 요구를 파악한 수준 및 정도에 따라 답안 구성의 방향이나 응답 수준이 크게 달라질 수 있음에 유념해야 한다. 비슷한 지식과 사고 능력을 가진 학생이라고 해도 출제자의 의도를 어떻게 파악하는가에 따라 능력 발휘의 정도가 달라질 수 있다. 따라서 출제자의 의도가 명확히 드러나고 문항의 요구 사항에 대한 학생들의 이해 차이를 최대한 줄일 수 있도록 문두 서술이나 자료 배치를 세심하게 조정하고 다듬는 일이 중요하다.

(2) 서술형 문항 제작의 절차

① 평가 계획 및 서술형 평가 내용 설정

총괄평가(정기고사)를 실시하기 위한 계획 단계에서 교육과정과 수업 내용을 토대로 전체적인 평가 내용 또는 항목(요소)을 설정한다. 다음으로 전체 항목 가운데 서술형 문항의 특성을 가장 잘 살릴 수 있는 항목을 선택한다. 가령, 조선 후기 사회 변동을 다루는 단원에서 평가해야 할 내용이나 항목을 정돈하고 그 가운데 서술형 문항으로 평가할 것을 선택한다.

다음으로 이원분류표나 서술형 평가계획서를 작성한다. 이원분류표는 내용영역과 행동영역을 종합하여 작성하는 것으로 평가 계획의 최종 단계라 할 수 있다. 그런데 현재 사용되는 이원분류표는 행동영역을 몇 가지 요소로 유형화하여 제시하고 그중에서 적절한 것을 한 가지 선택하게 하므로 서술형 출제 계획을 세우는 데 잘 맞지 않을 수도 있다. 서술형 문항은 역사 지식, 역사적 사고와 문제해결 능력을 총체적으로 평가해야 하기 때문이다. 또한 서술형 평가에서는 선택형과 달리 세밀한 채점 기준과 모범 답안도 제시해야 한다. 따라서 기왕의 이원분류표 외에 개별 학교의 조건이나 학습의 상황을 고려하여 서술형 평가계획서를 별도로 작성하는 것도 좋겠다.

② 서술형 평가계획서 작성

서술형 평가계획서에는 평가 목적(의도), 평가 내용 또는 항목(요소), 문항 유형, 문항당 배점, 채점 방법 및 기준 등을 서술한다.

먼저, 평가의 목적이나 의도를 밝힌 다음 평가 내용에 적절한 문항 유형을 결정하여 제시한다. 일반적인 설명이나 논술 답안을 요구하는 문항인지, 과거 인물이 되어 글쓰기 등 다소 독특한 글쓰기를 요구하는지를 밝힌다. 또한 자료의 활용 여부, 자료의 종류와 분량, 제시 방식 등을 결정하여 서술한다. 하나의 질문으로 된 문항인지, 여러 개의 하위 질문으로 구성된 문항인지도 제시한다.

문항의 유형은 중점적으로 평가하려는 사고 능력이나 과정에 따라 달라진다. 예를 들어, 필요한 정보를 찾아 역사적 개념과 연결시키는 능력에 초점을 둔다면 자료제시형 문항이 되어야 할 것이다. 수업 시간에 배운 지식 가운데 문항의 요구에 적절한 것을 찾아내서 활용하는 능력을 평가하고자 한다면 굳이 자료를 활용하지 않을 수도 있다.

역사과의 서술형 문항은 답안을 작성하는 데 많은 시간이 소요된다. 따라서 여러 개의 서술형 문항을 출제할 때는 제한된 시간 안에 답할 수 있는 문제인지 세심하게 점검하고, 평가계획서에 예상 소요 시간을 제시해야 한다. 그리고 학생들이 심리적으로 위축되지 않도록 가급적 쉬운 것부터 배열하는 것이 좋겠다. 어려운 문제를 처음에 만나게 되면 학생들은 심리적으로 위축되어 실력을 충분히 발휘할 수 없거나 시간을 조절하는 데 실패할 수 있기 때문이다. 서술형 평가계획서는 문항을 다듬고 채점 기준과 모범 답안을 작성, 수정하면서 함께 고쳐 나간다. 따라서 서술형 문항 제작이 완료되어야 서술형 평가계획서도 마무리된다.

③ 문항 초안 진술

평가계획서 작성을 마치면 문항의 초안을 작성한다. 이때 학생들이 '무엇을 어떻게 써야 할지' 확실히 알 수 있도록 진술하는 것이 중요하다. 즉, 문항에 답하기 위해 어떻게 생각해야 할지 분명히 해주어야 한다. 막연하게 '논의하라', '평가하라', '서술하라'고 진술하면 학생들의 반응이 매우 산만하게 번질 수 있다. '논의'하는 것이 구체적으로 무엇인지, '평가'는 어떻게 하는 것인지 술어가 의미하는 바를 학생들이 제각각 달리 생각할 수 있기 때문이다. 이럴 경우 답안에서 교사가 원하는(예상하는) 반응이 나오지 않아, 평가의 타당도가 낮아질 수 있다. 불분명하고 막연한 문항 진술은 평가결과를 정리하고 해석하는 기준을 세울 때도 어려움을 초래할 수 있다. 다음 〈사례 5-1〉과 〈사례 5-2〉를 통해 막연하거나 포괄적인 문항 진술을 어떻게 수정할 수 있는지 살펴보자. 〈사례 5-2〉와 같이 질문을 세분화하는 것도 좋은 방법이다.

〈사례 5-1〉 막연한 문항 진술의 수정

> 흥선대원군의 통상수교 거부정책의 역사적 의의를 쓰시오. (막연한 문항 진술)

↓ 수정

> 흥선대원군의 통상수교 거부정책이 당시 조선의 상황에서 적절한 선택이었을까? 아니면 잘못되거나 부족한 선택이었을까? 이에 관한 자신의 생각을 쓰되, 그렇게 생각하는 이유도 쓰시오. (수정된 문항 진술)

〈사례 5-2〉 포괄적 문항 진술의 수정

> 동학농민운동과 태평천국운동의 공통점을 쓰시오. (포괄적인 문항 진술)

↓ 수정

> ※ 동학농민운동과 태평천국운동에 대한 다음 질문에 차례대로 답하시오.
> 1) 동학농민운동에 참여한 농민군이 요구한 개혁 내용을 쓰시오.
> 2) 태평천국운동에 참여한 사람들이 요구한 개혁 내용을 쓰시오.
> 3) 두 운동에 참여한 사람들이 공통적으로 희망한 것은 무엇인지 쓰시오.
> (수정된 문항 진술)

④ 학생들의 답안 작성 과정 예측 및 문항 수정

문항 초안 진술을 마친 다음에는 학생들의 눈높이에서 출제자의 의도나 문항의 요구 사항을 명확하게 파악할 수 있는지 살피고 교사가 직접 학생들의 문제해결 과정을 예상하면서 답안을 작성해 보아야 한다. 이 과정을 거치면서 교사는 문항의 요구를 학생들에게 명확히 전달할 수 있도록 진술을 정교하게 다듬는 데 공을 들이게 될 것이다. 학생편에서 여러 가지로 해석될 가능성이 있는 개념이나 표현을 고치고, 제시된 자료의 양과 질, 제시 형태 등도 조절하여 학생들이 겪을 수 있는 혼선을 최대한 막을 수 있도록 한다.

학생의 문제해결 과정을 예측하는 작업은 채점이나 평가결과 처리를 위한 근거를 마련하는 데도 유용하다. 문제해결 과정에서 답안의 질적 수준을 결정하는 요인들을 확인하고 각 요인의 평가 기준을 구체화할 수 있기 때문이다.

⑤ 문항 확정 및 모범 답안 작성, 채점 기준 설정

다음으로는 수정된 문항을 최종적으로 확정한다. 그리고 학생이 답안 작성을 위한 문제해결 과정을 성공적으로 수행하는 데 필요한 사고의 종류와 깊이, 정보의 양을 고려하면서 모범 답안을 작성한다. 이 과정이 꼼꼼히 이루어져야 채점의 객관성을 유지할 수 있다. 특히 수업 내용과 맥락에 따라 채점 기준을 설정하여 평가의 신뢰도와 타당도를 높이도록 한다.

지금까지 살펴본 서술형 문항의 제작 절차는 〈그림 5-1〉과 같다.

〈그림 5-1〉 서술형 문항 제작의 절차

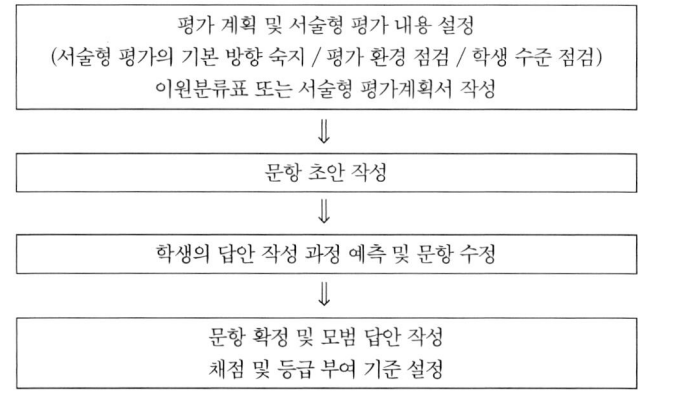

(3) 답안 채점 및 평가결과 처리

서술형 평가는 채점을 하고 결과를 해석하여 처리하는 데 많은 시간과 노력이 든다. 평가의 공정성과 신뢰도에 예민한 정기고사의 경우에 더욱 그러하다. 모범 답안과 채점 기준에 따라 점수나 등급을 부여해야 하는데, 예상한 범위를 넘어서는 답안이 나올 수도 있다. 교사가 예측하지 못한 답안 내용과 그것에 내재된 의미를 수업 과정에 비추어 해석하고 처리하기란 여간 고된 작업이 아니다.

역사과의 서술형 평가에서 채점이나 결과 처리의 객관성과 신뢰성을 더하기 위하여 다음 몇 가지 사항에 유의해야 한다. 이는 다른 교과목에서도 크게 다르지 않을 것이다.

첫째, 전체 답안에서 표집된 일부 답안을 가채점하는 과정을 두는 것이 바람직하다. 가채점 결과를 바탕으로 모범 답안을 수정하거나 채점 기준을 조정하여 객관성과 신뢰성을 더할 수 있도록 한다. 표집의 수는 평가 대상이 되는 학생의 수나 문항의 특성에 따라 달라진다. 표집은 무작위로 할 수도 있고, 이전 평가결과를 참고하여 상·중·하 등의 기준에 따라 표집할 수도 있다. 문항의 난이도, 유형, 학교 여건을 참작하여 적절한 표집 방법을 선택한다. 가령, 논술형 문항의 경우에는 학생들의 반응이 다양할 수 있으므로 좀 더 많은 답안을 가채점할 필요가 있을 것이다.

둘째, 여러 명의 역사 교사가 공동 채점을 실시하는 것이 바람직하다. 한 답안에 대하여 두 사람 이상의 교사가 동일한 기준에 따라 채점한 다음 적절한 방법으로(예: 평균) 최종 결과를 정리할 수도 있다. 또는 각자 다른 기준을 가지고 분담하여 채점하는 방법도 있다. 한 교사는 핵심적인 정보의 활용 및 지식의 정확성 등을 채점하고

(분석적 채점), 또 다른 교사는 답안의 논리적 측면을 채점하는(개괄적 채점) 방식이다. 개괄적 채점은 답안을 하나의 단위로 보고 전체적인 관점에서 채점하는 방법으로서 반응의 자유도가 아주 큰 문항을 처리할 때 도움이 된다. 분석적 채점은 채점의 기준을 분석하여 배점 기준을 정하고 그에 따라 채점한다. 한 사람은 개괄적 방식에 따라서 답안 전체의 논리적 흐름 및 구성, 창의성, 문법적 측면 등을 채점하고, 다른 사람은 답안에 활용된 지식과 정보의 정확성 등을 채점할 수 있다. 현실적으로 두 가지 채점 방식은 서로 겹치는 부분도 있으므로 완전히 구분하기는 어렵다. 따라서 서로 긴밀하게 협의하면서 채점을 진행하는 것이 무엇보다 중요하다.

셋째, 학생별로 채점을 하기보다는 문항별로 채점하는 것이 채점자 내 신뢰도를 높일 수 있는 방법이다. 일반적으로 서술형 채점에서 주관성이 개입될 위험으로는 두 가지를 든다. 하나는 후광효과(halo effect)로 교사가 학생에 대해 갖고 있는 인상이나 느낌에 따라 채점 결과가 달라질 수 있다는 것이다. 둘째는 이월효과(carry over effect)로 학생별로 채점할 때 앞 문항의 결과가 다음 문항의 채점에 영향을 준다는 것이다. 학생별로 채점할 경우 정교한 채점 기준을 마련해 두거나 공동 채점을 실행함으로써 이러한 문제점을 미리 막거나 상당 부분 줄일 수 있도록 해야 한다.

넷째, 평가결과로부터 유용한 정보들을 세심하게 분석하고 정리하는 일도 중요하다. 일반적으로 선택형 문항에 대한 학생 반응은 '정답 대 오답', 또는 '선택지에 대한 반응 양상'으로 분류하여 통계 처리를 한다. 그리고 교사는 그러한 결과가 나온 원인을 다양하게 추론하여 이후 교육 활동에 반영한다.

서술형 평가 결과를 분석할 때도 기본적으로 모범 답안에 가까운

'정답'과 서술 방향이나 내용이 완전히 빗나간 '오답'으로 분류하게 된다. 그러나 서술형 평가에서는 채점을 비롯한 결과 처리 과정 전체가 직접 교사의 손을 거쳐 이루어진다. 따라서 수업 과정에서 잘못 이해된 부분이나 학생들이 어려움을 겪는 부분에 대해 직접적인 정보도 얻을 수 있다. 교사의 노력 여하에 따라서 서술형 평가는 학생 개인의 성장이나 변화 과정을 엿볼 수 있는 통로가 되기도 한다.

4. 역사과 서술형 평가 문항의 사례 검토

지금까지 정리한 내용을 바탕으로 역사과 서술형 평가 문항의 다섯 가지 사례를 검토해 보겠다. 이들은 모두 중·고등학교에서 실제로 적용되었거나 적용을 전제로 개발된 것이다.

첫 번째는 역사 지식과 정보를 활용하여 역사적 상황을 상상적으로 구성하는 문항이다. 이 사례를 검토하면서 서술형 평가 문항 개발 과정을 따라가 보도록 하겠다. 두 번째는 역사적 자료(텍스트) 이해와 정보 처리 능력을 평가하는 문항 사례이다. 자료를 읽고 정보를 요약하는 능력은 글을 쓸 수 있는 토대이다. 또한 해당 학습 내용에 대한 학생의 이해 정도를 가늠하도록 해준다. 세 번째는 역사적 사실에 대한 자기 견해를 주장하는 논술형 평가 문항 사례이다. 네 번째는 자료제시형 문항으로, 자료를 토대로 한 역사적 사고와 문제 해결 과정을 평가하기 위한 여러 개의 하위 질문으로 구성되어 있다. 다섯 번째는 글쓰기 수업, 수행평가와 결합된 서술형 평가 사례이다. 이를 통해 학교 교육 활동 전반에서 서술형 평가를 적용할 수 있는 다양한 장면들을 생각해 볼 수 있을 것이다.

1) 역사적 상황을 상상적으로 구성하는 문항

다음 〈사례 5-3〉은 어느 고등학교 기말고사에 출제되었던 서술형 평가 문항이다(방지원, 2007). 〈사례 5-3〉 문항은 어떤 과정을 통해 제작되었을까? 이 문항은 〈그림 5-1〉(☞ 196쪽)의 단계를 거쳐 제작되었다.

〈사례 5-3〉은 학습자가 조선 후기 신분제 동요에 대해 수업 시간에 배운 역사 지식을 이용해서 과거의 상황을 설득력 있게 구성하거나 개연성 있는 내러티브를 구성할 것을 요구하는 서술형 문항이다. 교사는 서술형 평가 내용을 선택한 다음, 서술형 평가계획서를 작성하였다. 그리고 〈사례 5-4〉의 문항 초안을 개발하였다.

서술형 평가계획서에 의하면 이 문항을 출제한 교사가 설정한 평가 목적(의도)은 〈표 5-1〉과 같다.

〈사례 5-3〉 역사적 상황을 상상적으로 구성하는 문항

칠득이는 18세기 말 조선의 충청도 지역에 살던 노비이다. 칠득이는 노인이 될 무렵 노비의 신분에서 벗어났다. 육갑이는 같은 시기 전라도 지역에 살던 농민(평민)이다. 육갑이도 어느 날부터 양반 행세를 하였다.
육갑이와 칠득이는 어떻게 신분을 상승시켰을까? 두 사람에게 어떤 일이 일어났을까? 자신의 생각을 300자 이내로 쓰시오.

〈사례 5-4〉 서술형 문항 초안

칠득이는 18세기 말 조선의 충청도 지역에 살던 노비이다. 육갑이는 같은 시기 전라도 지역에 살던 농민(평민)이다. 두 사람은 어느 날부터 양반 행세를 하였다. 두 사람은 어떻게 신분을 상승시켰을까? 자신의 생각을 300자 이내로 쓰시오.

〈표 5-1〉 서술형 평가의 목적(의도)

첫째, 학습자는 조선 후기 신분제 변동을 이해하고 주요 개념을 알고 있는가?
둘째, 자신이 알고 있는 여러 정보와 지식의 중요성을 해결해야 할 문제와 관련하여 평가하고 적절히 선택할 수 있는가?
셋째, 자신이 선택한 지식과 정보를 문항의 요구에 따라 종합할 수 있는가?
넷째, 자신의 생각이나 결론을 시대 상황을 고려하여 일관성 있는 이야기로 구성할 수 있는가?

학생들은 자신들이 가지고 있는 지식 가운데 농민(평민)과 노비의 신분 상승과 관련된 것을 떠올리고, 그 가운데 '육갑이와 칠득이에게 일어났을 법한 일'을 구성하는 데 적절한 지식을 선별할 수 있어야 한다. 다음으로 두 사람의 신분, 18세기 말이라는 상황 등을 고려하여 신분 상승 경로를 선택하고 그에 맞추어 자기 나름의 내러티브나 설명을 구성해 낼 수 있어야 한다.

교사는 학생들이 〈그림 5-2〉의 절차를 거쳐 답안을 작성할 것이라고 예측하고 스스로 이 절차에 따라 〈그림 5-3〉과 같이 모범 답안을 작성했다. 답안 작성 과정에서 학생들이 보일 반응을 예상해 본 교사는 칠득이와 육갑이가 각각 다른 신분의 사례라는 점을 분명히 전달하려면 문항 진술을 고칠 필요가 있음을 깨달았다. 그리고 신분 상승이 하루 아침에 일어나는 일이 아니라는 점을 암시하기 위한 장치가 필요하다고 판단하여 문항 초안을 수정하였다. 그 결과 〈사례 5-4〉가 〈사례 5-3〉으로 수정, 확정되었다.

〈그림 5-2〉교사가 예측한 학생의 문제해결 및 답안 작성 과정

---

① 역사 지식의 상기 : 조선 후기 피지배층의 신분 상승과 관련 있는 역사적 사실이나 개념을 기억해 내기

⇓

② 역사 지식의 선택 : 육갑이와 칠득이의 신분 상승 경로와 관련이 있는 지식을 선별, 선택하기

⇓

③ 상황과 맥락의 설정 : 육갑이와 칠득이의 신분 상승이 가능한 상황을 이야기로 구성하거나, 신분 상승을 설명할 수 있는 적절한 맥락 설정하기

⇓

④ 시대적 조건 고려하기 : 자신이 설정한 상황과 맥락이 '18세기 말'이라는 시대적 조건에 적절한지 검토하기

⇓

⑤ 답안 정리하여 작성하기 : 답안 내용의 정확성, 시대착오적 내용 검토하기, 답안 작성하기

〈그림 5-3〉교사의 모범 답안 작성 과정

① 역사 지식의 상기
 - 조선 후기 농민층의 분화와 부농의 등장
 - 다양한 신분 상승 경로 : 과거제, 납속(공명첩), 홍패 구입, 족보 구입, 족보 위조 또는 혼인, 군공, 노비의 도망

⇓

② 역사 지식의 선택 : 노비 육갑이와 농민 칠득이의 신분 상승 경로와 관련이 있는 지식을 선별, 선택하기
 - 육갑이 : 도망, 경제력으로 노비신분에서 벗어남, 다시 납속(공명첩), 족보 구입이나 위조, 혼인 등
 - 칠득이 : 과거급제, 또는 경제력으로 족보 구입, 혼인, 납속(공명첩)
 * 군공을 선택할 경우, 시대에 맞는 전시 상황을 제시할 수 있어야 함

⇓

③ 상황과 맥락의 설정 : 18세기 말이라는 시기를 고려
 - 육갑이 : 충청도 지방의 노비(농민). 18세기 말에 노비가 신분을 상승시켰다면, 당시 매우 많았던 노비의 도망일 가능성이 많음. 또는 외거노비로서 재산을

모아 신분을 상승시켰을 수도 있음
- 칠득이 : 전라도 지방의 농민, 양반 행세를 했다면 경영형 부농으로 재산을 축적하여, 그것을 바탕으로 신분을 상승시켰을 가능성이 높음

⇓

④ 시대적 조건 고려하기
- 18세기 말과 상관이 없는 역사적 사건이나 개념을 언급하고 있지 않은가 확인하기

⇓

⑤ 답안 정리하여 작성하기 : 답안 내용의 정확성, 시대착오적 내용 검토하기
- 육갑이와 칠득이가 서로 다른 조건에서 출발하여 신분을 상승시켰다는 점이 드러나 있는가?
- 신분 상승에 관한 개념이나 지식을 육갑이와 칠득이의 삶과 연결하였는가?

다음은 교사가 문항을 수정한 의도와 방향이다.

〈교사의 문항 수정 의도와 방향〉

이 문항의 핵심은 "농민(평민)인 육갑이와 노비인 칠득이가 어떻게 신분을 상승시켰을까?"라는 질문이다. 칠득이와 육갑이가 사는 곳을 충청도와 전라도로 구분한 것은 두 사람을 '서로 다른 경우'로 분리하여 생각하도록 하려는 장치이다. 또한 신분제의 동요, 신분 상승에 대한 지식이나 정보를 당시에 살았을 법한 구체적인 사람들의 삶과 연결시키도록 하려는 것이다.

'노인이 될 무렵'이나 '어느 날부터'라는 표현은 학생들로 하여금 일정한 시간의 흐름을 고려하거나 신분상의 변화를 가져온 계기를 염두에 두도록 하려는 설정이다. '18세기 말'이라는 배경은 신분제의 동요와 관련하여 국사 교과서에서 여러 차례 언급된 시기를 이용한 것이다. 즉, 칠득이와 육갑이가 살았던 구체적인 시기를 염두에 두고 답안을 작성하라는 것이다.

교사는 채점 기준을 〈그림 5-4〉와 같이 설정하였다. 이때 학생들이 〈그림 5-2〉의 ①~⑤의 단계를 어떻게 거치는가에 따라 답안의 내용과 수준이 달라질 것으로 보았다. 현실적으로 〈그림 5-4〉의 기

준만으로 채점이 순조롭게 진행되기는 어렵다. 표본 채점이나 가채점을 통해 좀 더 상세하고 촘촘한 기준을 설정해야 한다.

답안에서 18세기 말의 정치 경제적 조건을 무엇으로 들었는지, 각 신분에 적절한 상승 경로를 몇 가지나 들었는지, 18세기 말의 조건을 육갑이와 칠득이의 입장에서 해석하였는지, 부분적으로 잘못된 지식이나 이해가 개입하지 않았는지 등 구체적인 기준을 세워야 한다. 특히 9~10점, 7~8점 등 비슷한 수준의 답안을 차별화하는 기준이 무엇인가를 명확히 해야 한다. 이때 수업 시간에 교사가 강조했던 내용을 반영하거나 표본 채점 결과를 가지고 학생들과 토론하는 과정을 거치는 것도 바람직한 방법이 될 수 있다.

이 문항을 출제한 교사는 가채점을 통해 점수대별 답안의 대표 사

〈그림 5-4〉 채점 기준

① 신분 상승에 관한 개념과 지식 가운데 문항 해결에 필요한 사항을 선택하였는가?
　: 군공, 납속(책), 공명첩, 노비의 도망, 과거제, 족보 위조(매매), 양반 신분 구입
　(획득)
② 칠득이와 육갑이의 신분 차이에 주목하였는가?
③ 18세기 말이라는 시대 조건에 부합하는 개념과 지식을 활용하였는가?
④ 두 사람을 구분하여 신분 상승 상황을 개연성 있게 구성하였는가?

9~10점	18세기 말의 정치 경제적 조건과 신분 상승 경로를 연결하고, 신분 차이를 고려하여 신분 상승 상황을 구성
7~8점	18세기 말의 정치 경제적 조건을 고려하지 않고 신분 차이만 고려하여 신분 상승 상황을 구성
5~6점	18세기 말의 정치 경제적 조건을 고려하였으나, 신분 차이를 고려하지 않고 신분 상승 상황을 구성
3~4점	18세기 말의 정치 경제적 조건, 신분 차이를 고려하지 않고 신분 상승 상황만을 구성
1~2점	조선의 신분 상승에 대한 지식이나 개념을 단순하게 늘어놓음

례를 설정하고 채점 기준을 상세화하였다. 예외적인 답안이나 명확하게 분류할 수 없는 답안을 제외하고 유의미한 답안들을 5단계로 분류하고 각 단계별로 1점의 점수 차이를 두는 방식으로 상세화하였다. 상세화된 채점 기준은 〈표 5-2〉와 같다.

〈표 5-2〉 채점 기준의 상세화

점수	채점 기준	대표 답안 사례
9~10점	18세기 말의 정치 경제적 조건과 신분 상승 경로를 연결하고, 신분 차이를 고려	- 육갑이는 발전된 농사법으로 인하여 작물을 전보다 많이 생산하였다. 점점 육갑이는 재물을 모아 부를 축적했다. 육갑이는 재산을 가지고 아들을 몰락한 양반 가문과 혼인하도록 하여 족보에 이름을 올릴 수 있었다. 칠득이는 사노비였다. 주인 몰래 멀리 도망쳐 화전을 개척해 살다가 운이 좋아 농사로 재물을 축적했다. 평범한 농민으로 살다가 육갑이와 비슷한 방법으로 양반 행세를 하였다.(10점)
	9점: 10점에 준하는 내용을 서술했으나, 부분적으로 잘못된 이해를 보이거나 관련 정보가 부족한 경우	
7~8점	18세기 말의 정치 경제적 조건을 고려하지 않고 신분 차이만 고려	- 칠득이는 외거노비로서 열심히 일하였다. 그리고 자기만의 재산을 조금씩 만들어서 돈을 주고 족보를 샀을 것이다. 육갑이도 재산을 모아 납속을 통해 신분을 상승시켰을 것이다.(8점)
	7점: 8점 기준으로 하되, 부분적으로 잘못된 이해를 보일 경우	
5~6점	18세기 말의 정치 경제적 조건을 고려하였으나, 신분 차이를 고려하지 않고 신분 상승 상황을 구성	- 납속이나 공명첩을 통해 신분 상승을 했거나 국가에서 노비를 점차 합법적으로 해방시켜 주는 정책 덕분에 신분 상승을 했을 것이다. 아니면 양반 신분을 샀을 것이다. (6점)
	5점: 6점 기준으로 하되, 부분적으로 잘못된 이해를 보일 경우	
3~4점	18세기 말의 정치 경제적 조건, 신분 차이를 고려하지 않고 신분 상승 상황만을 구성	- 족보를 돈 주고 사거나 위조하여 양반의 신분을 얻고 납속책과 공명첩을 통해 신분을 상승시킬 수 있었다.(4점)

	3점: 4점 기준으로 하되, 부분적으로 잘못된 이해를 보일 경우	
1~2점	신분 상승에 대한 지식이나 개념을 늘어놓음	- 전쟁에서 공을 세워 양반으로 신분 상승을 할 수 있었을 것이다. (1점) - 과거시험이나 군공을 통해 신분이 상승되었을 것이다. (2점)
	서술 내용의 정확성, 다양성에 따라 1~2점 부여	

2) 역사적 자료 읽기 및 정보 요약 능력을 평가하는 문항

〈사례 5-5〉는 중학교 2학년 기말고사에 출제되었던 사례로 자료 읽기 및 정보 요약 능력을 평가하는 문항이다. 요약이란 자신이 읽은 내용의 핵심을 추려서 일정한 분량 이하로 다시 서술하는 작업이다. 학습 내용에 대한 이해 정도에 따라 요약 내용과 방식은 다를 수 있으며 역사적 문제를 해결하려면 자신이 읽은 정보나 알고 있는 지식을 체계적으로 요약 정리하는 능력이 필요하다.

〈사례 5-5〉에서는 한강 유역의 중요성을 3가지 내용으로 요약하되 '정치적, 경제적, 외교적' 측면을 각각 2~3줄 이내로 진술할 것을 요구하였다. 답안 구성 방향과 분량을 제시한 점에 주목할 필요가 있다.

3) 역사적 사실에 대한 자기 견해를 서술하는 문항

〈사례 5-6〉은 신라의 삼국통일에 관한 자기 견해나 주장을 쓰도록 한 논술형 문항이다. 동일한 역사적 사건에 대한 것이지만 A는 중학생을 대상으로 한 것이고, B는 고등학생을 대상으로 한 것이다.

A에서는 삼국통일의 의의를 평가하라는 직접적 표현을 피하였다.

〈사례 5-5〉 역사적 자료를 이해하고 정보를 처리하는 문항

※ 아래 글을 읽고 한강 유역의 중요성을 3가지 내용으로 요약하시오.

삼국은 나라를 키우고 세력을 늘리기 위해 치열한 경쟁을 거듭하였다. 삼국은 제각기 전성기를 누릴 때 한강 유역을 차지하고 있었다. 한강 유역은 정치적으로 한반도의 중심부에 있으므로 어느 나라에든 세력을 떨칠 수 있는 지리적 조건을 가지고 있었고, 넓은 평야와 많은 인구를 지니고 있어 풍부한 경제력을 자랑하는 곳이다. 또 편리한 교통을 이용하여 외교 활동을 유리하게 이끌 수 있었다. 특히 신라는 한강 유역을 확보함으로써 경제적 여유를 가졌으며 고구려와 백제의 연결을 끊고 중국과 직접 교류할 수 있는 길을 열게 되었다.

▶정치적 :

▶경제적 :

▶외교적 :

(윤종배, 2008 : 186)

〈사례 5-6〉 역사적 사실에 대한 자기 견해를 서술하는 문항

A	B
"신라의 삼국 통일을 어떻게 볼 것인가"와 관련하여 긍정적 또는 부정적 입장에서 자기 생각을 쓰시오.	신라의 삼국통일을 평가하고 그 근거를 2가지 제시하시오.
서론	
본론	
결론	

(윤종배, 2008 : 187; 오정현, 2006 : 122)

그 대신 "어떻게 볼 것인지 긍정적, 부정적 측면에서 생각해 보라"고 의미를 풀어 학생들이 '무엇을 생각하고 써야 하는지' 안내하였다. 그리고 자신의 관점에 근거해야 하는 논술형 문항의 특성상 서론과 본론과 결론을 갖추어야 한다는 점을 답안 형식으로 알려 주었다.

이 문항을 출제한 교사는 전체 구성과 역사적 사실의 이해를 종합한 채점 기준을 〈표 5-3〉과 같이 마련하였다.

한편, B는 고등학생을 대상으로 한 문항으로 "신라의 삼국통일을 평가하고 근거를 2가지 밝힐 것"을 요구하였다. 평가의 근거를 들 것과, 2가지 근거를 들 것을 요구하여 답안 서술의 방식을 간접적으로 제시한 것으로 볼 수 있다. 교사의 출제 의도는 학생 자신의 견해를 바탕으로 삼국통일의 역사적 의의를 타당한 근거를 들어 주장할 수 있는가이다. 이 평가 문항의 성패는 수업의 맥락에 달려 있다.

수업 시간에 삼국통일의 의의를 여러 각도에서 탐구하고 토론하는 활동을 하지 않았다면, 학생들은 자칫 교과서에 서술된 삼국통일의 민족사적 · 역사적 의미를 그대로 옮겨 적고 피상적인 근거를 들어 답안을 작성할 것이다. 이 문항의 의도를 명확히 하는 방안으로 교과서에 제시된 삼국통일에 대한 평가 관점을 자료로 옮겨주고, 그것에 관한 자신의 견해를 써보도록 수정할 수도 있을 것이다.

〈표 5-3〉〈사례 5-6〉 A의 채점 기준

평가영역	평가내용	점수
서술의 정확성	주요 개념, 사실, 설명에 틀림이 없는가?	
표현의 적절성	주어-서술어 관계가 뚜렷하고 문장의 연결성에 문제가 없는가?	
근거의 타당성	주장을 하고 근거를 2가지 이상 대며, 타당하고 조리있게 설명하고 있는가?	
주장의 명료성	논리의 일관성이 있으며 주장을 적절히 강조하고 있는가?	

4) 역사적 자료에 대한 다양한 사고 능력을 평가하는 문항

역사과 평가에서 자료제시형 문항은 선택형과 서술형 모두에서 활용될 수 있다. 어느 경우든 자료제시형 문항은 학생이 상대적으로 어렵게 느낄 가능성이 높으며 자료를 읽어야 하기 때문에 문제해결 과정에도 많은 시간이 필요하다. 따라서 자료제시형 문항을 제작할 때는 한층 세밀한 검토가 필요하다. 자료가 명료하게 읽혀야 하고, 무엇보다 학생이 다룰 수 있는 정도의 정보와 지식을 포함하고 있는지 검토해야 한다.

특히 정기고사처럼 시간이 제한된 조건에서 자료제시형 서술형 문항을 활용하려면 자료의 분량과 질문의 수를 제한하는 것이 좋다. 단원 마무리 평가나 수행평가로 자료제시형 문항을 활용할 때는 자료 분량과 질문의 수에서 좀 더 다양한 시도를 할 수 있겠다.

〈사례 5-7〉을 통해 자료제시형 문항 제작에서 유의할 점을 살펴보도록 하자. 이 문항에서 교사는 학생이 서양 중세 농노의 처지를 파악하고 있는가를 평가하되 자료에서 관련 개념이나 근거를 찾을 수 있는가를 함께 보려고 하였다. 질문(1)에서 농노의 의무인 '부역'과 '공납'을 각각 자료 내용에 대응시킬 수 있는가를 본 다음, 질문(2)에서 중세 농노가 고대의 노예보다 나은 처지임을 알 수 있는 근거를 찾아서 쓰도록 하였다. 이처럼 제시된 자료에 대하여 서로 연관된 여러 문항(set question)을 출제하여 문제해결을 위한 단계별 사고를 이끌면서 학생의 지식과 사고 능력을 평가하는 것도 자료를 활용한 서술형 문항의 주요 특징이다.

(1)번 질문은 부역이나 공납이라는 개념을 사료로부터 찾도록 한 것이기 때문에 바람직한 문항으로 볼 수 있다. 그러나 (2)번 질문은

〈사례 5-7〉 자료제시형 문항 1

※ 다음 자료를 읽고 물음에 답하시오.

카롤루스 대제 시대의 어느 봄날, 보도는 아침 일찍 일어났다. 오늘은 (가)수도원 직영지에 가서 일을 해야 하는 날이기 때문이다. 잔소리가 심한 직영지 관리인이 두려워서 늑장을 부릴 수가 없었다. …… 그와 동료들은 관리인의 명령대로 직영지와 목초지, 숲에서 일을 하기 위해 무리를 지어 갔다. 그는 점심을 먹을 때를 빼고는 하루 종일 쟁기질을 해야만 했다. 그의 아내 에멘트루드도 역시 바빴다. 오늘은 (나)살찐 닭 한 마리와 달걀 다섯 개를 바치는 날이다. 그녀는 관리인을 만나 공손히 인사하고 닭과 달걀을 건네주고는 서둘러 집에 돌아왔다. 집으로 돌아오자 곧 작은 포도밭을 돌보았으며, 저녁에는 양털로 천을 짜야만 했다.

– 아일린 파워, 『중세의 사람들』 –

(1) 농노의 부담 중에서 (가)와 (나)를 각각 무엇이라 하는지 쓰시오. [2점]
(2) 자료에서 중세의 농노가 고대의 노예보다 나은 처지에 있었음을 알 수 있는 근거를 3개 이상 찾아 쓰시오. [3점]

예시 답안
(1) (가) – 부역, (나) – 공납
(2) 농노는 고대 노예와 달리 가옥과 그에 딸린 텃밭 등 자신의 재산을 가질 수 있었으며, 결혼을 통해 가정을 꾸릴 수 있었다.

채점 기준
• 배점 : 문항 (1)~(2)에 대하여 아래의 요소별로 각각 채점하여 합산한다.

문항	채점 기준	배점
(1)	(가) – 부역 / (나) – 공납	각 1점
(2)	가옥 소유 / 결혼 가능 – 가정 꾸림 / 텃밭 소유	각 1점

(서울시교육정보연구원, 2008 고3 세계사 서술형·논술형 자료: 19-20)

학생들의 문제해결 과정이 분명하지 않다. 이 질문에 답하려면 학생들은 먼저 고대 노예와 중세 농노의 차이를 떠올리고 제시된 자료에서 그에 관한 내용을 찾아야 한다. 따라서 학생이 노예와 농노의 차이점을 무엇으로 알고 있는가를 쓰도록 한 뒤, 그것을 뒷받침하는 근거를 각각 찾아 적도록 질문을 해야만 역사적 맥락에 따라 적절한 근거를 선택하였는가를 교사가 판단할 수 있다. 또한 '중세 노예의 나아진 점'을 뒷받침하는 근거를 쓰도록 요구하려면 학생이 생각하

〈사례 5-8〉자료제시형 문항 2

※ A~D 자료를 읽고 물음에 답하시오.

A. 이앙을 하는 것은 세 가지 이유가 있다. 김매기(제초)의 노력을 더는 것이 첫째요, 두 땅의 힘으로 하나의 모를 서로 기르는 것이 둘째이며, 좋지 않은 것을 솎아내고 싱싱하고 튼튼한 것을 고를 수 있는 것이 셋째이다. 어떤 사람은 큰 가뭄을 만나면 모든 노력이 헛되니, 이를 위험하다고 하나 그렇지 않다. 벼를 심은 논은 반드시 하천이 있어 물을 끌어들일 수가 있으며, 하천이 없다면 논이 아니다. 논이 아니라도 가뭄을 우려하는데 어찌 이앙만 그렇다고 하는가?

B. 남부·중부 지역의 백성들은 논에 가을 보리를 심고 익으면 거두어 들인 뒤에 물을 끌어들여 이앙을 한다. 일 년에 두 번 재배하니 공은 덜 들이고 이익은 심히 많다.

C. 이앙은 원래 삼남지방에서만 행해지던 것인데, 이제는 경기도 백성도 모두 그것을 배운다. 물 원천이 없는 곳에서 한 번 가뭄을 만나면 완전히 실농하게 되니 이를 금지하지 않을 수 없다. (중략) 이앙법은 노동력을 크게 덜어주기 때문에 지금은 삼남지방 외에 다른 도에서도 모두 이를 본받아 하나의 풍속을 이루고 있다.

D. 보리가 사람에게 도움이 됨은 물론 벼에 뒤지지 않는다. 백성들은 보리를 밭에 뿌리는 것만 좋아할 뿐, 이를 논에 뿌리는 것을 알지 못하고 또 좋아하지도 않는다. 논에서 가을에 거두어들인 뒤에 빈 땅을 갈아 모두 보리를 심고, 보리를 베어낸 뒤에 모내기를 하면 가을에 풍년이 아니라도 보리로 충분히 굶주림을 면할 수 있다.

1) 이앙법이 어떻게 벼를 재배하는 방법인지 설명하고, 이앙을 하는 삼남지역 농민들이 1년 동안 논을 어떻게 이용하였을지 써보라.
2) 나라에서는 이앙법의 위험성을 들며 금지하였다. 어떤 위험 때문일까? 사료를 토대로 써보자.
3) 나라의 금지에도 불구하고 이앙법이 널리 퍼져나간 까닭은 무엇인지 사료에서 찾아 써보자. 농민의 입장에서 이앙법의 이점을 정부 관리에게 설득하는 글을 써보자.
4) 농민들은 이앙법의 위험 부담을 줄이기 위해 어떤 대책을 세웠을까?

(최상훈, 2000: 207을 토대로 재구성)

는 '나아진 점'을 먼저 밝히도록 질문을 명확히 해야 한다.

〈사례 5-8〉은 문제해결을 위한 사고 과정을 이끌면서 학생의 관련 지식과 사고 능력을 평가할 수 있도록 자료와 질문의 구조화를 시도한 사례이다. 이 사례는 자료 분량과 문항 수가 많아서 시간 제한이 엄격한 정기고사에서는 활용하기 어렵다. 정기고사에 반영하려면 서술형만을 위한 별도의 평가 시간을 마련하거나 수행평가로 처리하는 방안도 고려해 볼 수 있겠다. 또는 문제해결 과정에서 역사 지식을 정리하고 사고 능력을 기를 수 있도록 형성평가로 꾸준히 활용하는 방안을 생각해 볼 수 있겠다.

이러한 문항에서는 학생들이 사료를 증거로 사용할 수 있는 능력과 자신의 주장을 논리적으로 모순 없이 뒷받침해주는 정확한 증거를 찾아내는 능력을 측정할 수 있어야 한다. 그러려면 같은 사료를 여러 맥락에서, 다양한 지식이나 개념 등을 대응시켜 반복하여 읽고 문제를 해결하도록 자료와 질문을 유기적으로 연결해야 한다.

5) 글쓰기 수업과 연계한 서술형 평가

다음에 살펴볼 〈사례 5-9〉는 평상시 역사수업 시간의 글쓰기 활동, 수행평가의 서술형 평가, 정기고사의 서술형 평가가 유기적으로 연계된 사례이다. 중학교 3학년을 대상으로 한 이 수업의 기본전제는 모든 종류의 역사 글쓰기가 읽기 활동과 밀접하게 관련된다는 점이다. 〈사례 5-9〉에서 눈여겨볼 부분은 평상시의 글쓰기를 수행평가에 반영한 점과 글쓰기 수업에 기초한 정기고사 문항을 출제한 점이다. 이에 따르면, 학생들은 1년 동안 다양한 방식의 역사 글쓰기를 하게 된다. 서술형·논술형 평가가 병행되는 매시간 수업의 짧은 글

〈사례 5-9〉 글쓰기 수업과 연계한 서술형 평가 사례

수업시간의 짧은 글쓰기	– 매시간 글쓰기를 한다. (학습지에 제시된 읽기자료를 바탕으로) 학습내용을 확인·정리하거나, 사실을 해석하거나, 자신의 주관적 인 의견을 쓰거나, 느낌을 표현한다. – 각종 읽기자료를 통해서 역사적 사실 관계를 학습한 다음, 여러 단 계로 구성된 질문에 답하면서 글쓰는 활동을 한다. 기본적인 사실 관계 습득을 확인하는 단계부터 자료에서 정보 찾기, 관점의 비교, 자신의 생각 정리하기 등 점차 종합적인 사유를 포함하는 단계로 이행된다.
수행평가를 위한 글쓰기	– 중요하다고 생각하는 주제에 대해서는 별도의 점수를 부여하는 '수행평가' 글쓰기를 한다. 읽기자료를 바탕으로 수업시간에 실시 하는 경우와 사전에 과제를 제시한 다음 학생들이 자료를 조사하 거나 작성하는 경우로 나뉜다. (예: 정도전과 정몽주 중 한 사람을 선택하여 변론서 쓰기 / 1890년대 국가개혁 프로젝트 만들기 등)
정기고사의 서술형 평가	– 정기고사 문항은 평소 수업 시간에 이루어진 역사 글쓰기 수업의 종합이라는 의미를 갖는다. 관련된 내용을 수업 시간에 다루고 사 전에 문제를 알려준 다음 실시하였다. "가톨릭 교회는 종교재판 과정 중에 있었던 범죄행위에 대해 공개적인 사과를 해야 할까?", "신항로 개척으로 진정한 세계사가 성립되었다는 말을 비판하시 오." 등의 문제가 출제되었다.

(김종훈, 2007)

쓰기, 학기당 몇 차례 실시되는 수행평가, 사전에 과제가 제시된 기말고사의 논술형 평가가 그것이다.

〈사례 5-9〉에 등장하는 글쓰기의 주제나 유형은 매우 다양하다. 교과서나 학습지 자료 내용 자체의 이해, 자료에 담긴 역사적 사실에 대한 이해를 확인하는 글쓰기, 특정 인물이나 세력의 관점에서 과거를 간접 체험하도록 하는 글쓰기, 논쟁적인 사안에 대한 자신의 견해를 제시하면서 성찰하도록 하는 글쓰기가 포함되었다.

5. 서술형 평가 결과의 활용

1) 학생에 대한 피드백

앞서 살펴보았듯이 교사는 채점 기준과 모범 답안을 근거로 서술형 평가 결과를 점수화하거나 등급을 매기게 된다.

학생들에게는 일차적으로 평가결과로서 주어진 점수나 등급이 중요할 것이다. '평가＝시험＝경쟁＝서열'이라는 사고가 뿌리 깊은 학생과 학부모들은 서술형 평가에도 '정답'이 있으며, 정답을 서술하기 위해서는 역사 교과서를 더욱 꼼꼼히 외워야 한다고 생각하기도 한다. 이로 인해서 교과서 내용에 내재된 해석이나 관점을 상대화하고 학생의 사고 능력을 신장시키는 데 역점을 두려는 교사들과 학생(학부모) 사이에 평가의 공정성과 객관성을 두고 갈등이 빚어지기도 한다.

서술형 평가도 현실적으로 그 결과의 수치화를 피하기는 어려울 것이다. 그러나 서술형 평가의 점수나 등급이 '맞고 틀리고'의 문제가 아니며 자신의 성취수준을 보여주는 하나의 자료라는 점을 학생들이 이해할 수 있도록 지속적으로 도와야 한다.

채점을 마친 다음 학생들의 답안에 적절한 논평(코멘트)을 해 주는 것도 바람직하다. 현재처럼 석차나 상대적인 평가결과에만 주목하는 학급 환경에서 평가의 의미를 명확하게 해 주는 것도 학습자의 성장에 도움이 될 것이기 때문이다. 특히 서술형 평가에서 학생들은 자신에게 주어진 평가결과에 스스로 의미를 부여하는 기회를 누릴 수 있어야 한다. 짤막한 논평은 교사와 학생 사이의 친밀도를 높이고 향후 역사학습의 방향에 대해 생각해 보는 기회가 될 수도 있다.

적절한 논평이 반복되면서 학생들의 능력이 향상되었다는 보고도 있다(오정현, 2006).

서술형 평가의 결과를 마무리하는 별도의 수업 시간을 마련하여 답안을 가지고 토론을 하는 경험도 여러모로 의미 있을 것이다. 자신의 답안을 다른 학생의 것과 비교하면서 같은 질문에 대해서도 개인에 따라 얼마나 다양한 글이 나오는지, 그런 차이를 가져온 이유는 무엇이며 서술형 평가가 진정으로 평가하려고 하는 것은 무엇인지를 학생 스스로 느낄 수 있다면 더 좋을 것이다. 이를 위해 학급당 학생수, 교사의 수업 시수와 같은 물리적 환경 여건의 개선이 필요함은 물론이다.

수행평가와 결합된 서술형 평가의 경우는 학생들과 함께 채점이나 평가 기준을 마련하는 것도 좋을 것이다. 평가와 수업이 연결되어 있다는 점에서도 평가 기준이 수업으로부터 도출되어 나오는 것은 자연스럽다. 정기고사의 경우에도 수업 시간에 유사한 주제를 충분히 다루었다면 모범 답안과 평가 기준에 학생들의 의견을 반영하기 위한 토론의 시간을 마련할 수 있다.

현실적으로 서술형 평가 결과도 총괄평가에 합산 반영되므로 학생들의 서열화와 무관하기는 어렵다. 그러나 질적 평가로서 서술형 평가가 학생들의 역사적 사고력과 감수성의 신장에 기여하려면 수업과 평가를 밀접하게 묶으려는 노력을 계속해야 한다.

2) 교사의 수업 개선을 위한 정보 제공

교사의 입장에서는 서술형 답안 분석을 통해 얻을 수 있는 학생들에 대한 다양한 정보가 중요하다. 앞에서 사례로 들었던 '육갑이와

〈표 5-4〉각 점수별 학생의 답안 사례

10점 답안 (1학년 2반 박 ○○)	18세기 충청도 지역에 살았던 칠득이는 노비였다. 그때는 한창 노비들이 도망을 가는 시기여서 칠득이 역시 도망을 갔을 것이다. 아니면 어머니가 양인이어서 종모법에 따라 신분에서 벗어났을 수도 있다. 육갑이는 돈을 아주 많이 벌어서 부농이 되어 족보를 불법으로 지어내 신분을 상승시켰을 것이다. 아니면 그때 정부가 재정난에 허덕이고 있었기 때문에 납속을 활용했을 수도 있다.
9점 답안 (1학년 4반 송 ○○)	칠득이는 사노비인데 주인이 칠득이의 성품에 감동하여 자유인을 해방시켜 주자, 열심히 농사를 지어 모은 돈으로 몰락한 양반의 족보를 사서 위조하여 양반이 되었다. 육갑이는 돈을 모아 상업을 시작한 뒤 공명첩을 사서 양반이 되었다.
8점 답안 (1학년 3반 오 ○○)	칠득이는 임진왜란으로 노비문서가 타버리게 되자 양민이 되었다가 공명첩을 통해 양반이 되었을 것 같고, 육갑이는 18세기에 경제적인 성장으로 부농층이 되어 공명첩 또는 족보 위조를 통해 양반이 되었을 것이다.
7점 답안 (1학년 8반 김 ○○)	칠득이는 임진왜란 때 열심히 싸워 군공을 얻어서 양반이 될 수 있었을 것이다. 육갑이 또한 군공으로 양반이 될 수 있었겠지만, 부농층이었다면 족보를 사거나 정부의 재정난 해결에 도움을 줘 신분 상승을 할 수 있었고, 공명첩, 납속, 과거제를 통해 양반이 될 수 있었을 것이다.

칠득이의 신분 상승 경로'에 대한 학생들의 답안을 활용하여 교사가 얻을 수 있는 정보와 학생 반응에 대한 해석을 살펴보도록 하자. 이 평가는 남녀 각 5개 학급, 전체 10개 학급의 학생 342명을 대상으로 치러졌으며 〈표 5-4〉는 비교적 높은 점수를 받은 답안의 사례들이다.

먼저 교사는 각 점수대별로 학생들이 어떤 지식이나 정보를 가장 많이 선택하여 답안 작성에 활용하였는가를 살피면서 수업 시간에 강조했던 내용을 학생들이 얼마나 의미있게 받아들였는지를 검토해 볼 수 있을 것이다. 어떤 점수대에 학생들이 가장 많이 분포하는지, 각 점수대의 학생들이 보이는 잘못된 역사이해나 시대착오는 무엇인지를 직접 확인할 수도 있다.

이 사례에서 교사가 유념해야 할 점은 군공의 배경으로 임진왜란에 주목한 학생이 많았다는 점이다. 비교적 고득점대에 속하는 8점 답안에서도 "임진왜란 때 군공을 세웠다"는 내용이 자주 등장했다. 이러한 현상이 나타난 원인은 무엇일까? 교사는 이에 대한 다양한 가설을 생각하면서 다음 수업을 통해 바로잡을 수 있는 방안을 찾아야 할 것이다. 이 평가를 실시한 교사가 학생들을 만나서 인터뷰한 결과에 따르면, 임진왜란이 학생들에게 널리 알려진 사건이고 조선을 전·후기로 나누는 기준으로 양란이 강조되는 등의 이유로 '군공'이라는 개념에 임진왜란을 바로 연결시킨 학생이 많았다. 그래도 문제는 여전히 남는다. 많은 학생들이 '18세기 말'이라는 문항이 강조한 시대적 조건에 주목하지 못했다. 이는 수업을 통해 임진왜란 이후 2세기에 걸친 역동적인 변화상을 제대로 이해하지 못한 결과로 볼 수도 있다.

한편, 대부분의 답안은 20자부터 100자 내외였다. 300자 내외로 서술하라는 문항의 요구에 턱없이 부족한 분량이다. 이러한 현상의 원인은 무엇일까? 교사가 적절한 답안 길이를 잘못 설정하였거나 학생들이 어떤 이유 때문에 충분히 자신들의 생각을 풀어내지 못했을 가능성 두 가지를 모두 생각해 볼 수 있다. 만일 평상시의 역사수업에서 과거 상황에 대한 상상적 글쓰기를 충분히 경험하지 못한 상황이라면 후자일 가능성이 높다. 참고로 이 사례에서는 사전 글쓰기 학습이 충분히 이루어지지 못했다.

더욱 심각한 문제는 조선 후기 신분제 변동에 대한 비교적 정확하고 풍부한 지식을 가진 학생들도 육갑이와 칠득이의 경우에 적절한 역사적 상황을 상상하지 못했다는 것이다. 교사의 보고에 따르면

342명 가운데 두 사람이 처한 역사적 맥락과 상황을 적절하게 상상하여 서술한 답안은 9.6% 내외였고, 어떻게든 유의미한 답안을 쓴 학생은 16.9% 정도였다. 다소 잘못된 정보나 지식을 연계한 경우까지 합쳐도 여전히 비율이 크게 높아지지 않았다.

그 원인은 무엇일까? 학생들은 자신이 알고 있는 지식을 역사적으로 활용하는 데 익숙하지 않았던 것이 아닐까? '평가'라는 상황에서 지식을 '기억'하여 '정확하게 답안으로 옮기려는' 성향을 보인 것은 아닐까? 이런 학생들은 서술형 평가에 대비하여 교과서 내용을 더욱 꼼꼼히 외우고 옮겨 적으려고 했을 것이다. 만약 평소 수업 시간에 역사 지식을 활용하여 다양한 글쓰기 활동을 꾸준히 했다면 학생들은 좀 더 쉽게 구체적인 인물이 처한 상황을 상상하면서 답안을 썼을 수도 있다. 이처럼 교사는 답안 분석을 통해 자기가 실행한 수업과 평가를 총체적으로 점검할 수 있다. 이를 바탕으로 목표 설정부터 평가에 이르는 실천 계획을 체계적으로 보완하고 충실한 수업을 해 나갈 수 있을 것이다.

제6장

역사과 수행평가

수행평가는 1990년대 이후부터 선다형 위주로 단편적인 사실이나 지식을 측정해 오던 전통적 평가에 대한 새로운 평가 방법으로 인식되고 있다. 대안 평가, 참평가, 직접평가, 과정평가 등으로도 불리는 수행평가는 역사적 사고력이나 창의성, 문제해결력 등 고차원적 사고 기능을 평가할 수 있기 때문이다.

수행평가는 무엇보다 학습의 과정에 관심을 갖고 평가하며, 학습자를 능동적 주체로 인식하여 학습자 중심의 평가를 실시하는 것이다. 그러므로 학습자가 정답을 찾았을 때만 해당하는 지식을 알고 있다거나 기능을 습득하였다고 가정하지 않고, 스스로 정답을 찾아가는 과정을 통해 학습자의 지식이나 기능을 평가하는 것이다. 또한 일회성으로 그치지 않고 지속적인 평가가 가능하며 개인에 대한 평가뿐만 아니라 집단에 대한 평가를 강조하는 것이 특징이다.

그러나 학습자의 수행 과정을 제대로 평가하기 위해서는 장시간을 필요로 하며, 평가자 간의 객관도와 신뢰도가 부족하다는 문제점이 있어 평가의 공정성과 신뢰성을 확보하는 것이 해결 과제이다.

1. 역사과 수행평가의 특성

1) 수행평가의 의미

21세기 교육에서는 다양한 학습 자료의 개발을 토대로 교수 · 학습방법을 개선하고, 학생을 총체적으로 이해하고 평가하는 것이 가장 큰 목적이다. 즉, 수업을 교사 중심에서 학습자 중심으로 전환하여 학습자의 탐구력과 창의력을 개발 · 신장시키고자 하는 것이다. 그리고 그러한 학생들의 노력과 성과를 질적인 측면에서 다양하게 평가하기 위한 방법으로 제시된 것이 수행평가이다.

수행평가는 1980년대 말부터 미국과 영국을 비롯한 여러 나라에서 학생들의 모든 특성을 평가하기 위한 노력의 일환으로 실시하고 있다. 수행평가(遂行評價, Performance Assessment)라는 용어가 우리나라 교육 현장에 등장한 것은 1990년대 후반으로, 중학교에 수행평가 지침이 내려진 것은 1998년 10월이며 1999년부터는 고등학교 1학년까지 대상이 확대되어 현재까지 실시되고 있다.

수행평가라는 용어가 공식적으로 우리나라 교육계에 등장한 것은 1996년 11월, 국립교육평가원이 편집 · 발간한 『수행평가의 이론과 실제』라는 책을 통해서였다. 이 책의 보급으로 수행평가라는 용어가 학교 현장에 부분적으로 알려지게 되었으며, 열린 교육이 진행되었던 초등학교에서는 수행평가를 하나의 새로운 평가 방식으로 받아들이기 시작하였다.

수행평가의 개념은 학자들에 의해 다음과 같이 정의되고 있다. '학생 스스로가 자신의 지식이나 기능을 나타낼 수 있도록 답을 작성(구성)하거나, 발표하거나, 산출물을 만들거나, 행동으로 나타내도록 요구하는 평가 방식' 또는 '습득한 지식, 기능이나 기술을 실제 상황이나 인위적 평가 상황에서 얼마나 잘 수행하는지(doing, performing), 또는 최소한 어떻게 수행할 것인지(how to do, how to perform)를 관찰, 면접 등의 다양한 방법을 통하여 종합적으로 판단하는 평가 방법으로서 지식이나 기능에 의한 정답 여부나 결과물에만 관심이 있는 것이 아니라, 수행 과정과 결과를 종합적으로 평가하는 방법' 등의 정의가 그것이다.

그러므로 수행평가라는 용어를 대안 평가(alternative assessment), 참평가(authentic assessment), 직접평가(direct assessment), 포트폴리오(portfolio) 등이 가지는 주요 특성들을 포괄하는 의미로 이해할 수 있다. 성태제(2010: 426-427)에 의하면 대안 평가는 기존의 어떤 방법을 대치할 수 있는 평가, 참평가는 실제 상황에서 수행 정도를 측정하는 평가이며, 직접평가는 표출되는 행위에 대한 직접 관찰을 통해 실시하는 평가, 포트폴리오는 개인의 작업이나 작품을 모아둔 자료집이나 서류철을 의미한다. 이 중 수행평가 방법 중의 하나가 될 수 있는 참평가와 포트폴리오의 정의 및 특성 등을 이해하는 것이 수행평가 이해에 도움이 될 것이다.

수행평가를 도입한 것은 단순히 평가 방법의 개선만을 목적으로 한 것이 아니라, 이를 토대로 보다 적극적인 교수 · 학습방법의 개선을 꾀하려는 것이다. 그러므로 수행평가의 도입은 평가 기법만의 변화보다는 교육의 전 과정, 특히 교육과정 및 교수 · 학습과의 관계 속에서 총체적으로 이해되어야 한다.

지필고사의 단점을 보완하면서 등장한 수행평가는 다음과 같은 특징이 있다.

첫째, 교수 · 학습의 결과뿐만 아니라 과정도 함께 중시하는 평가

방식이라는 것이다. 종래의 선택형 위주로 된 정기고사가 학생의 학습활동 결과를 평가하는 것이었다면, 수행평가는 학습활동의 질이나 과정도 중시하는 평가다. 이로 인해 '수업을 게을리하다가 시험만 잘 봐서는 좋은 성적을 얻을 수 없다'는 학생의 반응도 나오게 되는 것이다. 이것은 결과에 대한 평가를 보완하기 위한 과정평가, 즉 수행평가가 학교 수업을 정상적으로 운영하는 데에 기여할 수 있음을 시사해 준다. 예를 들면, 역사과에서는 역사적 사실의 이해를 측정함에 있어 선다형 지필고사보다 탁본 실습, 사료 해석, 발표 학습, 협동 학습 등의 다양한 방법을 사용할 때 효율적이라는 것이다.

둘째로, 수행평가는 개개인을 단위로 평가하기도 하지만, 집단에 대한 평가도 중시하는 평가이다. 실제로 상당 부분의 수행평가는 모둠별로 협력하여 수행하는 경우가 많은데, 이는 지금까지 학교 현장의 거의 모든 평가가 개인에 대한 평가였음을 인지할 때 매우 의미 있는 일로 여겨진다. 모둠별 평가는 학생들을 경쟁적으로 만들던 한 줄 세우기 평가가 아니다. 이러한 평가를 통해 이기적이고 개인적인 사고로 이루어진 학생들에게 타인과의 협동이 갖는 의미를 일깨워 주는 계기가 될 수 있을 것이다.

셋째로, 수행평가는 기억, 이해와 같은 단순 사고 능력보다는 창의, 비판, 종합과 같은 고등 사고 능력의 측정을 중시하는 평가 방식이다. 정보화 사회는 더 이상 보다 많은 지식을 암기하고 기억하는 능력을 요구하지 않는다. 축적된 지식을 활용하고 이용할 수 있는 능력, 그 지식을 통해 비판 · 종합할 수 있는 능력을 요구하는 시대이다.

넷째로, 수행평가는 학생의 인지적인 영역(창의성이나 문제해결력 등 고등 사고 기능 포함)뿐만 아니라, 학생 개개인의 행동 발달 상황이나 흥미·태도 등 정의적인 영역, 그리고 운동 기능 영역에 대한 종합적이고 전인적인 평가를 중시하는 평가 방식이다. 실제로 수행평가를 실시해 보면, 지필고사에서 발견할 수 없었던 학생의 흥미와 태도, 그리고 행동 발달 상황이 나타나게 된다. 예를 들어, 역사과에서 연대나 인물 등의 암기에 문제가 있던 학생이 일정한 주제 하에서 글이나 그림으로 자신의 의사를 정확히 표현한다든가, 학습 활동에 소극적이었던 학생이 당시의 역사적 상황을 재현하는 연극 준비에 열심히 나서는 모습 등을 발견할 수 있었다.

다섯째, 수행평가는 단편적인 영역에 대해 일회적으로 평가하기보다는 학생 개개인의 변화·발전 과정을 종합적으로 평가하기 위해 전체적이면서도 지속적인 평가를 강조한다. 현재 대부분의 학교에서는 정기고사로 한 학기에 두 번, 중간고사와 기말고사를 실시한다. 그러나 발표나 토론, 과제 이행 등 학생들의 학습 활동을 지속적으로 평가하다 보면 학생들의 변화 과정을 인지할 수 있다.

여섯째, 수행평가는 추구하고자 하는 교육 목표의 달성 여부를 가능한 한 실제 상황 하에서 파악하고자 하는 평가 방식이다. 예를 들어 2009 개정 교육과정의 한국사 목표 중 하나인 "우리 역사와 관련된 자료를 분석, 비판, 종합하는 활동을 통해 역사적 탐구력을 키운다."의 달성 여부는 다음과 같은 방법으로 실제 수업 시간에 평가할 수 있다. 예를 들어, '최승로의 시무 28조'를 사료로 제시하고 그 안에 나타나 있는 주요 특징들을 찾아본 후, 최승로가 이러한 시무책을 썼던 당시의 정치적 배경과 그 목적을 추론하게 하고 이를 평가하는 것이다. 혹은 학생들에게 실제로 시무책을 써 보게 할 수도 있다.

이러한 수행평가는 〈그림 6-1〉과 같은 절차에 따라 시행되며, 수

〈그림 6-1〉수행평가의 절차

```
┌─────────────────────────────────────────────┐
│              평가 종류 선정                    │
└─────────────────────────────────────────────┘
                    ⇓
┌─────────────────────────────────────────────┐
│     교육 목표(성취기준과 평가 기준) 확인        │
└─────────────────────────────────────────────┘
                    ⇓
┌─────────────────────────────────────────────┐
│  적절한 평가 방식과 평가 도구(채점 기준표 포함) 개발  │
└─────────────────────────────────────────────┘
                    ⇓
┌─────────────────────────────────────────────┐
│              실제 평가 실시                    │
└─────────────────────────────────────────────┘
                    ⇓
┌─────────────────────────────────────────────┐
│        채점 기준표에 의한 채점, 결과 보고        │
└─────────────────────────────────────────────┘
```

행평가를 실시할 때 교사는 다음 사항에 유의해야 한다.

원래 수행평가는 비정기적이고 연속적으로 실시되는 것으로, 이러한 시행 절차에 따르기 전에 먼저 연간 평가 계획 혹은 학기별 계획이 수립되어야 한다. 계획서에는 몇 차시에 걸쳐 어떤 내용을 가르칠 것인가가 드러난 연간 학습 지도안과 연결하여 언제, 어떤 형식의 평가를 치를 것인지 평가 시기와 평가 방법, 그리고 성적에 반영할 경우 반영 시기, 반영 비율, 배점 등이 정확히 나타나 있어야 한다. 그리고 이와 같은 평가계획서는 학생과 학부모에게 학기 초에 공개·홍보해야 한다.

둘째로, 평가 계획을 수립할 때 수업의 방법도 함께 고려해야 한다는 것이다. 교수·학습방법의 개선이 선행되지 않은 채 실시되는 수행평가는 제한적일 수밖에 없다. 강의식 위주의 수업에서 탈피해 다양한 교수·학습방법을 실시함에 따라 학생이 수업의 주체로 자리매김할 때, 학생의 창의력과 탐구력을 측정하는 올바른 평가가 시행될 수 있기 때문이다. 그러므로 교사는 연간 학습 지도안을 작성할 때, 교수 내용, 교수 방법, 평가 방법을 함께 계획하는 것이 바람직하다.

셋째로, 평가를 시행하기 전에 공정한 평가를 위해 채점 기준과 평가기준을 수립해야 한다. 이때 예시 답안도 함께 제시해야 하는데, 답안을 작성하며 교사는 그 평가가 학생들의 수준에 맞는 것인지 확인해 볼 수 있다. 그리고 이러한 채점 기준과 평가기준은 평가 실시 전에 학생과 학부모에게 공개해야 하며, 평가 후에는 '이의 신청 기간'을 두어 신뢰도를 확보해야 한다. 마지막으로 이러한 평가 결과는 다음 수업에 환류될 수 있도록 다양한 방법을 모색해야 한다.

2) 수행평가의 필요성

2009 개정 교육과정에 의하면 '한국사'는 "우리 역사가 형성·발전되어 온 과정을 세계사의 흐름 속에서 심층적으로 이해함으로써 역사적 사고력과 현대 사회에 대한 통찰력을 기르기 위한 과목"으로 규정되어 있다. 그러므로 역사 교육은 체계화된 지식의 습득보다는 그 지식을 이용하여 현재 사회 현상을 탐구하고 분석하며, 문제해결에 필요한 비판적 사고력, 창의적 사고력, 판단 및 의사 결정력 등을 신장시키는 방향으로 실시되어야 한다.

그러나 지금까지의 역사 교육은 '왜?'나 '어떻게?'의 탐구 과정은 생략된 채, 단순한 사실로서의 지식을 암기하도록 요구해 왔다. 예를 들어, '임진왜란이 왜 일어났는지', '임진왜란에서 조선이 어떻게 승리할 수 있었는지', '임진왜란이 조선에 어떤 영향을 끼쳤는지'보다는 '임진왜란은 1592년에 일어났다'든가, '임진왜란은 이순신 등의 선전으로 조선 승리'라는 사실을 암기하는 게 더 중요했다.

 그나마 학력고사 체제에서 수학능력시험 체제로 변화하면서 해당 사건과 관련된 단순 사실보다는 원인과 결과를 생각하고 추론하는 능력을 평가하는 데 비중을 두고 있는 편이다. 그러나 비판 능력과 추론 능력은 선다형 평가로는 정확히 측정하기 어렵다.

 예를 들면, 교사가 학생들에게 일방적인 강의만으로 바위 그림의 내용을 설명하기보다는 관련된 동영상을 보여주고, 탁본된 인쇄물을 배부하여 그림의 내용을 하나씩 직접 확인해 보고, 그 결과를 통해 바위 그림의 제작 목적을 추론하도록 하는 것이 학생들의 이해에 효과적이다. 특히, 동영상에서 설명하는 그림들을 인쇄물에서 찾아 표시하거나 색칠하는 등의 노작 활동을 통해 수업의 집중력을 높이고 기억력을 지속시킬 수 있다. 이러한 방법은 비교적 한자 용어가 많아 난해하며 기억해야 할 내용도 많은 역사 과목에서 더욱 효과적이다.

 학생의 창의력과 사고력 그리고 탐구력 및 정의적 영역이 많은 부분을 차지하는 역사과에서 기존의 선다형 문항으로는 학생들의 능력을 평가하는 데 한계가 있는 것이 사실이다. 그러므로 위에서 언급한 것과 같은 수업을 실시하며 학생들의 수행 과정을 평가하는 것이 보다 의미 있는 일일 것이다. 그러나 단지 이러한 평가 방법의 개선보다는 역사과 교육의 목표를 달성할 수 있는 교수·학습방법의 개선이 선행되어야 한다.

 실생활의 모든 것들을 교재로 활용할 수 있는 과목이 역사 과목이다. 매일 새로운 정보를 전하는 TV나 신문은 물론이고, 주말에 방영되는 역사 드라마와 다큐멘터리, 역사 소설도 훌륭한 교재가 될 수 있다.

이처럼 폭넓은 교재를 주변에서 손쉽게 찾을 수 있는데도 불구하고 아직도 교과서를 성서처럼 여기고, 판서만으로 하는 수업은 이제 지양해야 할 것이다. 교과서의 주요 내용인 역사적 지식을 누가 더 많이 암기하고 있느냐는 더 이상 중요한 평가 대상이 될 수 없다. 21세기는 마우스 버튼을 한 번 누르는 것으로 전 세계 모든 사람들과 대화를 하고, 정보의 바다에서 필요한 자료를 얻을 수 있는 정보화 시대이다.

그러므로 교사는 스스로 교육과정을 재해석해야 하고, 교과서의 맹신에서 벗어나 교재의 재구성 및 교과 지식을 선별하는 것이 어느 때보다 필요한 시기이다. 모두 가르쳐야 한다는 강박 관념에서 탈피하여 교사의 주관적인 판단 하에 가르쳐야 할 것과 그렇지 않은 것을 구분해야 한다. 이러한 작업이 선행되지 않으면, 수업 시간이 부족해지는 결과를 초래하고 이로 인해 학생들에게 과중한 과제를 부여하는 왜곡된 수행평가가 될 것이다.

수행평가는 다음과 같은 제한점이 있으므로 유의해야 한다.

첫째, 역사과에서 수행평가를 실시하며 최근까지 나타났던 문제점의 하나는 국어·영어·수학 과목과 달리 교사 1인당 담당 학생 수가 너무 많다는 점이다. 그러나 2009 개정 교육과정으로 집중이수제가 실시되어 학교에 따라 역사 과목이 주당 5시간 내외를 확보하게 되었다. 그러므로 교사 1인당 담당 학급이 3~4개로 줄어들게 되며, 담당 학생 수도 100여 명 내외로 감소하여 수업 과정 속에서 평가를 실시하는 것이 가능해졌다.

둘째, 역사 과목에서는 자신의 의사를 정확히 표현할 줄 아는 능력을 요구한다. 그런데 대부분의 학생들은 의사 표현 방법으로 대표되는 말하기와 쓰기에 익숙하지 않다. 그동안 계속되어 온 수동적 교수·학습의 결과라고 할 수 있다. 일선 교사들에 의하면 수업에 참여하는 자발성이 고등학생보다는 중학생이, 중학생보다는 초등학생이 높다고 한다. 이러한 현상은 교사의 질문 빈도수가 감소하고 특정 학생에게 질문이 편중되기 때문이다. 중·고등학교 수업 시간에 학생의 의견은커녕 심지어 교사의 질문에 대한 대답마저 듣기 어려운 실정이다. 쓰기의 경우는 더욱 심각하다. 대부분의 학생들은 쓰기에 자신감이 없으며, 일부 학생들은 공포감을 드러내기도 한다.

이러한 상황에서 학생들에게 생각을 유도하고, 그것을 논리 정연하게 발표하도록 하는 것은 쉽지 않다. 그러므로 말하기와 쓰기는 국어과뿐만 아니라 역사과에서도 꾸준한 훈련이 요구된다. 훈련을 실시할 때에는 한 문장, 한 단락, 하나의 완성된 글 수준의 단계별로 체계화하여 실시하는 것이 바람직할 것이다.

셋째, 교육 목표에 입각하여 적절한 평가가 이루어지지 않으면 평가의 타당도나 신뢰도가 떨어질 수 있다는 것이다. 타당도의 문제는 일선 학교에서 가장 흔하게 실시하고 있는 보고서 작성이나 발표 수업의 평가기준을 어떻게 규정하느냐의 문제와 관련이 있다. 평가기준을 '주어진 분량에 맞추어 보고서를 작성하였는가?', '학생들의 발표는 제한된 시간 안에 실시되었는가?' 등의 형식적인 부분에 치중하다 보면 타당도의 문제가 생기게 된다.

그러나 보고서나 학생들의 발표 내용은 평가하는 관점에 따라 견해 차이가 생길 수 있어 수학이나 과학처럼 명확한 평가기준을 세우기 어려운 것이 사실이다. 이때 제기되는 것이 바로 신뢰도의 문제이다. 토론을 통해 수행평가를 실시하는 경우도 마찬가지이다. '얼마나 적극적으로 참여하였는가?', '다른 사람의 의견을 수용할 줄 아는가?' 등 토론의 기법에 치중하여 실제의 학습목표를 간과할 수 있기 때문이다. 그러므로 보고서 작성이나 토론 수업 등의 방법으로 수행평가를 실시할 때에는 국어과의 평가기준과 차별화할 수 있도록 역사과의 특징을 살릴 수 있는 주제를 선택하고 평가하는 것이 중요하다.

2. 역사과 수행평가의 유형

수행평가의 유형은 첫째, 평가 대상에 따라 개인별 평가와 그룹별 평가로 구분할 수 있다. 둘째, 평가하려는 내용에 따라 학생들의 학습 결과에 의한 제작물 평가와 실기, 발표, 토론 등의 직접적 행위 평가로 구분할 수 있다.

두 번째 유형 중 전자는 글쓰기와 탁본 뜨기, 역사 상상화 그리기, 포트폴리오법 등이 해당되며, 후자는 연극, 모의 재판, 답사 등이 해당된다. 또한 답사 후 보고서 제출이나 토론 수업에서 입론서 평가 등은 이를 절충한 방법으로 분류할 수 있다. 여기서는 수행평가의 대표적인 유형을 몇 가지 사례 중심으로 제시하고자 한다.

1) 조사(연구) 보고서법

문헌 조사나 현장 조사, 그리고 문화 체험 후 보고서를 작성하게 하고 이를 평가하는 방법이다. 연구 주제는 동일하게 부여하기보다 개인별 혹은 소그룹별로 선택할 수 있도록 하는 것이 학생들의 흥미 유발에 도움이 된다.

그룹별로 조사·연구를 실시해야 하는 경우에는 언제, 어떻게, 누

〈사례 6-1〉 조사 보고서법 평가 사례

갑신정변 관련 지역 일대를 답사하고 난 후 제출하도록 한 보고서. 경로를 따라 답사하고, 생각해 볼 문제의 답을 찾아 보고서를 작성한 후 제출한다.

답사 경로 : 우정국 → 김옥균의 집터(정독도서관) → 박영효의 집터(경인미술관) → 계동 현대사옥(경우궁 터) → 돈화문(창덕궁의 정문) → 창덕궁

답사 주제 : 개화파는 왜 정변을 일으켰을까?

☞ 생각해 볼 문제
1. 왜 우정국 개국 축하연을 계기로 정변을 일으켰을까?
2. 개화파가 고종과 왕비를 창덕궁이 아닌 경우궁으로 옮겼던 이유는 무엇일까?
3. 당시 일본 공사관 터는 현재 어디인지 찾아보자.
4. 답사했던 경로와 갑신정변의 경과를 지도에 표시해 보자.
5. 다음을 조사해 보자.
   - 우정국, 경우궁, 창덕궁, 김옥균, 박영효, 14개조 정강
6. 답사 후의 토론을 통해 개화파는 왜 정변을 일으켰으며, 개화파가 꿈꾸었던 사회는 어떤 모습인지 정리해 보자.

☞ 필요자료 : 경우궁~창덕궁 일대를 표시한 지도
제출 자료 : 답사 경로와 갑신정변의 경과가 표시된 지도, 모둠원이 포함된 답사 지역의 사진

〔채점 기준〕
1. 제출 자료가 보고서에 첨부되어 있는가?
2. 생각해 볼 문제에 모두 충실히 답하였는가?
3. 6번 문제에 당시의 역사적 배경을 토대로 서술했는가?
항목별로 상, 중, 하로 구분하여 평가할 수 있다.

가, 무슨 일을 담당할 것인지 미리 계획서를 받는 것이 효율적이며, 특히 평가 시에는 우수한 학생 몇몇에 의해 좌우되지 않도록 각각 담당한 일을 보고서에 쓰도록 하는 것이 좋다. 이러한 팀 프로젝트(Team Project)에서는 온라인 게시판을 활용하는 것이 효과적인데,

게시판에서 그룹별로 얼마나 과제가 진척되어 가는지 상황 파악이 가능하기 때문이다. 또한 그룹의 구성원들이 직접 만나지 않더라도 온라인 상에서 필요한 자료를 주고 받거나 질문과 응답을 통한 의사 소통이 가능하다.

　주의 사항으로는 최종 결과물인 보고서에 포함되어야 할 내용을 사전에 제시하는 것이 학생들의 연구 방향 설정에 도움이 된다. 예를 들어 주제와 관련하여 자료 조사만 할 것이 아니라 〈사례 6-1〉과 같이 생각해 볼 문제를 제시함으로써 학생 개개인의 주장을 정리하거나 일관성 있는 조사가 되도록 지도할 수 있다.

2) 조사(연구) 발표법

　조사(연구) 발표법은 위의 조사(연구) 보고서법과 연계하여 실시하는 방법으로 개인이나 모둠별로 평가가 가능하다. 이 평가는 학급 내의 모둠이 모두 동일한 주제로 실시하는 방법과 자신들이 조사ㆍ연구한 것을 다른 학생들에게 알려주기 위해 모둠별로 각기 다른 주제를 선정하는 방법이 있다. 전자는 모둠별로 비교가 가능하다는 장점이 있으나 수업 시간이 부족하다는 단점이 있어 일반적으로 활용하기는 적절하지 않다. 그리고 〈예시문항 6-1〉과 같이 후자의 방법으로 실시하는 경우 모둠별로 주제가 중복되지 않도록 주의해야 한다. 발표 주제는 각 모둠의 대표가 추첨을 통해 선택하도록 하며, 평가기준을 명확히 한다면 평가의 공정성을 확보할 수 있다.

　발표 방법은 학생들에게 자율권을 주되 교사에게 진행 상황과 애로 사항 등을 수시로 보고하도록 하며, 필요한 경우 교사의 조언을 받도록 한다. 발표는 연극, 비디오 촬영, TVㆍ라디오 방송극, 노가

〈사례 6-2〉 동료 평가지(학생들 간의 상호 평가)

> 우리도 평가해 보자!
>
> • 발표 모둠 : _____   • 발표 주제 : _____
> • 평가자 이름 : _____
>
> | | 그렇다 | 보통이다 | 아니다 |
> |---|---|---|---|
> | 1. 자료 수집은 폭넓게 이루어졌는가? | 3 | 2 | 1 |
> | 2. 적절한 방법을 선택했는가? | 3 | 2 | 1 |
> | 3. 학생들의 호응도 및 이해도는 어떠한가? | 3 | 2 | 1 |
> | 4. 역사적 사실이 잘 묘사되었는가? | 3 | 2 | 1 |
> | 5. 이번 발표를 통해 알게 된 역사적 사실을 한 문장으로 쓰시오. | | | |

바(노래 가사 바꿔 부르기), 파워포인트 등을 이용하는 방법을 활용할 수 있다. 발표 내용이나 분량에 따라 개인별, 혹은 그룹별로 주제를 부여할 수 있다.

특히 역사과에서는 과거의 상황을 재현해 보는 작업이 역사 이해에 도움을 주기 때문에 효과를 거둘 수 있다. 역사는 과학적인 요소와 함께 문학적인 요소를 동시에 가지고 있는데, 학생들이 문학적인 상상력을 동원해 과거의 상황을 재현함으로써 역사의 주제인 과거 사람들의 삶과 문화를 제대로 이해할 수 있기 때문이다.

평가 시에는 〈사례 6-2〉와 같은 동료 평가지를 활용하여 학생들 간의 상호 평가를 함께 실시하면 두 가지 효과가 있다. 첫째, 동료 평가를 하면서 수업의 집중도를 높이는 효과와 함께 둘째, 교사의 평가에 동료 평가 점수를 합산하여 공정성을 확보하는 데에도 유용하다. 그러므로 동료 평가 점수는 교사의 점수를 기준으로 적절한 비율로 산정하여 반영하는 것이 바람직하다. 특히, 발표 수업에서는 〈사례 6-2〉의 5번 문항으로 발표하는 모둠 이외 학생들의 수업 집중

〈예시문항 6-1〉 수행 과제

> 한 학급의 학생들을 4~5명으로 나누어 모둠을 편성한 후, 다음 고려 시대와 관련된 주제 중 관심 있는 한 가지를 선택하여 자료를 수집하고, 20분 이내로 발표를 준비한다.
>
> 〔주제 : 이자겸의 난, 묘청의 서경 천도 운동, 무신 정변, 최씨 무신 정권, 거란족의 침입, 몽골족의 침입, 고려의 불교, 고려의 예술〕

도와 참여도를 평가할 수 있다. 그러므로 수행평가의 유형과 특징에 맞게 〈사례 6-2〉와 같이 동료 평가지의 내용을 수정, 변경하여 적절히 활용한다면 평가의 질을 두 배로 향상시키는 효과를 기대할 수 있다.

조사(연구) 발표법은 다음과 같은 순서로 진행된다. 먼저 모둠의 대표가 모여 발표 주제를 정한다. 각 모둠에서 담당할 주제가 결정되면 모둠원끼리 모여 자료 수집 및 발표 계획을 의논하여 모둠별 발표계획서를 제출하도록 한다. 이 계획서에는 역할 분담, 발표 방법, 전체적인 준비 계획 등이 포함되도록 한다.

모둠의 대표는 수시로 이메일이나 온라인 게시판을 통해 발표 과정에서 생기는 질문 사항을 중심으로 교사와 의사 소통을 한다. 이 때 교사는 발표 준비 사항을 확인하고 조언할 수 있으나, 학생의 요청이 있을 때에만 실시하며 학생들 스스로 준비하도록 지도한다.

발표 당일에는 보고서를 함께 제출하도록 하며, 보고서에는 모둠원의 역할 분담, 발표 방법 및 사용 기자재, 발표 내용, 주제와 관련된 조사 내용, 참고 문헌 등이 포함되도록 지도한다. 그리고 각 모둠원들에게 동료 평가 시 유의 사항과 중점적인 평가 내용을 지도하는 채점자 훈련을 실시한다.

4~5명으로 구성된 모둠별 발표는 수업 진도에 맞추어 1회에 2조씩 시행한다. 모둠별 발표 시간을 15분 내외로 진행하면, 수업 중 5~10분은 교사의 조언 및 정리 시간으로 활용할 수 있다. 발표 중에는 모둠원들이 준비된 평가지로 동료 평가를 실시한다.

　모둠별 발표 수업을 진행할 때 교사는 다음 사항에 유의해야 한다. 첫째, 모둠 편성 시 소외당하는 학생이 없도록 관찰해야 한다. 둘째, 역할 분담이 중요함을 주지시켜 이른바 무임승차하는 학생이 없고, 일부 학생에게 과제가 전담되지 않도록 지도해야 한다. 셋째, 발표 준비 과정에서 역사적 사실을 충실히 이해하도록 강조하여, 발표 방법의 외형에만 치중하지 않도록 주지시킨다. 넷째, 발표 방법에 따라 기자재가 필요할 경우 수업 시작 전에 미리 준비하도록 하며, 모둠별 발표 시간을 엄수하도록 하여 수업 전개에 차질이 없도록 지도한다. 다섯째, 교사의 조언이나 지도는 동료 평가지를 수합한 후에 실시하여 동료 평가가 객관적으로 이루어지도록 협조한다.

　조사(연구) 발표법은 학생들의 창의적 능력을 평가할 수 있다. 연구 내용을 발표하는 과정에서 학생들 간의 토론 끝에 〈사례 6-3〉과 같이 연극하는 장면을 동영상으로 촬영한다거나, 〈사례 6-4〉와 같이 그림자 극을 실시하는 등 다양한 방법을 활용할 수 있다. 또한 한 가지 매체뿐만이 아니라 2개 이상의 복합적인 매체 사용도 가능하다.

　그러나 학생들의 협동심을 배양할 수 있는 장점을 지닌 모둠별 수업은 모둠원 간에 의견 차이를 극복하지 못하거나 협조가 이루어지지 않아 단합하지 못하면 발표하지 못하는 사례와 같은 단점도 있어 교사의 적절한 지도가 필요하다.

〈사례 6-3〉 동영상 촬영 중 일부 장면 캡처: 거란족의 침입

이 모둠은 "거란족의 침입"이라는 주제를 가지고 자신들의 다양한 활동을 동영상으로 촬영하여 발표하였다.

#1 : 학생들의 주의 집중을 위해 해당 모둠의 발표를 소개하는 장면
#2 : 관리의 모습
#3 : 서희의 외교 담판 모습을 자신들이 제작한 가면을 쓰고 연기하고 있는 모습
#4 : 강감찬의 귀주 대첩을 만화로 그려 촬영한 장면
#4의 장면에서 학생들이 그림 가장자리에 둘러앉아 성우처럼 대사를 하는 모습을 카메라에 함께 담아 폭소를 자아냈다.

이 모둠은 실제 연기에서의 실수를 없애고 제한된 시간에 맞추기 위해 동영상 촬영의 방법을 채택했다고 한다. 역사적 사실을 다양한 방법으로 재현하고 있어 좋은 평가를 받았으며, 모둠별 협동심이 잘 나타나 있다.

〔채점 기준〕
1. 적절한 방법을 선택했는가?
2. 역할 분담이 적절히 이루어졌는가?
3. 필요한 개념을 이해하고 사용하였는가?
4. 역사적 사실에 오류는 없는가?
5. 보고서에 필요한 내용 요소가 모두 포함되어 있는가?

항목별로 상, 중, 하로 구분하여 평가하며 단계별 배점은 필요에 따라 부여할 수 있다. 또한 발표자에게는 가산점을 부여할 수 있다. 동료 평가와 일정 비율로 합산하여 평가하면 평가의 공정성을 확보할 수 있다.

〈사례 6-4〉 그림자 극 중 일부 장면 발췌: 고려의 불교(천태종과 조계종)

이 모둠은 "고려의 불교" 부분을 발표하며, 그림자 극을 연출하였다.
1 : 의천이 왕에게 종파 간의 대립을 해결할 방안을 의논하는 장면
2 : 의천이 교종과 선종 사이에서 어떻게 하면 통합할 수 있을지 고민하는 장면
발표 중에는 미리 녹음해 둔 대사를 장면에 맞춰 틀어주는 사람, 인형을 움직이는 사람, 손전등을 비추는 사람, 막을 들고 있는 사람 등 협동심이 잘 나타났던 발표의 사례이다. 인형이 무엇을 뜻하는지 잘 알도록 하기 위해 글씨를 새겨 넣었던 점이 우수하다는 평가를 받았으며, 모둠원 중 미술 전공 학생이 있어 각각의 인형을 특징적이면서 섬세하게 만들 수 있었다. 이 모둠은 인형극 이외에도 천태종과 조계종 비교, 팔만대장경의 제작 과정 등을 파워포인트(PPT)로 제작하여 발표에 함께 활용하여 학생들의 호응도와 수업 집중도를 높일 수 있었다.

3) 글쓰기법

글쓰기는 역사를 비롯한 사회과 학습의 중요한 수단이다. 학생들은 글쓰기 작업을 통해 새로운 내용을 배우고 이전에 알지 못했던 생각들을 발견하고 구조화할 수 있다. 여러 가지 정보를 모아 글쓰기를 해야 할 경우 글쓰기 과정에서 유용한 정보를 추출하고 조직하여 정리할 수 있는 것이다. 또한 써야 할 글의 종류에 따라 역사적 사실의 인과 관계를 파악하며 스스로 이해하고 사고하는 과정을 확장시킬 수 있다.

글쓰기는 학생들이 알고 있는 사실을 표현하는 학습의 결과를 파악하는 작업으로 이해하지만 때로는 새로운 내용을 파악하는 학습의 과정에서도 중요하게 실시된다. 그러므로 수업과 연계하여 실시하는 수행평가의 의의를 잘 살릴 수 있다.

역사과를 비롯한 사회과 수업에서 활용하는 글쓰기의 종류에는 설명적 글쓰기, 자유로운 글쓰기, 창의적 글쓰기 등이 있다. 흔히 과제로 제시하는 보고서 작성은 설명적 글쓰기에 해당된다. 학생들 스스로 다수의 정보를 찾아내고 유용한 정보를 추출하여 주제에 맞게 조직, 정리하는 작업이기 때문이다. 자유로운 글쓰기는 용어 그대로 다양한 주제에 따라 자유롭게 써내려 가는 작업이다. 창의적 글쓰기는 학생들이 새로운 관점으로 역사적 사실을 분석, 평가하는 작업이다. 자유로운 상상에 의하기보다는 역사적 사료를 근거로 하는 글쓰기가 여기에 해당된다.

이상의 글쓰기 유형을 바탕으로 현재 역사과에서 수행평가로 활용되고 있는 글쓰기는 역사 신문 기사, 극화 학습의 대본, 역사적 인물에게 보내는 편지, 인터뷰 기사, 연설문, 건의문, 역사 일기, 감상문 등이며, 경우에 따라서는 마인드 맵이나 연표 작성도 포함할 수 있다.

〈예시문항 6-2〉, 〈사례 6-5〉, 〈사례 6-6〉은 역사에 대한 흥미와 관심을 고조시키기 위해 수업 시간 중에 활용될 수 있는 간단한 글쓰기 과제이다. 그러므로 세부적인 기준을 제시하여 채점하기보다는 평가 횟수가 누적되며 수행 여부만으로도 평가가 가능하다. 그러나 〈사례 6-7〉은 역사 용어의 개수를 규정한다거나 역사적 사실에 오류

〈예시문항 6-2〉 수행 과제

> 단원별로 수업 진행 과정에서 필요하다고 여겨지는 소 주제를 정하여, 그와 관련되는 '○○ 생각' 이라는 제목 하에 자신의 생각을 글이나 그림으로 표현하도록 하여 수행 여부에 따라 평가한다.

〈사례 6-5〉 '역사' 하면 떠오르는 것을 정리해 보자

* 역사로 끝말잇기

역사 → 사신도 → 도병마사 → 사헌부 → 부석사 무량수전 → 전시과 → 과전법 →
법흥왕 → 왕오천축국전 → 전두환 → 환곡 제도 → 도교 → 교관겸수 → 수취 체제
→ 제생원 → 원광 광개토대왕 → 왕인 → 인안 → 안평 대군 → 군역 → 역사
∴ 역사는 돌고 도는 것이다.

역사는 인류와 함께 시작되었다. 그러니까 우리 모두에겐 각자의 삶 속에서 역사가
흐르고 있는 것이다. 특정인이 아닌 평범한 사람의 삶 속에서도 역사를 찾아볼 수 있
다. 내가 2살 때에는 북한의 김일성이 사망하였으며, 6살 때에는 김대중 대통령이 당
선되어 역사적으로 평화적인 여·야 간의 정권 교체가 이루어졌다. 그리고 5년 후인
11살 때에는 2002 월드컵 경기가 열려 모두들 붉은 악마가 되어 열심히 한국을 응원
하였다. 이후 노무현 대통령을 거쳐 3년 전에 이명박 대통령이 당선되어 지금의 정부
로 교체되었다. 사람들은 역사가 있기에 존재하는 것이다. 그리고 사람들이 있기에
역사가 존재하는 것이다. 역사와 나, 떼려야 뗄 수 없는 불가분의 관계인 것 같다.

〈사례 6-6〉 나의 가족사 연표 만들기

나의 가족사 연표 만들기   3학년 __반 __번 이름 ____

연도	주요 역사적 사건	우리 가족의 중요 사건	나의 사건
1979	부·마항쟁		
	10·26사태		
1980	5·18민주화 운동	아빠, 고등학교 졸업	
1986	서울 아시안 게임		
1987	6월 민주 항쟁	할아버지, 회갑 잔치	
	6·29선언		
1988	서울 올림픽 개최	아빠·엄마 첫 만남	
1992		아빠·엄마 결혼식	
1994			탄생
1995			첫 돌 잔치
1997	외환 위기	남동생 탄생	유치원 입학
2001			초등학교 입학

가 없는지 등으로 채점 기준을 정할 수 있다.

<사례 6-7> 신석기 시대의 가상 일기 쓰기

천둥이 치고 번개가 치고, 장대 같은 비가 쏟아지고 있다. 움집 한가운데 있는 화덕에 불을 붙이고, 가족들이 모여 앉았다. 나와 동생 구름 걸린 달은 옆에서 옷과 그물을 만들고 있다. 오늘따라 가락바퀴가 잘 움직이지 않는다. 그러다 갑자기 구름 걸린 달이 뼈바늘에 찔려 울고 있다. 울음을 그치기는커녕 점점 더 크게 울고 있는데, 오빠 눈 밑에 점은 옆에서 갈판과 갈돌로 곡식을 빻고 있다.
밖에는 비가 그치지 않아 어른들은 밭에 있던 조와 수수가 떠내려갈까 걱정이다. 아버지와 어머니는 돌삽과 돌보습을 챙겨 들고 밭으로 나가신다. ……
우리들은 새로 움집을 짓기 위해 나무를 구하러 나가야 했고, 눈 밑에 점과 나무와 바람은 무언가 먹어야 했기에 간석기와 활을 들고 사냥을 나섰다.

4) 포트폴리오법

포트폴리오(portfolio)란 보관, 유지가 가능한 서류철로서 그림, 작품 등의 진술 증거를 수반하는 용기이며, 정부 관료의 문서 목록을 지칭하기도 하고, 사업적인 문서나 은행 투신의 안전에 대한 문서 목록 등으로 정의하고 있다.

포트폴리오를 이용한 수행평가는 대체로 한 단원이나 한 학기, 혹은 1년을 단위로 실시되는 방법으로 비교적 장기간을 요하는 평가이다. 그러므로 수행 과정을 점검하는 중도 평가를 1∼2회 정도 병행하여 실시하는 것이 바람직하다.

포트폴리오법은 하나의 주제를 정해 학생이 조사하고 연구한 노력의 결실을 평가하는 것이다. 이 방법의 장점은 포트폴리오 안에서 채점 기준을 찾을 수 있기 때문에 평가 근거가 비교적 명확하다는 것이다. 또한 수행 과정의 시작과 끝을 비교하여 향상 정도를 평가

<사례 6-8> 포트폴리오 수행 과제의 예

▶ 일간 신문 기사를 통해 다음의 주제별로 각각 2개 이상 스크랩한 후, 기사에 나타나는 인물이나 사건에 관해 조사, 연구하고 본인의 견해를 쓴다. (단, 신문 기사를 인터넷에서 검색했을 때에는 일자와 출처를 분명히 밝힌다.)
  1. 최신의 연구 동향(새로운 역사 해석)
  2. 문화재 관련(새 유물의 발굴, 문화재 훼손, 외국 소재의 문화재)
  3. 가 볼 만한 역사 유적지
  4. 역사와 관련된 서적의 발간이나 문화 · 예술 공연
  5. 역사 인물 탐구

〔채점 기준〕
1. 자료 수집 능력 : 주제에 맞는 기사를 개수만큼 수집하였는가?
2. 조사 연구 능력 : 자료 조사를 통해 필요한 개념을 학습하고 정리하였는가?
3. 성실성 : 과제를 수행하는 데 있어 지속적으로 성실히 수행하였는가?
4. 의사 표현 능력 : 과제 수행을 통해 자신의 감상과 견해를 올바로 표현하고 있는가?

항목별로 상, 중, 하로 구분하여 평가하며 단계별 점수를 부여하여 합산할 수 있다.

할 수 있다. 역사과에서는 〈사례 6-8〉과 같이 주제별 스크랩을 활용하여 포트폴리오를 작성하게 되는데, 관련 자료를 모으고, 철하며, 정리하는 과정에서 자연스럽게 학습이 이루어지고 자신의 견해를 정립할 수 있다. 이때는 자료 수집 능력, 조사 연구 능력, 성실성, 의사 표현 능력 등을 포함하여 평가기준을 작성할 수 있다.

한편 교수 · 학습의 과정 속에서 수행평가를 실시한다고 할 때 가장 현실적이고 적용 가능한 방안은 학습지를 이용한 포트폴리오 평가이다. 학습지 혹은 이를 책으로 엮은 배움책에는 교수 · 학습과정에서 필요한 역사적 사실의 내용 및 사료를 포함하여 지도나 사진 등 그와 관련된 자료, 그리고 단원별로 학생들의 사고력을 증진시킬 수 있는 수행평가의 내용이 포함되어 있어야 한다. 단지 교과서 내

용의 핵심을 요약 정리하여 중요 용어를 빈칸으로 두고 이를 채우는 형식의 배움책은 포트폴리오 평가에 적용하기 어렵다.

5) 퀴즈와 게임 방법

퀴즈와 게임을 활용하는 수행평가는 교수·학습과 가장 밀접하게 연관되어 실시할 수 있는 평가의 유형이다. 퍼즐이나 스피드 퀴즈, 골든벨, 사다리 타기, 미로 찾기 등 기존의 게임에 역사 지식을 포함시켜 수행평가 문항을 직접 제작하게 하여 과정을 평가하거나 아니면 교사가 제작한 문항으로 평가를 실시하는 방법이다.

〈사례 6-9〉와 같은 역사 퍼즐 만들기는 대단원 학습이 끝난 후 중요한 개념이나 용어를 정리, 추출하여 그룹별로 작업하는 것이 좋다. 학생들의 역사적 사고력과 이해도를 높이기 위해 역사 용어와 개념을 정확히 이해하고 파악하기 위한 좋은 방법이다. 역사 퍼즐은 퍼즐을 만드는 것으로도 큰 효과를 거둘 수 있으며, 퍼즐을 풀어보는 동안에도 또 다른 재미를 느껴 역사수업에 대한 흥미를 느끼게 할 수 있는 평가 방안이다.

이상의 수행평가 유형은 인터넷이 보급되면서 과제형으로 제시될 때에는 웹 상에서 이루어진다. 조사 연구를 토대로 한 보고서나 글쓰기 등의 과제 제출은 물론이고, 토론도 인터넷을 통해 동시에 다수의 학생들이 접속하여 실시하는 것이 가능하다. 또한 시스템만 잘 구축되어 있다면 교사와 직접 대면하지 않고 웹 상으로 모둠 활동이 잘 이루어지고 있는지, 개별적으로는 어떤 활동을 하였는지 팀 프로젝트의 수행 과정을 확인할 수도 있다. 그러므로 교실에서 직접 학생들을 대면하고 지도하는 것과 웹 상으로 질문을 주고 받으며 수행

〈사례 6-9〉 그룹별로 퍼즐 만들기(선사~통일신라)

	사	출	도			두	
	비		독	서	삼	품	과	하
				원			하
			상	경			마
	첨	성	대		집	
			등		사	
	부	례		육	부	

가로 열쇠	세로 열쇠
1. 부여의 마가, 우가, 저가, 구가가 각각 다스리던 행정구역	1. 백제의 성왕이 국가의 중흥을 위해 천도한 지역
4. 통일신라 때 독서 성적에 따라 차등을 두어 관리를 등용하던 제도	2. 통일 신라의 행정구역인 주의 장관
7. 발해의 문왕은 수도를 중경에서 이곳으로 옮겼다.	3. 골품제란 진골, 성골과 여러 층의 이것으로 이루어진 신라의 신분제도
9. 경주에 있는 우리 나라 최초의 천문대	5. 신라의 5소경은 금관경, 남원경, 북원경, 중원경, 그리고 이것
10. 삼한의 지배자 중 권력이 적은 것을 읍차 또는 이것으로 부름.	6. 말을 타고 과일나무 아래를 지날 수 있을 만큼 키가 작은 말. 동예의 특산물
11. 발해의 정당성 아래 설치된 부서. 충 · 인 · 의 · 지 · 예 · 신. 3성 ○○	7. 화백회의를 주관하는, 신라 귀족 세력의 대표자
	8. 통일신라 때 국가 기밀과 정무를 맡아 보던 최고의 행정 관아. 장관은 중시

〔채점 기준〕
1. 제한된 시간에 완성하였는가?
2. 퍼즐의 특징에 맞추어 제작하였는가?
3. 중요한 역사적 개념을 활용하였는가?
4. 필요한 역사적 개념을 올바로 이해하고 있는가?

항목별로 상, 중, 하로 구분하여 평가하며 단계별 점수를 부여하여 합산할 수 있다. 모둠별로 제작된 퍼즐은 학급별로 교환하여 가장 먼저 퍼즐의 답을 완성하는 학생에게 개인별로 가산점을 부여할 수 있다.

〈그림 6-2〉수행과제 개발 단계

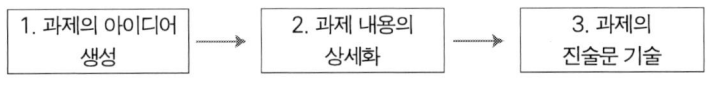

| 1. 과제의 아이디어 생성 | → | 2. 과제 내용의 상세화 | → | 3. 과제의 진술문 기술 |

(McMillan, 1997 : 209)

과정을 확인하는 블렌디드 러닝(Blended Learning : 학습효과를 최대화하기 위하여 온라인과 오프라인 등 다양한 학습 방법을 혼합하여 교육하는 것) 기법을 활용하는 것이 적절한 수행평가 기법이다.

3. 역사과 수행평가의 절차와 원리

1) 수행평가 과제 제작의 절차

수행평가 과제를 개발할 때에는 가장 먼저 평가 목표를 점검해야 한다. 평가 목표가 전통적인 평가 방법인 선택형으로 측정할 수 있는 것이라면 수행평가 과제로 개발할 필요가 없기 때문이다. 수행평가 과제 제작의 절차는 〈그림 6-2〉와 같은 단계를 거친다.

〈그림 6-2〉의 1단계에서는 학생들의 흥미를 유발하며 다양한 능력을 발휘할 수 있는 과제를 계획하는 것이다. 이때 교사의 참신한 아이디어가 필요하며, 개인 활동으로 수행하도록 할 것인지 아니면 집단 활동으로 할 것인지를 결정해야 한다. 무엇보다 학생들의 창의력을 계발하며 역사 능력을 평가할 수 있는 과제로 계획하는 것이 필요하다.

2단계 과제 내용의 상세화 단계에서는 어떤 내용을 포함시킬 것인지, 어떤 종류의 과제를 부여할 것인지를 확인해야 한다. 과제의 종류를 결정할 때에는 다양한 수행평가의 유형을 고려하여 단원의 목적에 적합한 활동으로 선정해야 한다. 이때 제작하려는 수행 과제가 교육과정과 어느 정도 연관성을 갖고 있는지를 검토하고, 평가의 목적을 확인하는 작업이 선행되어야 한다. 예를 들어 역사과에서 실시하는 수행평가임에도 마치 국어과에서 실시하는 글쓰기 평가에 초점을 둔다든가, 조사 보고서를 제출하는 수행과제를 제시하면서 정보 검색 능력 측정에 초점을 두는 것은 역사과 평가 목표에 적합하지 않은 사례이므로 유의해야 한다.

3단계에서는 학생들에게 부과할 수행 과제의 내용과 구체적인 활동, 필요한 자료나 채점 기준 등을 명료하게 진술해야 한다. 특히, 학생들에게 독해 능력을 측정한다는 비판을 피하기 위해서는 과제의 진술문에 어려운 용어가 포함되지 않도록 서술해야 하며, 모호하게 진술되지 않도록 주의해야 한다. 누구나 읽고 쉽게 이해할 수 있도록 분명하게 진술하는 것이 필요하다.

위와 같이 설명한 내용을 토대로 과제 제작 절차를 보다 구체화해서 표현하면 〈그림 6-3〉과 같다.

〈그림 6-3〉 수행평가의 과제 제작 절차(상세)

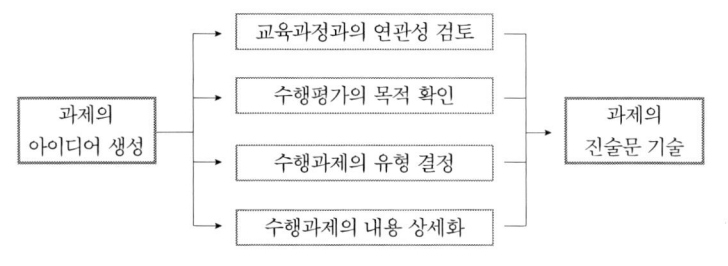

2) 수행평가 채점 기준의 개발

(1) 채점 기준 개발의 필요성

채점 기준은 학생들의 수행을 판단하기 위한 것으로 수행평가를 일반적인 과제와 구별해 주는 요소이다. 채점 기준은 교수 목표의 내용을 반영하여야 하며, 학생들의 성취수준을 구분할 수 있어야 한다. 그러므로 채점 기준을 개발하는 것은 교사가 수업 목표를 명료화하도록 해준다.

학생들이 역사에 대해 어떻게 인식하고 있는지를 평가하기 위해 "역사에 대하여 생각나는 것을 글로 표현해 보자."라는 과제를 제시해 놓고는 '글의 논리성', '맞춤법', '분량의 적절성'으로만 평가한다면 평가 목표가 분명히 반영되지 않은 것이다. 채점 기준으로만 본다면 논리적이고 맞춤법에 어긋나지 않으며 적절한 분량이면 좋은 점수를 받을 수 있기 때문이다. 가장 중요한 것은 글의 내용이나 형식에 역사성이 반영되어 있는지를 평가해야 한다. 그러므로 평가 목표를 분명히 하고 학생들의 수행 결과를 적절히 평가하기 위해서는 보다 구체화된 채점 기준이 개발되어야 한다.

(2) 채점 기준의 조건과 방법

① 채점 기준의 조건

채점 기준은 다시 말하면 학생이 도달할 수 있는 최고의 수준을 명시한 것이다. 학생들은 이를 모델로 수행 계획을 수립하고 수행 방법을 고민할 수 있다. 채점 기준이 갖추어야 할 또 다른 조건으로는 명료해야 한다는 것이다. 채점 기준을 직접 개발하지 않은 제3자가 채점하더라도 기준에 의거하여 일관성 있게 채점할 수 있는 가이드 라인을 제시해야 한다.

② 총괄적 채점 방법과 분석적 채점 방법

총괄적 채점 방법은 평가결과에 대하여 영역을 별도로 구분하지 않고 종합적으로 판단하여 점수를 부여하는 방법이다. 이에 비해 분석적 채점 방법은 영역을 구분하여 영역마다 점수를 부여하는 방법이다. 각각의 장·단점을 비교하면 다음과 같다.

총괄적 채점 방법은 채점 시간이 빠르고 채점이 용이하다는 장점이 있다. 그러나 채점자들이 판단하는 전체적인 인상이 점수 부여의 중요한 기준이 되어 채점자마다 서로 다른 준거를 적용할 수 있다는 단점이 있다.

한편 분석적 채점 방법은 채점자들에게 보다 명료한 기준을 제공하기 때문에 일관성 있는 채점이 가능하다. 그러나 실제 채점에서 총괄적 채점 방법보다 시간이 많이 걸리고 2~3단계의 과정을 더 거쳐야하는 등 다소 복잡하다는 단점이 있다.

지은림(2000: 242-244)에 의하면 실제로 동일한 과제를 총괄적 채점 방법과 분석적 채점 방법으로 실시한 결과 전체 부여 점수는 영역을 구분하여 평가하는 분석적 채점보다 총괄적 채점 방법이 더 높은 수치를 기록하였다. 예를 들어 〈사례 6-10〉과 같은 채점 기준에 의해 15점 만점으로 평가할 때 총괄적 채점으로는 13점을 받은 과제가 분석적 채점 방법을 적용할 때에는 세 가지 항목에서 3-3-4, 총 10점으로 평가받은 것이다. 두 가지 채점 방법이 총점에서는 이렇게 차이를 보이지만 학생들의 등위에는 거의 영향을 주지 않았다. 결국

〈사례 6-10〉총괄적 채점 기준과 분석적 채점 기준 예시

수행 과제: 고구려, 백제, 신라, 가야 지역을 홍보할 수 있는 광고지를 제작해 보자.

총괄적 채점 기준

척도	채점 기준
상	수집한 자료나 사진을 적절히 활용하여 광고지로서의 형식에 적합하며 홍보할 만한 내용으로 구성되었고, 그 지역의 특징이 잘 드러남.
중	자료나 사진을 활용하였으나 광고지로서의 형식에 적절하지 않으며 그 지역의 특징이 잘 드러나지 않음.
하	자료나 사진을 제대로 활용하지 못하였고, 광고지로서의 형식을 갖추지 못하였으며, 그 지역의 특징이 나타나지 않음.

분석적 채점 기준

채점 내용	척도	채점 기준
자료의 수집 및 활용	상	다양한 자료를 적절히 활용하였다.
	중	일반적인 자료를 활용하였다.
	하	자료를 사용하지 않거나 적합하지 않은 자료를 사용하였다.
홍보 내용과 형식의 적절성	상	홍보물의 형식을 갖추고 다른 사람의 시선을 끌도록 설득력 있는 독창적인 내용으로 구성되었다.
	중	홍보물의 형식을 제대로 갖추지 못하였으며, 내용도 독창적이거나 설득력을 갖추지 못하였다.
	하	홍보물의 형식이 아니며, 내용도 전혀 독창적이거나 설득력을 갖추지 못하였다.
각 지역의 특징	상	각 지역의 특징이 잘 드러나는 문구를 사용하여 한눈에 파악할 수 있다.
	중	각 지역의 특징이 잘 드러나지 않으며, 문구도 눈에 띄지 않았다.
	하	각 지역의 특징이 전혀 나타나지 않았다.

총점순으로 학생들을 배열한 결과 등위는 거의 변화가 없었다는 것이다. 그러므로 과제의 종류와 성격에 따라 두 가지 채점 방법의 장·단점을 고려하여 적절히 활용하는 것이 중요하다.

3) 수행평가의 사례

(1) 프레젠테이션 소프트웨어를 활용한 수행평가

특정 주제를 선정한 후 모둠별로 프리젠테이션 슬라이드와 발표 대본을 준비하여 수업을 실시한다. 다른 학생들은 참관록을 작성하여 제출한다. 수업 진행 과정에서 수행평가가 진행된다는 것이 특징이다. 구체적인 실시 과정은 〈그림 6-4〉와 같다.

〈그림 6-4〉 프레젠테이션 소프트웨어를 활용한 역사과 수행평가 과정

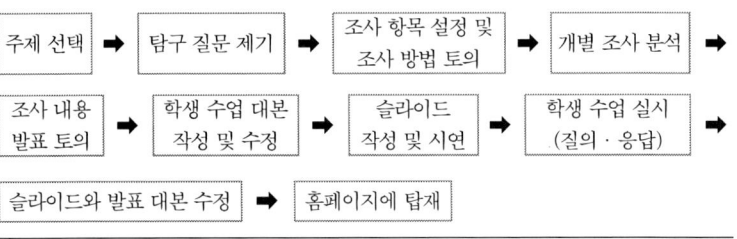

(권오현, 2002: 11-13)

① 수행평가의 실시 과정

〈그림 6-4〉의 수행 과정 중 탐구 질문 제기 단계에서는 주제와 관련된 교과서 내용을 같이 읽으며 각자 알고 싶거나 의문이 생기는 점 등을 브레인스토밍 방식으로 제시한다. 먼저 5~10분 정도의 시간 내에 개인별로 탐구할 물음을 적게 하고 그것을 모아 마인드 맵 방식으로 정리하도록 한다. 그리고 학생 수업 실시 단계에서는 가능하면 자신이 조사한 부분은 자신이 발표하는 것이 바람직하며 내용

〈사례 6-11〉 프레젠테이션 소프트웨어를 활용한 역사과 수행평가의 채점 기준

항목	기준
내용 구성	1. 역사적 사실이나 사건에 대한 독창적이고 본질적인 질문을 제기하였는가?
	2. 발표 내용이 논리적으로 구성되었는가?
	3. 발표 내용을 충분히 이해하여 다른 사람이 알기 쉽게 설명하고 있는가?
	4. 다양하고 적절한 자료를 참고하였는가?
표현 방법	사진, 동영상, 음향, 도표, 그림, 통계, 지도 등 표현 형태가 다양한가?
발표	1. 속도, 발음, 목소리 크기 등 상대방이 알아듣기 쉽게 발표하는가?
	2. 교사나 학생의 질문에 대해 핵심을 파악하여 요령있게 대답하는가?
개인 평가	자신이 맡은 역할에 대한 작업 내용을 충실하게 기록하여 제출하였는가?
가산점	1. 발표 내용에 대해 좋은 질문을 한 모둠은 1회 1점씩 총 10점까지 가산
	2. 발표 후 프레젠테이션 슬라이드를 수정, 개선 정도에 따라 총 5점까지 가산

(권오현, 2002: 11-13)

에 따라 수업을 담당하는 학생 수를 조정해야 한다. 최종적으로 수업 중에 지적된 문제점을 수정, 보완하여 학교 홈페이지에 올려 다른 학생들과 정보와 자료를 공유한다는 점에 의미가 있다.

② 수행평가의 채점 기준

채점 기준 중 특이한 것은 '개인 평가' 항목이 있다는 것이다. 개인 평가는 모둠별로 진행되는 협동 학습 결과에 대한 문제점을 보완하기 위한 것이다. 일부 구성원만의 적극적인 태도로 협동 학습이 진행되거나 모둠 전체에 대한 평가만 이루어질 경우, 개인별 성취도를 제대로 평가할 수 없다는 문제점도 있기 때문이다. 또한 가산점 부여 제도를 활용하기도 하였다. 수업에의 집중도를 높이고, 상대방의 설명이나 주장이 지닌 허점을 발견하는 훈련을 위해 발표를 듣고 질 높은 질문을 한 경우, 그리고 수업 후 교사나 학생의 지적을 프레젠테이션 수정 시 반영한 정도에 따라 가산점을 부과하였다.

(2) 역사 소설을 읽고 감상문 쓰기

역사 소설을 읽고 학생들은 시대 상황을 보다 생생하게 체험할 수 있을 뿐 아니라 시대 흐름에 대한 이해를 높일 수 있었다. 단지 선택의 폭을 넓힐 필요가 있으며, 소설을 역사적 사실로 이해하지 않도록 하는 지도가 요구되었다.

〈사례 6-12〉 역사 소설을 읽고 감상문 쓰기

① 수행 과제 내용
- 학기 초에 각 시대를 대표하는 역사 소설을 선정하고, 이에 대한 간단한 역사적 배경과 독서의 주안점을 학생들에게 제시하였다.
- 4개월의 독서 기간을 주고, 6월 말에 평가를 실시하였다.
- 독서 감상문을 쓸 때 다음과 같은 유의 사항을 제시하였다.
  ① 시대적 배경을 쓸 것.
  ② 각 사건이나 주요 인물들 간의 관계도를 그려 파악할 것.
  ③ 역사 소설을 통해 알 수 있는 그 시대의 생활상을 소개할 것.
- 학생들이 꾸준하게 책을 읽을 수 있도록 중간 점검과 독려가 필요하다.

② 수행 과제 예시: 홍명희의 『임꺽정』 감상문
임꺽정을 읽는 데는 역시 시간이 필요했다. 외래어의 홍수 속에 살고 있는 나로서는 이해하기 어려운 말들이 너무 많았다. '시뚝하다' 든지 '게먹는다' 는 말들을 내가 어떻게 들어봤겠는가? 하지만 모르는 말치고 술술 그냥 그렇게 쉽게 넘어갔다.……
임꺽정을 읽다 보면 화나는 일이 생긴다. 앞의 3편에서는 지저분하다는 느낌마저 든다. 중종, 인종 후에 명종에 이르기까지의 격동상. 사람의 목숨이라는 것은 언제든지 짓이기고 뛰어오를 수 있는 발판에 불과했고, 국가의 사법권은 개인의 수단일 뿐이었다.
…… 작가 홍명희의 의도가 이것 아니었을까? 꺽정이의 모습은 벽초가 살던 시대에 민중의 정치적 자각을 재촉하고 있는 것이다. 사람들은 일제의 탄압과 나라 잃은 설움을 통탄만 하고, 꺽정이의 아버지 같은 백정들처럼 그저 당하고만 있었다. 깨달아 가는 꺽정이의 모습을 보여주면서, 홍명희는 그들에게 이 통쾌함으로 지금은 민중이 일어나야 할 때라고 그렇게 암시하고 있다. ……

③ 채점 기준
1. 시대적 배경을 파악하여 역사적 사실과 관련지어 서술하였는가?
2. 중요 사건이나 인물들 간의 관계를 파악하였는가?
3. 당시의 생활상을 실례를 들어 소개하였는가?

(이대희, 2002: 68-74)

(3) 시무책(時務策) 쓰기

시무책은 당시의 역사적 상황을 제대로 파악하고 있는지를 평가하며, 문제점을 정확히 분석하여 해결책을 제시하는 것으로 학생의 역사적 사고력과 판단력을 평가할 수 있는 수행평가의 사례이다.

〈사례 6-13〉 시무책 쓰기

① 수행 과제 내용
다음은 통일 신라 말의 상황을 보여주는 자료들이다. 당시 6두품의 입장에서 신라 사회의 문제를 어떻게 해결할 것인지, 다음 작성 방법을 참고하여 시무책의 형식으로 작성하시오.

▶ 시무책 작성 방법

• 시무책의 각 조목은 첫째, 둘째, 셋째, …… 의 형식으로 서술한다.
• 시무책에는 ① 신라 하대 사회의 모순에 대한 인식, ② 그 원인에 대한 분석, ③ 모순의 해결책이 반드시 포함되어야 한다.

〈자료 1〉 중앙 정치 상황
• 37대 선덕왕 김양상(780~785) 전 임금 혜공왕을 살해하고 왕위에 오름
• 38대 원성왕 김경신(785~798) 주원과 왕위 다툼 끝에 왕위 차지
• 39대 소성왕(798~800) 원성왕의 손자로 왕위 계승
• 40대 애장왕(800~809) 소성왕의 아들로 왕위 계승
• 41대 헌덕왕 김언승(809~826) 조카 애장왕을 살해하고 왕위 차지
• 42대 흥덕왕(826~836) 헌덕왕의 동생으로 왕위 즉위

- 43대 희강왕(836~838) 흥덕왕을 죽이고 왕위 차지
- 44대 민애왕(838~839) 희강왕을 죽이고 왕위 차지
- 45대 신무왕(839) 민애왕을 죽이고 왕위 차지
- 46대 문성왕(839~857) 신무왕의 아들로 왕위 계승

〈자료 2〉 신분 제도
설계두는 신라 6두품 집안의 자손이다. 하루는 친구들과 함께 술을 마시며, "우리 신라에서는 사람을 쓰는 데 먼저 그 신분을 따지므로, 특별한 신분이 아니면 비록 큰 재주와 뛰어난 공이 있다 하더라도 큰 인물이 될 수 없다. 내가 바라는 것은 멀리 당나라로 가서 빼어난 지혜를 발휘하고 뛰어난 공을 세워 나 스스로 영광스런 길을 열고 높은 관리가 차는 칼을 차고 황제 곁을 드나드는 것이다."라고 하였다. 훗날 몰래 당에 건너갔다.

〈자료 3〉 귀족들의 삶
35개나 되는 거대한 저택(금입택)이 있었다. …… 신라의 귀족들은 그외에 춘하추동 네 계절마다 놀던 별장을 가지고 있었으며 …… 49대 헌강왕 때에는 성 안에 초가집이 하나도 없고 집의 처마와 담이 이웃집과 서로 이어져 있었다. 노래 소리와 피리 부는 소리가 길거리에 가득 차서 밤낮으로 끊이지 않았다.
　　　　　　　　　　　　　　　　　　　　　　　－『삼국유사』 진한, 우사절유택

〈자료 4〉 민중들의 삶
효녀 지은은 한기부 백성 연권의 딸로서 성품이 지극히 효성스러웠다. 처녀 시절에 아버지를 여의고 혼자 어머니를 봉양하여 나이 32세가 되도록 시집을 가지 않고 밤낮 어머니의 곁을 떠나지 않았다. …… 혹은 품팔이도 하고 혹은 동냥을 하며 밥을 빌어다가 어머니를 봉양하였다. 날이 갈수록 피곤함을 견딜 수 없으므로 부잣집에 가서 몸을 팔아 종이 되기를 부탁하여 쌀 10여 석을 얻었다. 그리하여 해가 지도록 그 부잣집에 다니면서 일을 해주고 밤이면 돌아와서 밥을 지어 어머니를 봉양하였다. 3~4일 뒤에 그의 어머니가 딸에게 이르기를 "전에는 밥이 궂어도 맛이 좋더니 이즈음에는 밥이 비록 좋으나 맛이 전과 같지 않으며 마치 뱃속을 칼로 찌르는 듯하니 이것이 웬일이냐?" 하였다. 딸이 사실대로 말하니 어머니가 말하기를 "나 때문에 너를 종이 되게 하였으니 차라리 빨리 죽는 것만 같지 못하다" 하고 목을 놓아 크게 울고 딸도 울어 길가는 사람들을 애처롭게 하였다. 　－『삼국사기』 열전8, 지은

② 수행 과제 예시 문항
　　　　　　　　　　　　　　　시무 4조
　　　　　　　　　　　　　　　　　　　1학년 ○반 ○○번 이름: ○ ○ ○

전하!
신 ○ ○ ○는 삼가 국왕께 비천한 글을 올립니다.

지금 나라의 사정은 나라가 장차 망한다는 소문이 유포될 정도로 위기에 몰려 있습니다. 중대까지 확고했던 왕권은 왕위를 둘러싼 진골 귀족들의 권력 다툼으로 날로 약화되고, 조세는 걷히지 않아 국가 재정은 고갈되었습니다. …… 신이 비록 보잘것없는 자격이지만 늘 국사를 걱정해 왔으므로, 감히 침묵하지 못하여 삼가 다음과 같이 조목별로 아뢰오니, 엎드려 바라옵건대, 전하께서 채택하여 받아들이소서.

첫째, 지금의 상황은 왕권이 확고히 서지 못한 데서 기인합니다. 선대왕이신 신문왕께서는 귀족 세력들을 누르고 왕권을 강화하였습니다. 전하께서도 진골 귀족들을 억누르는 정책을 쓰시어, 저들로 하여금 감히 왕권에 도전할 수 없도록 왕권의 위엄을 만천하에 보이소서.

둘째, 이러한 난국을 헤쳐 나가기 위해서는 무엇보다도 인재를 구하는 것이 급선무입니다. 그러나 지금 우리나라는 비록 능력이 있는 자가 있다 해도 그 뜻을 제대로 펼 수 없습니다. 골품제의 신분 차별 때문입니다. 그러니 골품에 상관없이 인재를 두루 등용하소서.

셋째, 지금 국가의 위기는 귀족들이 지나치게 많은 토지와 노비를 가지고 있는 데서 기인합니다. 저들이 지금 가지고 있는 토지와 노비들이 어디에서 나왔겠습니까? 백성의 토지를 빼앗고 백성들을 노비로 만들었기 때문이 아니겠습니까? 그러므로 저들이 가지고 있는 녹읍을 폐지하여 그 토지를 백성들에게 나누어 주고, 억울하게 노비가 된 자를 조사하여 풀어주는 개혁을 단행해야 합니다.
……

엎드려 바라건대 대의로써 결단하시어 지금의 폐단을 시급히 시정하시고 나라의 위기를 극복하도록 하소서.

③ 채점 기준
1. 제시된 자료를 분석하여 신라 하대 사회의 모순에 대하여 바르게 인식하고 있는가?
2. 신라 사회의 모순의 원인에 대하여 정확히 분석하고 있는가?
3. 모순에 대한 해결책을 설득력 있고 타당하게 제시하고 있는가?
4. 시무책의 구성이 논리적이며, 표현이 정확한가?

(백순근 외, 1999: 122-129)

사례편

사례편이라고 이름붙였지만, 실제편에 연결되는 사례들이 아니다. 대신에 국내외의 대표적인 시험을 소개하려고 하였다. 우리는

학교에 다니면서 많은 시험을 치렀기 때문에 인생은 시험이라는 말이 어색하지 않을 정도다. 그런데 시험을 말할 때는 각자가 겪

은 시험에 대한 인상이 깊다. 학력고사 세대, 수능 세대, 논술 세대 등 세대를 구분하는 이름으로 대학입학 때 치른 시험을 붙이는

이유일 것이다. 직접 경험한 시험에만 국한하면 시야가 좁아질 수 있고 학습평가의 개선에 대해 고민하기 힘들다. 그래서 우리나

라에서 시행되고 있는 대표적인 시험인 학업 성취도 평가, 대학수학능력시험, 한국사능력검정시험을 간단히 소개한다. 덧붙여 외

국의 시험 사례로는 미국의 SAT, NAEP, 주 단위 평가, 일본의 대학입시센터시험, 중국의 대학입학 전국통일고시 등에 대해서도

소개하고자 한다.

제7장

한국편

1. 국가수준 학업성취도 평가

1) 개요

국가수준 학업성취도 평가(이하 성취도 평가)는 교육과정의 질 관리를 위해 국가수준에서 주기적으로 실시하는 학생의 학력평가, 교육기관 평가, 교육과정 편성·운영에 관한 평가이다. 우리나라에서는 전국 단위로 학력평가가 산발적으로 실시되다가 1986년부터 국립교육평가원에서 '전국 초중고 학업성취도 평가'를 시행하였으며, 1998년부터는 한국교육과정평가원에서 교육인적자원부(2008년 교육과학기술부로 개칭)의 위탁을 받아 초6·중3·고1 학생들을 대상으로 성취도 평가를 실시하고 그 결과를 보고하고 있다.

2003년부터는 연도별 변화 추이를 살펴보기 위하여 동등화 설계가 도입되어 현재와 같은 평가 틀이 마련되었다. 2003년도의 성취도 평가 결과는 이후 성취도의 변화를 판단하는 기준이 되었다. 2008년부터는 표집으로 시행되었던 성취도 평가가 전수 시행으로 변경되었으며, 2009년부터 한국교육과정평가원에서 전수 시행 결과를 분석하여 개별 학생의 성취도 변화를 파악할 수 있게 되었다. 한편 고등학교 선택 교육과정 도입에 따라 2010년부터 사회과 평가는 초등학교와 중학교에서만 실시되고 있으며, 이에 따라 역사과 평가도 초등학교와 중학교에서만 실시된다.

역사의 성취도 평가는 사회과 평가의 일환으로 실시된다. 전체 사회과 평가에서 지리, 역사, 일반사회의 세 영역을 내용영역으로 하는데 각 영역의 비율은 1:1:1로 설정되고 있다. 사회과의 행동영역은 1999년에 '이해', '문제해결', '의사소통 및 참여', '가치·태도'라는 기본 틀이 만들어졌다. 그런데 지필평가에서 실질적으로 가치·태도 영역을 측정하기 어렵다는 비판이 제기되어 2006년의 성취도 평가부터는 이를 제외하여 '지식·이해', '문제해결', '의사소통'이라는 세 영역의 틀이 수립되었다. 2010년부터는 2007 개정 교육과정을 반영하여 '기억', '이해', '분석', '적용'의 4영역으로 개편되어 현재 시행되고 있다.

2) 평가도구와 행동영역

(1) 평가도구의 구성

역사의 성취도 평가는 국가수준 교육과정에서 규정하고 있는 교과 목표와 내용을 제대로 학습하였는가를 평가한다. 평가 문항은 선다형과 서답형으로 구성한다. 선다형과 서답형의 비율은 대략 4:1 수준이며, 총점에서 서답형 문항 배점이 차지하는 비중은 대략 25%

<표 7-1> 국가수준 학업성취도 평가 사회과 행동영역 목표의 변화

연도	초등학교	중학교	고등학교
1994	지식, 이해 적용	지식, 기능, 가치 · 태도	탐구문제 및 인식, 탐구설계 및 수행, 자료분석 및 해석, 결론도출 및 평가
1995. 2	지식, 탐구		기본 개념의 이해, 탐구문제 및 인식, 탐구설계 및 수행, 자료분석 및 해석, 결론도출 및 평가
1995. 12	지식, 자료분석 및 해석력, 결론도출 및 평가, 가치 · 태도		탐구문제 및 인식, 탐구설계 및 수행, 자료분석 및 해석, 결론도출 및 평가, 가치판단 및 의사결정
1997	개념, 일반화, 자료분석, 활용, 탐구기능, 의사결정	지식, 이해, 적용	
1998	기억, 이해, 적용		
1999~2001	이해, 문제해결, 의사소통 및 참여, 가치 · 태도		
2002~2005	지식 · 이해, 문제해결, 의사소통 및 참여, 가치 · 태도		
2006~2009	지식 · 이해, 문제해결, 의사소통		
2010~	기억, 이해, 분석, 활용		

(김혜숙 · 박가나, 2010)

에서 30% 사이이다. 2010년도 성취도 평가의 중학교 사회과 문항 가운데 역사과의 문항 수는 서답형 9개 문항 중 3개, 선다형 34개 문항 중 12개이다.

성취도 평가에서 여타 평가와 다른 특징은 공통문항의 존재이다. 공통문항은 전년도 검사도구와 당해년도 검사도구를 동등화하기 위하여 전년도 검사도구 문항에서 선제한 문항이다. 공통문항의 비율은 시험에 따라 다른데 대략 30%에서 40% 사이이다.

(2) 행동영역

역사 성취도 평가의 행동영역은 2007 개정 교육과정이 적용되면서 2010년부터는 기억, 이해, 분석, 적용의 네 영역으로 개편되었다.

기억 영역은 주요한 역사적 사실을 기억할 수 있으며, 충분한 이해가 선행되지 않더라도 역사적 개념이나 원리와 관련된 정보를 재생할 수 있는지를 평가한다. 특정한 역사적 사건이 발생한 시기, 관련된 인물 및 사건의 개요 등을 기억하는지를 묻는 문항이 이에 속한다.

이해 영역은 제시된 자료의 의미를 파악하고 이와 관련된 선행 지식을 연관지어 설명할 수 있으며, 제시된 개념이나 주제와 관련된 사례를 찾거나 예시할 수 있는 능력, 상징적이거나 비언어적 정보를 언어적 정보로 나타낼 수 있는 능력 등을 평가한다. 제시된 자료에 나타난 역사적 사실이 무엇인지 파악하고, 이와 관련된 선행 지식을 연관짓는 문항 등이 이에 속한다.

분석 영역은 제시된 자료를 비교하여 공통점과 차이점을 찾을 수 있으며, 일정한 기준을 적용하여 제시된 정보를 분류할 수 있는 능력을 평가한다. 서로 다른 역사적 사건이나 사실과 관련된 정보를 보고 선행 지식을 연관지어 이들의 공통점이나 차이점을 찾게 하는 문항 등이 이에 속한다.

활용 영역은 제시된 정보나 선행 지식을 활용하여 상황이나 변화를 추론하거나 일반화된 결론을 도출할 수 있는지, 구체적인 사례에 적용할 수 있는지 등을 평가한다. 제시된 역사적 사건이나 사실의 의미를 파악하고 이를 다른 시기나 지역의 유사한 사례에 적용할 수 있는지를 묻는 문항이 이에 속한다.

(3) 성취수준

성취도 평가는 준거지향평가로 우수학력, 보통학력, 기초학력, 기초학력 미달로 성취수준을 보고한다. 현재 초등학교 6학년과 중학교 3학년을 대상으로 역사과 평가가 이루어진다. 2010년에 제시된 중학교 역사 과목 성취도 평가의 성취수준 기준은 다음의 〈표 7-2〉와 같다. 표의 기본학력에 미치지 못하는 경우 기초학력 미달에 해당한다.

〈표 7-2〉 중학교 3학년 역사과목의 성취수준 기준

성취수준	성취수준 진술문
우수학력	• 우리나라의 역사적 사건을 시대적 배경 속에서 이해하고, 각 시대의 정치, 경제, 사회, 문화의 다양한 특징 및 주변 지역과의 교류를 종합적으로 파악하며, 이를 시대별, 주제별로 비교할 수 있다. • 세계 여러 나라의 문명의 특징, 문화권의 발달과정, 교류의 확대와 전통 사회의 발전, 각국의 근대화 과정, 현대의 여러 가지 역사적 사건들을 구체적으로 이해하고, 상호 교류 및 연관성을 추론할 수 있다. • 우리나라의 역사적 사건과 세계 여러 나라의 역사적 사건들의 상호 관련성을 설명할 수 있다.
보통학력	• 우리나라의 주요한 역사적 사건을 시대적 배경 속에서 이해하고, 각 시대의 정치, 경제, 사회, 문화의 다양한 특징 및 주변 지역과의 교류를 파악할 수 있다. • 주요한 세계 여러 나라의 문명의 특징, 문화권의 발달과정, 교류의 확대와 전통 사회의 발전, 각국의 근대화 과정, 현대의 여러 가지 역사적 사건들을 이해한다.
기초학력	• 우리나라의 주요한 역사적 사건을 알고, 각 시대의 주요한 정치, 경제, 사회, 문화의 특징 및 주변 지역과의 교류 중 기초적인 내용을 안다. • 주요한 세계 여러 나라의 문명의 특징, 문화권의 발달과정, 교류의 확대와 전통 사회의 발전, 각국의 근대화 과정, 현대의 여러 가지 역사적 사건들 중 기초적인 사실을 안다.

3) 문항 사례

(1) 중학교

〈예시문항 7-1〉은 문제 해결 능력 가운데 "역사적 사건을 이해하기 위하여 관련된 인물의 당시 상황에 대한 이해 · 동기 · 의견 등을 추론한다."는 성취기준을 물었다. 그라쿠스의 연설문을 제시하고 그것의 배경을 찾게 하여, 당시 상황에 대한 그의 의견을 추론하게 한 문항이다. 그라쿠스의 개혁이 갖는 인과 관계를 이해하는지를 물어 사회 문제에 대한 해결 능력을 찾게 하였다.

〈예시문항 7-1〉 문제 해결 능력을 측정하는 선다형 문항

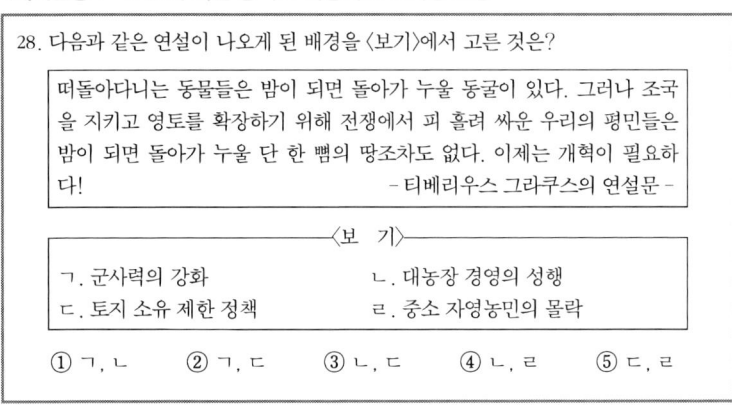

28. 다음과 같은 연설이 나오게 된 배경을 〈보기〉에서 고른 것은?

> 떠돌아다니는 동물들은 밤이 되면 돌아가 누울 동굴이 있다. 그러나 조국을 지키고 영토를 확장하기 위해 전쟁에서 피 흘려 싸운 우리의 평민들은 밤이 되면 돌아가 누울 단 한 뼘의 땅조차도 없다. 이제는 개혁이 필요하다! — 티베리우스 그라쿠스의 연설문 —

〈보 기〉
ㄱ. 군사력의 강화   ㄴ. 대농장 경영의 성행
ㄷ. 토지 소유 제한 정책   ㄹ. 중소 자영농민의 몰락

① ㄱ, ㄴ   ② ㄱ, ㄷ   ③ ㄴ, ㄷ   ④ ㄴ, ㄹ   ⑤ ㄷ, ㄹ

2008년 성취도 평가 중학교 사회 28번

〈예시문항 7-2〉는 이해 능력 가운데 "무신 정권의 성립과 무신 집권기 농민·천민 봉기의 전개 양상을 이해한다."라는 성취기준을 평가하였다. 고려사의 기사에서 만적의 난을 다룬 내용을 자료로 제시하고 무신 정변 이후 신분 상승의 사례를 찾도록 하였다. 학생들은 만적의 언급에서 시기를 파악하여야 하고, 그가 말한 사건의 성격을 파악한 후 해당하는 사례를 찾아야 한다. 답지가 전반적으로 고려시대 신분 상승과 관련된 내용으로 구성되어 오답의 매력도가 높다. 단순한 지식이 아닌 무신 정권 시기에 대한 이해 능력을 물은 문항이다.

〈예시문항 7-2〉 이해의 능력을 측정하는 선다형 문항

---

19. ㉠에 해당하는 사례로 가장 적절한 것은?

만적을 비롯한 6인이 북산에서 나무를 하다가 공·사노비를 불러 모아 모의하기를 "㉠<u>국가에서 정중부의 난 이래로 천한 무리에서 높은 관직에 오르는 경우가 많이 일어났으니,</u> 장군과 재상이 어찌 종자가 따로 있으랴? 어찌 우리는 고달프게 일하면서 채찍 아래 곤욕을 당할 수 있느냐?" 하니 모든 노비가 그렇게 여겼다. - 『고려사』 -

① 왕건은 호족 세력과 연합하여 나라를 세웠다.
② 신돈은 전민변정도감에서 개혁을 주도하였다.
③ 기철은 원의 세력을 등에 업고 권세를 누렸다.
④ 이의민은 무신 정권기에 최고 권력자가 되었다.
⑤ 이자겸은 왕실과 혼인 관계를 맺어 권력을 장악하였다.

2010년 성취도 평가 중학교 사회 19번

〈예시문항 7-3〉은 의사소통 능력 가운데 "연표, 역사 지도 등 다양한 역사 자료들을 활용하여 역사를 이해한다."는 성취기준을 평가하였다. 영조 실록의 내용을 자료로 제시하고 탕평책을 찾게 한 문항이다. 정답은 탕평책의 의미나 그와 관련된 정책, 붕당의 폐단 방지등에 대한 기술 내용이다. 즉 탕평책을 직접 언급하였거나, 인재의고른 등용 등의 의미를 기술한 경우, 탕평책의 구체적인 내용을 쓴경우 등을 정답으로 처리하였다. 한편 탕평책의 의미가 분명하게 드러나지 않는 '인재 등용', '붕당 폐지' 등의 내용과, 탕평책을 설명하였지만 관계없는 내용을 함께 쓴 경우는 오답으로 처리하였다. 붕당을 언급하지는 않았으나 탕평책의 의미와 유사한 개념을 쓴 경우와, 탕평책의 의미를 정확하게 썼으나 영조 이전의 붕당을 언급한경우는 부분 점수(1점)를 부여하였다.

〈예시문항 7-3〉 의사소통 능력을 측정하는 서답형 문항

【서답형 8번】 다음 글에 나타난 문제를 해결하기 위해 영조가 실시한 정책의 내용을 15자 내외로 쓰시오. [2점]

> 붕당의 폐단이 요즈음보다 심한 적이 없었다. 처음에는 사문(유교)에 소란을 일으키더니, 지금은 한쪽 사람을 모조리 역적으로 몰고 있다. …… 근래에 들어 사람을 임용할 때 모두 같은 붕당의 사람들만 등용하고자 한다.
> – 『영조실록』 –

2009년 성취도 평가 중학교 사회 서답형 8번

(2) 고등학교

〈예시문항 7-4〉는 역사이해 능력 가운데 "역사적 행위를 이해하기 위하여 당시 행위자들이 처했던 상황과 행위자들의 행위의도를 추론하여 이해한다."라는 성취기준에 대하여 묻고 있다. 자료로 귀족의 일상이 나타난 고구려의 벽화를 제시하였다. 자료는 교과서에 실려 있어 학생들에게 익숙하며, 수업에서도 자주 활용되는 그림이다. 귀족이 크게 그려졌거나, 하위 계층 인물의 시중을 받는 그림을 통해 그들의 상황을 추론하게 하였다.

〈예시문항 7-4〉 지식 · 이해능력을 측정하는 선다형 문항

35. 그림의 ㉠, ㉡ 인물들이 속한 계층에 대한 설명으로 옳은 것은?

① 일정량의 신공을 주인에게 바쳤다.
② 쌀, 물고기, 소금 등을 대가에게 바쳤다.
③ 성벽 수리 작업에 의무적으로 참여하였다.
④ 수공업 기술을 바탕으로 고위 관직에 진출하였다.
⑤ 전쟁에 앞장서서 참여하여 재물과 노비를 획득하였다.

2007년 성취도 평가 고등학교 사회 35번

〈예시문항 7-5〉는 지식이해 능력 가운데 "초기 국가로부터 현대에 이르기까지 사상, 종교, 학문의 역할과 예술의 특징을 당시의 정치, 사회, 경제적 상황과 결부하여 파악한다."는 성취기준을 평가하고 있다. 이 문항에서는 동학과 천주교를 설명한 자료를 제시하고 양자의 명칭 및 양자의 공통점을 물어 이들에 대한 지식 및 그 역사적 의의에 대한 이해를 평가하였다. 동학, 천주교 및 평등이 정답이며, 동학의 경우는 천도교나 동학사상 등도 유사정답으로 인정하였고, 천주교는 서학, 가톨릭, 카톨릭 등도 유사정답으로 인정하였다. 하지만 (나)에 신교 및 신교의 의미가 포함되는 경우 등은 모두 오답으로 처리하였다.

〈예시문항 7-5〉 지식 · 이해를 측정하는 서답형 문항

【서답형 6번】 글을 읽고 물음에 답하시오. 〔3점〕

(가) 1880년 경주 출신인 최제우가 창도한 한국 근대의 신흥종교로 ㉠인내천(人乃天)을 기본 사상으로 하였다. 서양 세력의 침투와 조선 사회의 내재적인 위기 속에서 보국안민(輔國安民)을 내세웠다.

(나) 18세기 후반 서양 학문의 한 부분으로 연구되다가 이승훈 등이 신앙의 차원에서 믿기 시작하였다. ㉡양반 중심의 신분 질서를 부정하고 국민적 권위에 도전한다고 판단한 조선 정부는 이를 사교(邪敎)로 규정하여 탄압하였다.

(1) (가), (나) 종교의 명칭을 각각 쓰시오. 〔2점〕
　　(가) : (　　　　　　)　　　　　(나) : (　　　　　　)

(2) 밑줄 친 ㉠, ㉡을 소재로 (가), (나) 종교가 공통적으로 가지고 있는 사상을 쓰시오. 〔1점〕

　　　　　　　　　　□□ 사상

2009년 성취도 평가 고등학교 사회 서답형 6번

2. 대학수학능력시험

1) 개요

대학수학능력시험(이하 수능)은 평가원이 주관하여 대학교육에 필요한 수학 능력을 측정하는 시험이다. 시험의 목적은 대학수학 적격자의 선발 기능을 제고하고, 고교교육 정상화에 기여하며, 학생 선발에 공정성과 객관성이 높은 자료를 제공하는 것이다. 수능에서의 역사 영역 시험은 1994학년도 시험(1993년 시행)에 처음 도입된 이래 현재까지 수능의 형식 및 교육과정의 개정에 따라 몇 차례의 변화를 겪었다.

〈표 7-3〉에서 보듯 5차 교육과정이 적용되던 1994학년도부터 1998학년도까지는 역사 과목의 출제 문항 수가 일정하지 않다. 이는 사회탐구 영역의 문항 수에 변동이 있었으며, 아울러 통합형 문항에 역사가 활용되는 경우가 많았기 때문이다. 이 시기 국사와 세계사는 모두 필수과목이었다.

〈표 7-3〉역사 영역 수능 시험 과목의 변천

교육과정	학년도	시험 과목	수험생
5차	1994	국사(3문항), 세계사(4문항)	전원
	1995	국사(5문항), 세계사(5문항)	
	1996	국사(5문항), 세계사(6문항)	
	1997	국사(8문항), 세계사(6문항)	
	1998	국사(9문항), 세계사(7문항)	
6차	1999	국사(13문항), 세계사(10문항)	국사: 필수 세계사: 인문계열 선택 과목
	2000~2004	국사(12문항), 세계사(10문항)	
7차	2005~2013	국사(20문항), 한국 근·현대사(20문항), 세계사(20문항)	사회탐구 영역 해당 과목 선택자

6차 교육과정 적용기에는 국사는 사회과 필수과목으로 수험생 전원이 응시하였고, 세계사는 인문계열 선택과목으로 세계사를 선택한 학생들만이 응시하였다. 7차 교육과정이 적용된 이후에는 한국 근·현대사 과목이 추가되었으며 역사 영역의 3과목 모두가 사회탐구 영역의 선택과목이 되었다.

시험 과목에는 2005학년도부터 현재까지 변화가 없으나, 2007학년도까지는 전근대사만 출제되던 국사 과목의 시험 범위가 교육과정 부분 개정에 따라 2008학년도부터 근대사 및 현대사를 포함하게 되었다.

시험 과목 수에도 변화가 있었다. 2005학년도에서 2011학년도까지는 사회탐구 영역에서 최대 4과목까지 선택할 수 있었으나, 2012학년도부터는 최대 3과목으로 선택할 수 있는 과목 수가 줄어들었다. 2014학년도부터는 교육과정 개정에 따라 수능의 역사 과목도 한국사, 세계사, 동아시아사의 3과목으로 변화가 있을 예정이다. 또 사회탐구 영역의 선택과목 수도 최대 2과목으로 줄어드는 변화가 예정되어 있다. 2005학년도 이후 수능 시험의 역사 영역 응시자 수는 〈표 7-4〉와 같다.

수능에서의 사회탐구 영역 시험은 사회 상황을 소재로 제시하고, 인문 및 사회과학적 접근 방법을 사용하여 대학교육을 받는 데 필요한 사회과학적 탐구 능력과 사회 문제 해결을 위한 창의적 사고력을 측정하는 시험이다. 사고력을 측정하기 위하여 수능의 사회탐구 영역 문항은 모두 문두-자료-답지의 형식을 갖는 선다형 문항으로 출제된다. 역사 영역 역시 사회탐구 영역의 출제 원칙에 따라 출제된다.

현행 수능에서 역사 영역의 문항 수는 선택과목마다 20문항이다.

〈표 7-4〉 역사 영역의 수능 응시자 수 추이

학년도 \ 과목	국사	한국 근·현대사	세계사	사회탐구 응시자 수
2005	159,052 (46.9%)	171,591 (50.6%)	30,006 (8.8%)	339,278 (100.0%)
2006	100,189 (31.3%)	172,706 (53.9%)	32,816 (10.2%)	320,209 (100.0%)
2007	69,421 (21.9%)	168,414 (53.2%)	33,120 (10.5%)	316,490 (100.0%)
2008	69,507 (22.0%)	168,414 (53.2%)	33,120 (10.5%)	316,490 (100.0%)
2009	58,635 (17.9%)	193,905 (59.3%)	33,549 (10.3%)	326,942 (100.0%)
2010	69,704 (18.7%)	233,487 (62.7%)	38,785 (10.4%)	372,113 (100.0%)
2011	63,838 (15.0%)	236,487 (61.0%)	42,428 (10.9%)	387,887 (100.0%)
2012	43,441 (11.7%)	167,236 (45.3%)	31,158 (8.5%)	368,438 (100.0%)

2점짜리 문항과 3점짜리 문항이 각각 10문항이 출제되어 원점수의 총점은 50점이다. 수험생에게 제공되는 성적통지표에는 과목별 표준점수, 백분위, 등급이 표기된다.

2) 수능 사회탐구 영역 시험의 평가 요소

사회탐구 영역의 평가 요소는 내용영역과 행동영역으로 구성된다. 내용영역은 교육과정에 제시된 교과 내용에 해당하며, 행동영역은 개념·원리의 이해, 문제 파악 및 인식, 탐구 설계 및 수행, 자료 분석 및 해석, 결론 도출 및 평가, 가치 판단 및 의사 결정 등 6가지 평가요소이다.

수능에서는 내용영역과 행동영역별로 고른 출제를 지향하고 있다. 이를 위하여 이원분류표를 작성하여 출제 과정에서 활용하고 있다. 수능에서 활용하는 이원분류표를 예시하면 〈표 7-5〉와 같다.

〈표 7-5〉 국사 과목 이원분류표의 예시

행동영역 내용영역 (대단원)	개념 및 원리의 이해	문제 파악 및 인식	탐구 설계 및 수행	자료 분석 및 해석	결론 도출 및 평가	가치 판단 및 의사 결정	문항수	비율 (%)
Ⅰ. 한국사의 바른 이해						1	1	5
Ⅱ. 선사 시대의 문화와 국가의 형성				2			1	5
Ⅲ. 통치 구조와 정치 활동	15, 19	14	5	16, 17			6	30
Ⅳ. 경제 구조와 경제 생활		10, 12		8, 11			4	20
Ⅴ. 사회 구조와 사회 생활	3, 7	6			4		4	20
Ⅵ. 민족 문화의 발달		9	20	13, 18			4	20
문 항 수	4	5	2	7	1	1	20	
비율(%)	20	25	10	35	5	5		100

3) 예시문항

(1) 정답형 문항

〈예시문항 7-6〉은 여러 개의 답지 중 한 개만 정답이고 다른 것은 오답으로 구성되는 정답형 문항이다. 정답형 문항의 문두는 '옳은 것'이나 '적절한 것'으로 끝나는데 이 문항은 '옳은 것'으로 물었다. 여러 개의 답지 가운데 ①만이 정답이다.

〈예시문항 7-6〉 정답형 문항 사례

5. (가) 조약에 대한 설명으로 옳은 것은?

> 올해 통감관저 터에 역사의 교훈을 담은 표지석이 세워졌습니다. 이곳은 100년 전 총리대신 이완용과 통감 데라우치가 (가) 을/를 조인한 치욕의 현장입니다.

① 대한제국은 국권을 강탈당하였다.
② 러·일 전쟁이 전개되는 가운데 체결되었다.
③ 전국 각지에서 의병이 일어나는 계기가 되었다.
④ 행정 부서에 일본인 차관을 둘 수 있도록 하였다.
⑤ 체결의 불법성을 알리기 위해 헤이그에 특사가 파견되었다.

2011학년도 수능 한국근현대사 5번

(2) 최선답형 문항

〈예시문항 7-7〉은 가장 개연성 있는 답지를 찾는 최선답형 문항이다. '가장 맞는 답', '정답의 정도가 가장 큰 것'을 선택하게 하는 것으로 "가장"이라는 최선어구가 들어가는 것이 특징인데 종결부는 주로 "~ 가장 적절한 것은?" 등으로 마무리된다. 예시문항에서 다른 답지도 관점에 따라서는 (가)에 들어갈 수 있으나, 자료 전체의 취지에서 가장 적절한 답을 찾는다면 '라틴 아메리카 각국의 독립'이다.

〈예시문항 7-7〉최선답형 문항 사례

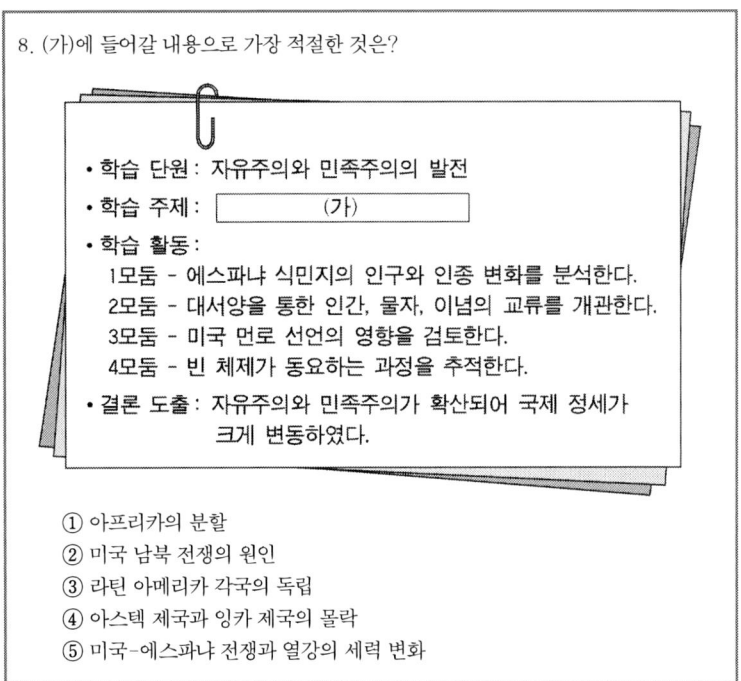

8. (가)에 들어갈 내용으로 가장 적절한 것은?

- 학습 단원 : 자유주의와 민족주의의 발전
- 학습 주제 :　　　　(가)
- 학습 활동 :
  1모둠 - 에스파냐 식민지의 인구와 인종 변화를 분석한다.
  2모둠 - 대서양을 통한 인간, 물자, 이념의 교류를 개관한다.
  3모둠 - 미국 먼로 선언의 영향을 검토한다.
  4모둠 - 빈 체제가 동요하는 과정을 추적한다.
- 결론 도출 : 자유주의와 민족주의가 확산되어 국제 정세가
　　　　　　크게 변동하였다.

① 아프리카의 분할
② 미국 남북 전쟁의 원인
③ 라틴 아메리카 각국의 독립
④ 아스텍 제국과 잉카 제국의 몰락
⑤ 미국-에스파냐 전쟁과 열강의 세력 변화

2011학년도 수능 세계사 8번

(3) 합답형 문항

〈예시문항 7-8〉은 〈보기〉 안의 선택지 가운데 2개의 옳은 것을 모두 골라 제시한 답지가 정답이 되고 나머지는 오답이 되는 합답형 문항이다. 답지의 구성에서 경우의 수를 모두 제시할 수 없으므로 배열에 주의를 요한다. 2개의 선택지를 고르는 합답형 문항에서 나올 수 있는 경우의 수는 'ㄱ, ㄴ', 'ㄱ, ㄷ', 'ㄱ, ㄹ', 'ㄴ, ㄷ', 'ㄴ, ㄹ', 'ㄷ, ㄹ'로 모두 6개이다. 현행 수능에서는 ㄱ, ㄹ 답지를 활용하지 않고 나머지 5개의 조합만을 활용하고 있다.

〈예시문항 7-8〉 합답형 문항 사례(선택지 2개 선택)

> 10. 밑줄 친 '이들'에 대한 설명으로 옳은 것을 〈보기〉에서 고른 것은?
>
> - 경국대전에 <u>이들</u>의 악행을 처벌하는 조목이 있습니다. 수령이 탐욕스러우면 <u>이들</u>도 덩달아 백성을 침해합니다. 만일 부정을 저지른 자가 있으면 변방으로 이주시켜 해를 없애야 합니다.
> - 근래에 <u>이들</u>이 여러 가지 핑계를 대고 역을 모면하고자 하나 만약 원하는 대로 들어준다면 각 고을이 쇠잔하게 될 것입니다. 그러므로 혹 2대나 3대가 연달아 입역했더라도 정해진 규정 외에는 면역을 허락하지 마십시오.
>
> ─────〈보 기〉─────
> ㄱ. 가호에 공물을 부과하고 징수하는 실무를 담당하였다.
> ㄴ. 토착 세력으로서 향촌 주민들에게 위세를 부리기도 하였다.
> ㄷ. 사신을 수행하면서 무역에 관여하여 이득을 남기기도 하였다.
> ㄹ. 문과에는 응시할 수 없었지만 무과를 통해 무반직에는 진출할 수 있었다.
>
> ① ㄱ, ㄴ   ② ㄱ, ㄷ   ③ ㄴ, ㄷ   ④ ㄴ, ㄹ   ⑤ ㄷ, ㄹ

2011학년도 수능 국사 10번

〈예시문항 7-9〉는 〈보기〉 안의 선택지 가운데 2개 혹은 그 이상의 옳은 것을 모두 골라 제시한 답지가 정답이 되고 나머지는 오답이 되는 합답형 문항이다. 최근에는 이러한 형식의 합답형 문항에 '옳은 것만을 있는 대로 고른 것'이라는 문두를 활용하고 있다. 옳은 진술과 그른 진술이 섞인 답지를 배제하기 위하여 '…것만을'을 쓰며, 옳은 진술 전부를 포함하지 않는 답지를 배제하기 위하여 '있는 대로'라는 표현을 쓴다.

〈예시문항 7-9〉 합답형 문항 사례(선택지 2~3개 선택)

17. (가), (나) 나라에 대한 설명으로 옳은 것만을 〈보기〉에서 있는 대로 고른 것은?

> (가) 나라 동쪽에 큰 굴이 있는데 국동대혈이라고 한다. 매년 10월에 온 나라 사람들이 그 굴에서 수신(隧神)을 맞이하여 제사를 지낸다.
> (나) 매년 5월에 씨뿌리기를 마친 후 신에게 제사를 지내고 온 나라 사람들이 모여서 날마다 노래와 춤을 즐긴다. 제사 지내는 일을 맡아보는 사람을 천군이라고 부른다.

> ───────〈보 기〉───────
> ㄱ. (가)에는 마가, 우가, 저가, 구가 등이 있었다.
> ㄴ. (나)에는 신지, 읍차 등의 지배자가 있었다.
> ㄷ. (가)와 (나)에서는 10월에 하늘에 제사를 지냈다.
> ㄹ. (가)와 (나)는 고대 국가로 성장하지 못하였다.

> ① ㄱ, ㄷ   ② ㄱ, ㄹ   ③ ㄴ, ㄷ   ④ ㄱ, ㄴ, ㄹ   ⑤ ㄴ, ㄷ, ㄹ

2010학년도 수능 국사 17번

(4) 부정형 문항

〈예시문항 7-10〉은 답지에 진(眞)이 아닌 위(僞)인 항목을 주고 그것을 선택하게 하는 부정형 문항이다. 부정형 문항에서는 문항 풀이 과정에서 착오가 없도록 부정적 표현의 어구에 반드시 밑줄을 그어 수험생에게 주의를 환기시켜야 한다.

〈예시문항 7-10〉 부정형 문항 사례

20. (가), (나)에 관한 설명으로 옳지 않은 것은?

> | (가) | • 부산포, 제포, 염포를 개방한다. |
> | | • 해마다 쌀과 콩 200석을 하사한다. |
> | | • 세견선은 매년 50척으로 제한한다. |
> | (나) | • 조선은 자주국이며 일본과 똑같은 권리를 갖는다. |
> | | • 조선국은 부산 외에 두 곳의 항구를 개항한다. |
> | | • 일본국 항해자가 자유로이 해안을 측량하도록 허가한다. |

① (가)는 교린 정책의 일환으로 맺어졌다.
② (가)는 사명대사의 파견을 계기로 이루어졌다.
③ (나)는 운요호 사건 이후에 체결되었다.
④ (나)는 조선이 맺은 최초의 근대적 조약이었다.
⑤ (나)는 주권 침해 조항을 포함한 불평등 조약이었다.

2011학년도 수능 국사 20번

3. 한국사능력검정시험

1) 개요

 한국사능력검정시험(이하 '역시'로 약칭)은 국사편찬위원회에서 주관하는 한국사 평가이다. '역시'는 2006년 11월에 처음 시행되어, 검사지의 수 및 문항 형식 등에서 약간의 변화를 거치며 현재까지 이어지고 있다.
 국사편찬위원회는 '역시'의 시행 의의를 "우리 역사에 대한 관심을 제고시키고, 한국사 전반에 걸쳐 역사적 사고력을 평가하는 다양한 유형의 평가 문항을 개발하여 시행함으로써 국사 교육의 올바른 방향을 제시하며, 역사학습을 통해 고차원적 사고력과 문제해결 능력을 육성함으로써 국민들의 학습 능력 향상에 크게 도움이 될 것"이라고 밝혔다. 이에 따른 '역시'의 시행 목적은 다음과 같다.

  – 학생 및 일반인을 대상으로 한국사능력검정시험을 시행함으로써 우리 역사에 대한 관심을 확산·심화시키는 계기를 마련
  – 전 국민이 한국사에 대해 폭넓고 올바른 지식을 공유함으로써 균형 잡힌 역사의식을 갖도록 함
  – 한국사 전반에 걸쳐 역사적 사고력을 평가하는 다양한 유형의 평가 문항을 개발함으로써 역사 교육의 올바른 방향을 제시
  – 역사학습을 통해 고차원적 사고력과 문제해결 능력을 육성함으로써 학생 및 일반인들의 학습 능력 향상에 도움을 주도록 함

 2010년도까지는 "한국사에 관한 논술 문제를 개발하여 탐구력 증

〈표 7-6〉 한국사 능력시험 출제방식의 변화

	검사지	등급 부여	문항 형식
2006 (1회)	4종 (3등급~6등급)	60점 이상 획득 시 해당 등급 부여	선다형, 서답형
2007 (2회~3회)	6종 (1등급~6등급)		
2008 (4회~5회)	4종 (초급, 3급, 4급, 고급)	초급: 60점 이상 6급 70점 이상 5급	
2009~2010 (6회~10회)		3·4급: 60점 이상 획득시 해당 등급 부여	
		고급: 60점 이상 2급 70점 이상 1급	
2011 (11회 이후)	3종 (초급, 중급, 고급)	초급: 60점 이상 6급 70점 이상 5급	선다형
		중급: 60점 이상 4급 70점 이상 3급	
		고급: 60점 이상 2급 70점 이상 1급	

진과 통합논술시험에 적극 대비할 수 있도록 함"이라는 목표가 들어가 있었으나, 2009년부터 서답형 문항을 출제하지 않으면서 논술과 관련된 목표는 삭제되었다.

'역시'는 지금까지 몇 차례의 변화를 거치면서 이어지고 있다. 〈표 7-6〉에서 보듯 시행 과정에서는 점수 보고 체제와 문항 형식 등 두 측면에서 변화가 있었다. 먼저 문항 형식면에서는 첫 시험에서 5회까지는 선다형 문항과 서답형 문항이 같이 출제되다가, 6회부터는 선다형 문항만 출제되고 있다. 선다형 문항의 답지는 초급이 4개, 중급 이상은 5개로 첫 시행부터 지금까지 계속 유지되고 있다.

검사지 및 점수 부여면에서도 변화가 있었다. 처음에는 등급별로 6종의 검사지를 제시하고 각 검사지에서 60점 이상을 획득할 경우 해당 등급을 부여하는 방식으로 출제되었다. 대학교 전공 학습 수준의 고급, 중학교 및 고등학교 수준의 중급, 초등학교 및 중학교 기초 수준의 초급으로 크게 나뉘며, 이것을 다시 2개 등급으로 나누어 모두 6개 등급 수준의 문제지가 제시되었다.

1회 시험에서는 6개 등급 가운데 고급을 제외한 4종의 시험이 시행되었으며, 2회와 3회에서는 6개 등급 모두 시험이 시행되었다. 4회부터는 검사지 수가 변화하여 초급, 3급, 4급, 고급 등 4개 등급으로 출제되고 있으며 수험생은 응시 등급과 획득 점수에 따라 1급에서 6급을 부여받는다. 초급과 고급 시험의 결과가 70점이 넘는 경우 각각 5급과 1급을 받게 되며, 60점 이상 70점 미만의 경우는 각각 6급과 2급을 받게 된다. '역시'의 각 등급별 평가 능력과 수준은 시행 과정에서 몇 차례의 수정이 있었다. 현재의 등급별 평가 능력 및 수준은 〈표 7-7〉과 같다.

〈표 7-7〉 한국사능력시험의 급수별 평가 능력

등급		평가 능력	수준
고급	1급	한국사 심화과정으로 차원 높은 역사 지식, 통합적 이해력 및 분석력을 바탕으로 시대의 구조를 파악하고, 현재의 문제를 창의적으로 해결할 수 있는 능력 평가	대학교 전공 학습
	2급		
중급	3급	한국사 기초 심화과정으로 한국사에 대한 기본적인 이해를 바탕으로 한국사의 흐름을 대략적으로 이해할 수 있는 능력과, 전반적인 이해를 바탕으로 한국사의 개념과 전개 과정을 체계적으로 파악할 수 있는 능력 평가	고등학교 심화 또는 대학교 교양 학습
	4급		중학교 심화 또는 고등학교 기초 학습
초급	5급	한국사 입문과정으로 한국사에 대한 흥미와 관심을 가지고 있으면 누구나 이해할 수 있는 기초적인 역사 상식을 평가	초등학교 또는 중학교 기초 학습
	6급		

'역시'는 국사편찬위원회라는 한국사 전문 국가 기관이 주관하는 시험으로, 응시자의 계층이 다양하며, 한국사의 학습 능력을 키워주기 위한 시험이자 취업과 관련된 자격시험의 기능을 갖기도 한다. '역시'의 결과는 급수에 따라 행정안전부에서 시행하는 행정고등고시, 외무고등고시 응시 자격, 국비 유학생, 해외파견 공무원, 이공계 전문연구요원 선발 등에 활용되며, 일반 기업체의 입사 및 승진요건으로도 활용되고 있다.

2) 평가 요소

'역시'는 학교에서 이루어지는 역사과 평가가 교육과정에 기반하여 학생의 학습 성취를 측정하는 것에 비하여 응시생이 지닌 학력을 평가하고 인증한다는 점에서 차별성을 갖는다. '역시'에서는 시험을 준비할 수 있는 교재를 따로 제시하지 않고 국사 교과서 및 역사 전공 서적을 중심으로 학습할 것을 권고하고 있다. 즉, 내용영역 면에서 교육과정과 무관하지는 않으나, 교과서나 교육과정에 구애받지 않고 출제할 수 있는 여지가 있다. 한편 '역시'는 역사 지식의 이해, 연대기의 파악, 역사 상황 및 쟁점의 인식, 역사 자료의 분석 및 해석, 역사 탐구의 설계 및 수행, 결론의 도출 및 평가 등 6가지의 고유한 행동영역을 설정하고 이에 따라 출제하고 있다.

(1) 역사 지식의 이해

역사 탐구에 필요한 기본적인 지식, 즉 역사적 사실·개념·원리 등의 이해 정도를 묻는 영역이다. 그러나 단순한 사실의 암기 정도를 측정하는 것은 아니며, 구체적인 문제 상황에서 활용될 수 있는 역사적 사실·개념·원리를 정확하게 이해하고 있는가를 묻는 것이다.

(2) 연대기의 파악

역사의 연속성과 변화 및 발전을 이해하고 있는지를 묻는 영역이다. 즉, 시간과 관련된 여러 용어를 이해하고 활용하는 능력, 연표에 제시된 항목 간의 시간 관계를 해석하는 능력 등을 측정하는 것이다. 역사 사건이나 상황을 시대순으로 정확하게 이해하고 인과 관계를 파악할 수 있는가를 묻는 영역이라 할 수 있다.

(3) 역사 상황 및 쟁점의 인식

제시된 자료에서 해결해야 할 구체적 역사 상황과 핵심적인 논쟁점, 주장 등을 찾을 수 있는지를 묻는 영역이다. 문헌자료, 도표, 사진 등의 형태로 주어진 자료에서 해결해야 할 과제를 포착하거나 변별해 내는 능력이 있는지를 측정하는 것이다.

(4) 역사 자료의 분석 및 해석

자료에 나타난 정보를 해석하여 그 의미를 파악할 수 있는가를 묻는 영역이다. 역사 자료에서 목적과 필요에 따라 적합한 정보를 찾아 이용할 수 있으며, 정보의 신빙성과 총체성을 분석하여 핵심 내용을 정확하게 포착할 수 있는가를 검사하는 것을 말한다. 또한 정보의 분석을 바탕으로 자료의 시대적 배경과 사회적 의미를 해석할 수 있는가를 묻는 영역이라 할 수 있다.

(5) 역사 탐구의 설계 및 수행

제시된 문제의 성격과 목적을 고려하여 절차와 방법에 따라 역사 탐구를 설계하고 수행할 수 있는 능력이 있는가를 묻는 영역이다. 즉, 주어진 자료에서 개념이나 요소들의 연관 관계를 추론하여 가설을 설정할 수 있는지, 문제 해결을 위한 절차를 제시하고 그것에 적합한 사료 수집과 방법을 선택할 수 있는지를 묻는 것이다.

(6) 결론의 도출 및 평가

주어진 자료의 타당성을 판별하고, 여러 자료를 종합하여 일반화할 수 있는 결론을 도출할 수 있는가를 묻는 영역이다. 즉, 역사적 사실의 인과 관계나 법칙성 또는 논리적 관계를 이해하고 이를 이론화 또는 체계화할 수 있는지, 사료의 내용을 바탕으로 적절한 결론을 도출하면서 판단을 내릴 수 있는지를 묻는 것이다.

3) 급수별 예시문항

(1) 초급

〈예시문항 7-11〉은 신석기 시대의 집터와 갈판 및 갈돌을 제시하고 신석기 시대의 생활상을 물은 문항이다. 초급 수준에서 단순한 지식뿐만 아니라 주어진 자료에서 신석기 시대를 파악하고 이를 통해 당시의 상황을 추론하는 능력까지 묻고 있다. 다른 국가적인 시험과 다르게 색도 인쇄가 되어 있다는 점은 '역시'의 특징이다. 아울러 중급 이상에서는 5지 선다형이지만, 답지가 4지 선다형으로 구성되었다는 점은 초급의 응시생을 고려한 형식이라고 볼 수 있다.

〈예시문항 7-11〉 초급 선다형 문항 사례

1. 다음 유적과 유물을 남긴 사람들의 생활 모습으로 옳은 것은? [2점]

선사 시대의 집터(암사동)

갈판과 갈돌

① 머루는 빗살무늬 토기에 식량을 담았다.
② 머루 아빠는 고인돌 만드는 일을 하였다.
③ 다래 엄마는 철제 농기구로 밭을 일구었다.
④ 다래는 반달 돌칼로 벼를 추수하는 일을 도왔다.

2010년 10회 한국사능력검정시험 초급 1번

(2) 중급

〈예시문항 7-12〉는 대동법 시행을 다룬 지도를 제시하고 대동법을 물은 문항이다. 지도에 나타난 단서를 통해 대동법을 추론하고, 그에 대한 설명의 진위를 찾아야 하는 문항으로, 해결의 일차적 열쇠는 자료 해석에 있다.

〈예시문항 7-12〉 중급 선다형 문항 사례

30. 지도와 관련된 세금 제도에 대한 설명으로 옳지 <u>않은</u> 것은? [2점]

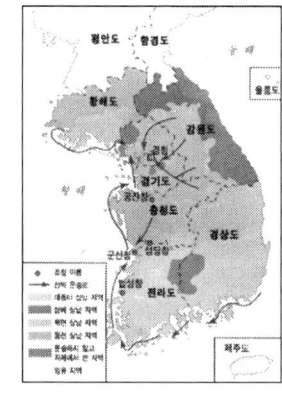

① 공인이 등장하는 계기가 되었다.
② 1년에 군포 1필만 부담하게 하였다.
③ 토지를 기준으로 세금을 부과하였다.
④ 상품 화폐 경제의 발달을 촉진하였다.
⑤ 토산물 대신 쌀, 베, 돈 등으로 납부하였다.

2010년 10회 한국사능력검정시험 4급 30번

〈예시문항 7-13〉은 중국측이 동북공정을 통해 주장한 내용을 제시하고 이에 대한 대응 논리의 적절성을 판단하게 하였다. 역사 영역에서 출제가 어려운 가치판단 영역의 문항이다. 답지 구성 역시 단순한 주장이 아닌 주장의 근거로 제시되어 있어 수험자들의 역사 의식을 세련되게 물은 문항으로 판단된다. 교육과정을 기반으로 출제되는 수능이나 성취도 평가와는 달리 답지 표현에서 교과서의 서술 수준을 넘는 내용이 제시되었다는 점은 '역사'의 특징이다. ①, ④, ⑤의 서술은 동북공정과 관련된 주요 논거이지만 고등학교 교과서 서술 범위에서 벗어난다. 즉, 중요한 역사적 내용에 대해서는 교과서 수준의 제한에서 벗어나 어느 정도 자유롭게 물을 수 있는 것이 '역사'의 특징이다.

〈예시문항 7-13〉 3급 선다형 문항 사례

11. 다음은 중국의 동북공정에 관한 평가 문항이다. (가)에 들어갈 내용으로 적절하지 <u>않은</u> 것은? [2점]

※ 다음 주장을 반박해 보시오.

> 중국은 '동북공정을 통해 고구려를 중국의 지방 정권으로 단정'하고 있다. 이에 대한 근거로 ▲ 고구려는 중국 영역 내의 민족이 건립한 지방 정권이며, ▲ 몇 번의 천도가 있었으나 한사군의 범위를 벗어나지 못했고, ▲고구려가 중국 역대 중앙 왕조와 군신 관계를 스스로 끊지 않았고, ▲ 고구려 멸망 후에 그 주체 집단이 한족(漢族)에 융합되었다는 점 등을 내세우고 있다.

〔답란〕 : _____(가)_____

① 고구려와 수·당의 전쟁은 중앙 정권과 지방 정권의 내전이다.
② 조공·책봉 관계는 동아시아의 국제 질서상 외교적 형식에 불과하다.
③ 고구려 유민은 옛 고구려 지역에서 발해를 건국하는 주체세력이 되었다.
④ 고구려는 중국 사서에서 예맥족이라 기록되어 있으며, 부여, 백제와 같은 종족이다.
⑤ 광개토 대왕릉비의 '천제지자(天帝之子)'라는 표현은 고구려의 독자적인 천하관을 나타내고 있다.

2010년 10회 한국사능력검정시험 3급 11번

(3) 고급

〈예시문항 7-14〉는 간도 협약을 제시하고 간도 지역에 대한 탐구 활동을 찾게 하였다. 대학교 전공 학습에 해당하는 능력을 묻는 문항답게 간도 협약의 한자를 그대로 살려 자료로 제시하였다. 하지만 한문 해독수준까지 요구하는 문항은 아니며, 자료에서 주요 개념어를 읽어낼 경우 간도 협약을 추론할 수 있다. 고급 문항에서 나올 수 있는 자료의 수준을 잘 보여주는 문항으로 평가된다.

〈예시문항 7-14〉 고급 선다형 문항 사례

---

50. (가) 지역에 대한 탐구 활동으로 가장 적절한 것은?

(가)에 關한 協約
大日本政府 及 大淸國政府는 善隣의 交誼에 鑑하여 圖們江이 淸 · 韓 兩國의 國境된 事를 互相確認하고 竝 安協의 精神으로 一切의 辦法을 商定함으로써 淸 · 韓 兩國의 邊民으로 하여금 영원히 治安의 慶福을 享受케 하고저 하여 左의 條款을 訂立함.
第1條 日 · 淸 兩國政府는 圖們江을 淸 · 韓 兩國의 國境으로 하고 江源 地方에 在하여는 定界碑를 起點으로 하여 石乙水로써 兩國의 境界로 함을 聲明함.

① 경학사와 부민단의 역할을 분석한다.
② 대조선국민군단의 결성 과정을 조사한다.
③ 한인 애국단의 활동과 그 영향을 파악한다.
④ 관리사로 파견된 이범윤의 역할을 알아본다.
⑤ 권업회의 회원 명단과 주요 활동을 정리한다.

2010년 10회 한국사능력검정시험 고급 50번

〈예시문항 7-15〉는 정감록 유포를 다룬 실록 기사를 제시하고 정감록의 내용을 물은 문항이다. 자료에서 정가가 합하여 하나로 만든다는 내용에서 정감록을 추론할 수 있다. 정감록은 조선 후기의 전환기적 특성을 보여주는 사례이다. 고등학교 수준에서 정감록은 19세기 이후 세도정권기의 사례로 제시되는데, 실제로는 이미 정조 연간의 역모사건에서도 나타난다. 대학 전공 수준의 이해를 묻는 고급문항에 걸맞은 수준의 내용요소를 평가하고 있다.

〈예시문항 7-15〉 고급 선다형 문항 사례

22. 다음 자료에 나타난 예언 사상에 관한 설명으로 옳지 않은 것은? 〔2점〕

> 장래 임자년에 사변이 있어서 도적이 일어나며, 그 뒤에 마땅히 셋으로 갈라졌다가 다시 합쳐서 하나로 된다고 합니다. 셋으로 갈라진다는 성씨는 정가, 유가, 김가이지만, 필경에는 정가가 합하여 하나로 만든다고 합니다. 그는 남해의 섬 가운데 있으며, 유가는 통천에 있고, 김가는 영암에 있다고 합니다. 임자년에 정가가 먼저 해도에서 군사를 일으키면, 유가와 김가가 그 뒤를 일어난다고 합니다.
>
> － 『정조실록』 －

  ① 동학 사상의 형성에 영향을 주었다.
  ② 신해박해가 일어나는 배경이 되었다.
  ③ 예언 내용을 적은 한글판 책이 정조 때 유포되었다.
  ④ 조선 후기에 불우한 지식인과 민중에게 널리 전파되었다.
  ⑤ 왕조 교체가 5행의 상생 순서에 따라 이루어진다는 믿음을 토대로 하였다.

2010년 9회 한국사능력검정시험 고급 22번

제8장

미국편

1. SAT

1) 개요

SAT는 미국의 대학에서 입학 전형 요소 중 하나로 활용되는 시험이다. 우리나라 수능처럼 국가에서 주관하는 한 가지 시험만이 있는 것이 아니라 여러 가지 시험 중의 하나이다. 처음에는 학업적성검사(Scholastic Aptitude Test)로 불리다가 1990년에 학업사정검사(Scholastic Assessment Test)로 이름을 바꿨다. 1994년부터는 특별한 의미가 없는 'SAT'로 지칭하면서 SAT I(Reasoning Test: 추론능력검사)와 SAT II(Subject Test: 교과학력검사)로 구분하였다. 2005년부터는 I, II를 각각 SAT Reasoning Test와 SAT Subject Test로 구분하여 부르고 있다. SAT Reasoning Test는 쓰기, 수학, 비판적 읽기의 3개 영역으로 구성되며, SAT Subject Test는 〈표 8-1〉과 같이 문학, 역사, 수학, 과학, 외국어의 5개 영역 17개 과목으로 구성되어 있다. 역사 영역에는 미국

영역	시험 과목
언어(English)	문학(Literature)
역사(History)	미국사(United States History)
	세계사(World History)
수학(Mathematics)	수학 수준 1(Mathematics Level 1)
	수학 수준 2(Mathematics Level 2)
과학(Science)	생물(Biology E/M)
	화학(Chemistry)
	물리(Physics)
외국어 (Foreign Language)	중국어 및 듣기(Chinese with Listening)
	프랑스어/프랑스어 및 듣기(French/French with Listening)
	독일어/독일어 및 듣기(German/German with Listening)
	현대 히브리어(Modern Hebrew)
	이탈리아어(Italian)
	일본어 및 듣기(Japanese with Listening)
	한국어 및 듣기(Korean with Listening)
	라틴어(Latin)
	스페인어/스페인어 및 듣기(Spanish/Spanish with Listening)

사(United States History)와 세계사(World History) 과목이 있다. SAT는 비영리단체인 미국대학위원회(The College Board)가 개발과 발행을 맡고 있으며 ETS(Educational Testing Service)에서 시험 관리를 맡고 있다.

미국사와 세계사 과목 시험의 개요를 간략하지만 명료하게 알 수 있도록 〈표 8-2〉로 제시해 보았다.

출제의 목적은 미국사와 세계사의 전 시기를 대상으로 이해력을 측정하는 데 있다. 또한 정치, 경제, 사회, 문화, 대외 관계 등 여러 분야를 출제하도록 하였다. 미국사 과목에는 사회과학적 개념, 방법 등도 측정 대상에 포함된 것이 특징이다. 미국사가 다루는 내용이 세부적인 것인 데 비해서 세계사가 다루는 내용은 주요 발전에 대한

〈표 8-2〉 SAT 미국사 및 세계사 과목의 개요

과목 / 항목	미국사	세계사
목적	• 콜럼버스 이전 시기부터 현재까지의 미국사 이해 및 역사학습의 근거가 되는 사회과학 개념, 방법, 일반화를 측정한다.	• 세계사(global history)의 주요 발전에 대한 이해를 측정한다. • 사료의 적용과 평가를 포함하는 기본적인 역사 기술을 활용하는 능력과 해석 및 일반화 능력을 평가한다.
형식	• 90~95개 5지 선다형 문항 • 문항은 정치사, 경제사, 사회사, 지성사, 문화사와 대외 정치를 포괄한다.	• 95개 5지 선다형 문항 • 문항은 정치, 외교, 사회경제, 지성·문화 분야를 포괄한다.
평가 요소	• 용어, 개념, 일반화의 이해 • 기본 정보의 기억 • 미국사의 유의미한 국면의 이해 • 자료 분석과 해석 • 주어진 데이터에 아이디어 연결짓기 • 주어진 목적에 따른 데이터 구하기	• 사실과 용어에 대한 지식 제시하기 • 인과관계 이해하기 • 주요 역사 발전에 대한 이해를 표현하기 위한 사건과 지리 지식을 사용하기 • 역사적 분석을 위한 핵심 개념 이해하기 • 자료를 해석하고 간행된 자료의 인용문을 평가하기
요구 수준	• 대학 예비 수준의 미국사 1년 과정 • 고등학교 사회과 과목과 기타 독서	• 대학 예비 수준의 세계사 1년 과정 • 역사적 주제를 다룬 독자적 자료 읽기
시험 시간과 점수	• 60분 • 200~800점	• 60분 • 200~800점
연간 시행 횟수	6회	2회

(CollegeBoard SAT, 2006)

이해라고 해서 다소 포괄적이다. 세계사의 범위가 방대하기 때문에 자국사인 미국사와는 다루는 내용의 수준과 범위에서 차이를 둔 것으로 이해된다.

평가 요소는 미국사와 세계사가 다소 다르게 제시되었다. 사실, 용어, 개념 이해부터 자료 분석 및 해석까지 요구하였다. 미국대학위원회는 4가지 범주로 평가요소를 구분하기도 하였다. 그것은 ① 사실, 용어, 개념, 일반화를 기억하기, ② 정보를 분석, 해석하기 ③ 주어진 데이터에 아이디어를 연관짓기, ④ 특정 목적의 데이터를 평가하기 등 4가지 범주이다.

미국의 역사교육은 주별, 학교별로 다양한 수준의 교육과정과 교과서를 사용하고 있기 때문에 대학 예비 수준 정도를 출제의 범위와 수준으로 하였다.

문항 형식은 5지 선다형으로 출제된다. 과목당 문항수가 90~95개로 60분 동안 풀도록 하여 문항당 풀이 시간은 약 40초에 해당한다.

점수는 원점수(raw score)로부터 척도점수(scaled score)를 산출한다. 원점수의 산출 방법은 아래와 같다(무응답 문항 수 제외).

정답에 답한 문항 수 - (틀린 문항 수 × 1/4) = 원점수

공식 채점(formula scoring) 방식은 정답에 답한 문항 수에 1점을 부여하고 오답에 답한 문항에는 5지 선다형의 경우에는 1/4점을 감점하고 답을 하지 않은 문항이나 여러 개의 답지에 표시가 된 문항은 0점으로 한다. 학생에게 제공되는 성적표에는 척도점수와 점수 범위(score range), 자신보다 하위 득점한 학생 비율을 의미하는 백분위(percentiles)가 기록된다. 점수 범위는 수험생이 획득한 점수의 상하 30~40점으로 표현된 점수 구간으로, 동일 응시자가 다시 시험을 치를 때 예상되는 점수 구간을 의미한다. 원점수는 0.5점을 기준으로

과목 / 항목	미국사		세계사	
	영역	비율(%)	영역	비율(%)
분야별 / 지역별	정치사	32~36	지구사 · 비교사	25
	경제사	18~20	유럽	25
			아프리카	10
	사회사	18~22	남서아시아	10
	지성사 · 문화사	10~12	남부 및 동남아시아	10
			동아시아	10
	대외 정치	13~17	아메리카	10
시기별	콜럼버스 이전 시기~1789년	20	선사 · 문명기~서기 500년까지	25
			500년부터 1500년까지	20
	1790년부터 1898년까지	40	1500년부터 1900년까지	25
			1900년 이후	20
	1899년부터 현재까지	40	통시대적 내용	10

반올림한 뒤 200~800점의 척도점수로 변환되며, 척도점수는 10점 단위로 계산된다. 이는 대략 150개 구간으로 세분되는 것이다. 한편 미국사는 연 6회, 세계사는 연 2회로 응시 기회가 여러 번 있다.

출제 내용 배분은 〈표 8-3〉과 같다. 미국에는 국가수준의 표준화된 교육과정과 교과서가 없으므로, SAT는 내용상의 시기별, 분야별 (또는 지역별) 출제 비중을 안배하고 있다.

분야별(또는 지역별) 배분에서 미국사는 정치, 경제, 사회, 지성 · 문화, 대외 정치 등 5분야로 나누었다. 정치사의 비중이 높고 문화사에 지성사를 포함시켰으며, 대외 정치를 하나의 분야로 설정하고 있는 점이 특징적이고, 사회과학의 개념, 방법, 일반화를 문항 소재와 결합하여 출제한다. 세계사는 지구사 · 비교사, 유럽, 아프리카, 남서아시아, 남부 및 동남아시아, 아메리카 등 6개 지역으로 나누었다. 여러 지역을 다루는 지구사 · 비교사를 설정하였고 유럽사의 비중이 높으며, 우리 세계사 과목이 잘 다루지 않는 아프리카, 아메리카 지역을 다른 지역과 동등하게 다루고 있는 점이 SAT 세계사의 특징 이다.

시기별 배분에서 미국사는 미국 건국(1789년) 시점, 미국-에스파 냐 전쟁(1898년)으로 세계사에 등장하는 시점을 분기로 해서 3시기 로 구분하였다. 미국 건국 이전 시기에 비해 이후 시기인 근현대사 의 비중이 높다. 세계사는 시기별로 4개로 구분하고, 시기를 구분하 기 힘든 경우 통시대적 내용으로 처리하여 모두 5개로 나누었다. 시 기별 비중을 유사하게 하였지만 1900년 이후 현대 세계의 비중이 높 은 편이다.

2) 문항 형식과 사례

SAT는 문제은행식으로 출제되기 때문에 실제 문제지는 공개하지 않는 것이 원칙이다. 그런데 미국대학위원회 홈페이지 및 가이드 북 등을 통해서 일부 문항을 확인할 수 있다.

SAT 역사 문항은 〈예시문항 8-1〉과 같이 일반적으로 지문이 없는 간단한 문항 형태를 갖추고 있다. 또한 선지식을 요구하는 문항이 많아서 개념 중심의 사고력을 측정하였다. 풀이 시간이 짧은 점이 고려된 것으로 보인다. 문항이 다루는 내용은 역사적으로 의미있는 주제를 다루면서, 분야별로 다양하게 구성하였다. 또한 여러 사회과 학적 개념과 방법을 포함한 것도 특징이다. 지문의 소재가 다양하고 참신하였으며 자료의 출처를 대부분 제시한 점이 특징이었다.

이상의 특징을 가지는 SAT 미국사와 세계사 과목의 문항을 몇 가 지 형태로 구분해서 문항 형식을 설명할 수 있다.

첫째, 발문과 답지의 연결 방식에 따라 '의문형'과 '완성형'으로

〈예시문항 8-1〉문두에 답지를 연결하는 '완성형' 문항

The chief reason given by Woodrow Wilson for requesting a declaration of war against Germany in 1917 was the
윌슨 대통령이 1917년에 대독일 선전포고를 요청하면서 제기한 주요 이유는 ___ 에 있었다.

(A) refusal of Germany to accept the Fourteen Points as a basis for peace negotiations
    평화 협상의 기초가 되는 14개조에 대한 독일의 수용 거부
(B) need to establish a League of Nations after the war
    종전 후 국제연맹 설립의 필요성
(C) resumption of unrestricted submarine warfare by Germany
    독일의 무제한 잠수함 작전의 재개
(D) economic rivalry between the United States and Germany
    미국과 독일 간의 경제적 대립
(E) cultural ties between the United States and England
    미국과 영국 간의 문화적 유대 관계

구분된다. '의문형'은 어느 것을 고르라는 Which 등 의문사가 포함되며 답지(answers) 중에서 고르는 형식에 해당한다. 〈예시문항 8-1〉과 같이 '완성형'은 불완전한 문장(incomplete statement)에 이어지는 답지(completions)를 고르는 형식에 해당한다.

둘째, 옳은 것을 고르는 정답형 문항과 옳지 않은 것을 고르는 부정형 문항으로 구분된다. 부정형은 부정어구(EXCEPT, LEAST)를 모두 대문자로 진하게 표시하여 혼동하지 않도록 하였다. 답지(All of following?) 중에서 아닌 것(EXCEPT)을 고르도록 하였다. 간혹 최상급 어구(most, best)를 포함한 최선답형 문항도 있었다.

셋째, 지문이 없는 문항(separate items)과 지문 있는 문항(sets)으로 구분된다. 텍스트, 사진, 그림, 만화, 지도, 통계, 그래프 등 자료를 다양하게 활용하였다. 문항당 풀이 시간이 짧기 때문에 지문 있는 문항이 전체 검사지에서 차지하는 비중은 높지 않다.

소시지용으로 어떤 고기가 사용되는가는 아무도 관심을 갖지 않았다. 허옇게 곰팡이가
슨 오래된 소시지가 불합격품으로 유럽에서 모두 반송되어 왔는데, 그것에다 붕사나 글
리셀린을 투약해서 다른 소시지와 함께 국내 시장으로 내보냈다. 고기가 마룻바닥에 굴
러 떨어져 먼지나 톱밥이 묻기도 했다. 바닥은 일꾼들이 밟고 다니고 침을 뱉고 해서 병
균이 우글거렸다. 어떤 방에는 고기를 산더미같이 쌓아 놓았다. 말이 창고지, 지붕이 새
어 빗물이 떨어지고 쥐들이 들락날락거리는 방이었다.

위 글을 발췌한 출전은 무엇인가?
(A) 존 스타인벡의 '분노의 포도'
(B) 시어도어 드라이저의 '아메리카의 비극'
(C) 제인 애덤스의 '헐 하우스에서의 20년'
(D) 링컨 스테펀즈의 '도시의 수치'
(E) 업턴 싱클레어의 '정글'

〈예시문항 8-2〉는 문학 작품의 일부를 읽고 출전을 찾는 문항이
다. 이처럼 SAT 문항은 답지를 개념 지식으로 구성하고 인명, 사건,
출전 명칭 등을 묻는 문항이 많았다. 단지 출전을 확인하는 것이라
면 개념 중심의 낮은 사고력을 측정한다고 볼 수 있다. 하지만 단순
암기형이라기보다는 역사에서 의미있는 사실에 대한 이해력과 사고
력을 요구하는 문항으로 볼 수 있다.

이 문항과 같이 다루는 주제는 역사상 중요 내용이며 소재는 다양
하였다. 이는 사회사를 중시하는 현대 미국 역사학의 흐름이 있기
때문이다. 문학, 예술 작품을 다룬 경우 작품 읽기가 선행되어야 하
므로 깊이 있게 교육하는 미국 역사교육의 실상을 엿볼 수 있다.

〈예시문항 8-3〉은 주어진 데이터를 분석하는 능력을 측정하였다.
이는 사회과학적 방법이 적용된 것이기도 하다. 미국 경제 대공황의
배경을 묻고 있어 내용적으로도 의미있는 역사적 국면에 해당한다.
이와 같이 SAT 문항의 지문은 통계 등을 다양하게 활용하면서 정치

〈예시문항 8-3〉 주어진 데이터를 분석 · 해석하는 문항

주요 가구 소비 지출(1900년, 1928년)

1900년		1928년	
자전거 2대	$ 70	자동차	$ 700
탈수기와 빨래판	$ 5	라디오	$ 75
청소용 솔	$ 5	축음기	$ 50
기계식 재봉틀	$ 25	세탁기	$ 150
		진공 청소기	$ 50
		전기식 재봉틀	$ 60
		기타 전기 기구	$ 25
		전화	$ 35
계	$ 105	계	$1,145

위 차트는 1900년과 1928년의 미국 중산층의 주요 가구 소비 지출을 나타낸 것이다. 차트에 의한 적절한 분석으로 옳은 것은?

(A) 1900년에 비해 1928년에는 가사를 도와줄 사람이 줄어서 기계의 도움이 더욱 필요하게 되었다.

(B) 1928년에는 물가상승으로 인해 대부분 생필품의 가격이 크게 상승했다.

(C) 1900년부터 1930년 사이에 많은 가구가 취업을 위해서 농촌에서 도시로 이주하였다.

(D) 1900년에 비해 1928년에는 각 가정이 더 많은 소비재를 구할 수 있게 되었다.

(E) 소비 지출의 증가는 1929년 주식 시장 붕괴의 주요 원인이었다.

사가 아닌 사회경제사적인 소재도 다수 활용하고 있다.

〈예시문항 8-4〉는 여성 참정권 문제를 다루고 있다. 이 주제와 지문은 미국 역사에서 중요한 내용에 해당한다. 지문의 핵심 내용을 찾는 것이어서 사실적 판단보다는 언어적 판단을 요구하였다. 사실 이해보다는 핵심 주장을 찾는 것인데, 답지는 역사적 사실보다는 일반적인 논지로 구성되었다.

〈예시문항 8-5〉는 역사에 관한 어떤 명제에 대해 반박하는 근거를 찾는 문항이다. 답지는 법률 또는 정책 내용을 제시하여 실제적이다. 이 때문에 답지의 내용을 선행 지식으로 알아야 풀이가 가능하

〈예시문항 8-4〉 주어진 데이터와 아이디어를 연관짓는 문항

비위생적인 주거, 유독성 하수, 오염된 물, 영아 사망률, 전염병의 확산, 불량 식품, 불결한 우유, 연기 자욱한 공기, 환기가 제대로 되지 않는 공장과 불건전한 군중, 매춘, 만취 등은 현대 도시가 직면하고 극복해야 할 적들이다. 따라서 도시 유권자들은 적어도 아이들을 돌보고, 주거를 청결히 하고, 식량을 마련하고, 도덕적 위험으로부터 가족을 지키려는 사람들로 구성되어야 한다. 이러한 상황에서 유권자의 적정성 여부를 병역 수행 능력으로 판단하는 것은 불합리하다. 왜냐하면 도시 가정의 실패는 가정 주부였던 여성들을 전혀 고려 대상으로 생각하지 않았기 때문이다. 남성들은 세세한 가정사에 무관심했던 것처럼 도시 가정의 유지에도 무관심했다.　　　　　 － 제인 애덤스, 1906년

인용문의 핵심 주장을 가장 잘 나타낸 것은?
(A) 남성들은 다른 일을 줄이고 가사 활동에 좀 더 참여해야 한다.
(B) 여성들이 가사에서 입증된 능력을 공적 영역에서 펼칠 수 있도록 투표권을 보장해야 한다.
(C) 사회 문제에 대한 군사적인 해결은 도덕적인 문제를 무시하므로 효과가 없다.
(D) 도시 문제의 해결은 빈곤한 아동을 부양하는 것에 달려 있다.
(E) 현대 도시는 여성의 공적 문제에 대한 참여로 파멸에서 벗어나게 되었다.

〈예시문항 8-5〉 특정 목적을 위해 데이터를 평가하는 문항

"19세기 후반에 미국 연방정부는 자유 방임 경제 정책을 따랐다."

어느 역사가가 위 주장을 반박하기 위해 사용할 수 있는 증거로 옳지 않은 것은?
(A) 유럽과의 경쟁에서 제반 산업을 보호하기 위한 관세법
(B) 대륙 횡단 철도 회사에 대한 토지 교부법
(C) 1890년대 경기 침체 시기 정부의 실업자 대책
(D) 1878년 브랜드 앨리슨 법과 1890년 셔먼 은구매법
(E) 1887년 주간(州間) 통상법

였다. 제한된 조건과 목적에 해당하는 객관적인 증거를 찾는 과정은 역사가의 연구 방법을 축소한 것이어서 탐구 수행을 다루는 문항으로 참고할 만하다.

2. NAEP

1) 개요

미국 연방정부가 주관하는 국가교육향상평가(National Assessment of Educational Progress, NAEP)는 한국의 국가수준 학업성취도 평가에 비견되는 시험으로, 주요 교과목에 대한 미국의 초·중등 학생들의 학업 성취수준을 측정하는 평가도구이다. 미국의 낙오아동방지법(No Child Left Behind, NCLB)에 따라, 학업 성취수준뿐 아니라 교육여건과 교수·학습과정, 학습 결과 등을 종합적으로 평가하고 성적표(Nation's Report Card)를 작성함으로써 전국적인 교육 실태를 파악하고, 이에 기초하여 정책 결정을 할 수 있도록 기초 자료를 제공하는 역할을 한다.

NAEP은 읽기, 수학, 과학, 쓰기, 지리, 공민과 예술 교과를 대상으로 평가가 이루어진다. NCLB 법안에 의해 읽기와 수학 영역은 격년별로, 역사를 포함한 다른 과목들은 시간과 자원이 허락하는 대로 평가를 시행하도록 하였다. 또한 국가수준에서는 4, 8, 12학년을, 주 수준에서는 4학년과 8학년을 대상으로 평가를 시행한다.

NAEP의 역사과 평가는 〈표 8-4〉와 같이 각 요소들 간의 균형을 무엇보다 중시하고 있다.

이러한 균형에 대한 요구와 함께 미국사 평가틀은 다음 7가지 기본 전제에 기초하고 있다. 첫째, 역사 학습은 반드시 시간의 흐름에 따라 인간과 사건을 연결시켜야 하고, 인간 활동의 정치, 사회, 문화, 경제, 기술, 철학, 종교적 측면을 포함하는 맥락을 고려해야 한다. 둘째, 미국사 학습은 반드시 시간의 흐름에 따른 변화와 지속성

〈표 8-4〉 NAEP 역사과 평가의 요소 간 균형

1) 일반적으로 가르치고 학습되는 것의 실제와 학생들이 숙지하고 있을 것으로 추정되는 것 사이의 균형
2) 다양한 집단으로 구성된 국가를 형성하고, '여럿으로 이루어진 하나'(E pluribus Unum)라 는 표어를 실천하려는 공통적이고 다양한 스트랜드 사이의 균형
3) 국가의 목표와 이상을 실현하는 과정에서 성공한 것과 실패한 것 사이의 균형
4) 학생들이 개념, 일반화, 지적인 기술들을 습득하기 위해서 알아야 하는 특정 인명, 날짜, 사 실들 간의 균형

을 분석하고, 사람들에게 허용되었던 다양한 선택을 탐색하며, 미국의 발전에 가장 중요하게 기여한 사건, 인물, 사상을 살펴보아야 한다. 셋째, 서로 다른 관점뿐 아니라, 인간 경험의 폭과 깊이를 밝혀주기 위해서 역사 학습은 저명한 인물과 평범한 사람들을 포함해야 하고, 미국 역사를 형성한 아이디어와 경험을 전하기 위해서 대규모의 사건과 일상생활에 기반한 사건들을 포함해야 한다. 넷째, 역사는 개인의 존엄성, 개인의 권리, 공공의 미덕, 민주주의, 법치, 기회균등, 자유, 국민주권, 정의, 반대할 권리라는 국가의 정치적 이상에 대해 분석적으로 학습할 수 있도록 해야 한다. 다섯째, 역사는 공간적 차원, 즉 인간의 행위가 일어난 장소와 관련이 있으므로 역사 학습을 통해 장소의 위치와 장소 간의 관련성과 같은 사건이 지닌 지리와의 상관관계를 파악해야 한다. 여섯째, 시간과 장소를 뛰어넘으며 사람과 사건을 관련시키는 지속적인 주제를 발견하는 것이 필요하다. 일곱째, 학생들은 증거를 검토하고, 인과 관계를 분석하며, 역사 사건에 대한 설명이 얼마나 복잡하고 때로는 불명확한지 인식할 수 있도록 하는 역사 추론 능력이 필요하다.

NAEP 평가체제의 개발 근거인 미국사 프레임웍은 미국에서 이루어지는 역사교육의 목표를 재천명하고 있다. 즉, 역사를 학습함으로써, 학생들이 미국사의 세부 사실을 알고, 역사적 증거를 평가할 수 있으며, 시간의 흐름에 따른 변화와 지속성을 이해할 수 있어야 한다는 것이다. 이를 위해 국가의 과거는 지식의 체계일 뿐 아니라, 미국의 공약, 성취, 결점을 이해하는 자료가 되어야만 한다. 또한 학생들은 현재에 대한 과거의 영향을 살펴보고, 어떻게 변화와 지속이 이루어졌는지에 대한 일반화와 결론을 도출할 수 있도록 증거를 따져보는 준비가 되어야 한다. NAEP은 학생들의 이러한 학업성취를 측정하기 위한 평가도구이다.

2) 평가체제

(1) 평가영역

우선 NAEP의 평가영역은 4, 8, 12학년에서 측정되는 지식과 기술을 살펴봄으로써 그 대강을 가늠할 수 있다. NAEP에서는 미국사의 주제, 미국사의 시기, 미국사에 대한 이해와 사고 방법을 구조화하여 평가하고 있다.

우선 미국사의 중심 주제는 〈표 8-5〉에서 보는 것과 같이 네 가지로 선정되었다. 각 주제는 학년별로 평가 문항 분포에서 차이를 보인다.

저학년에서 고학년으로 갈수록 주제 2의 비중은 낮아지고, 주제 4의 비중이 높아짐을 알 수 있다. 하지만 12학년의 분포에서 보이듯, 네 주제 영역에서 고르게 평가 문항을 출제하도록 설정하였다.

미국사의 중심 주제는 학생들이 알고 있는지 확인하고자 하는 결

<표 8-5> NAEP 미국사 주제별 평가영역

주제 학년	1) 미국 민주주의의 변화와 지속	2) 인물, 문화, 아이디어의 집합과 교차	3) 경제적, 기술적 변화와 사회, 사고, 환경과 맺는 관련성	4) 세계 속 미국의 변화하는 역할
4학년	25	35	25	15
8학년	30	30	20	20
12학년	25	25	25	25

(단위: %)

정적 질문들에 의해 구체화된다. 예를 들어 주제 1)의 '미국 민주주의의 변화와 지속'이라는 주제에서 확인하고자 하는 주요 질문은 "어떤 정치적, 법적, 철학적, 종교적 전통에 미국인들이 기대어 민주주의를 이해하는가?", "지도자들은 누구이고, 이들의 기여는 무엇이며, 어떤 정치적, 법적 제도가 만들어졌는가?", "어떤 주요 방식으로 이러한 제도들이 지속되었는가, 어떤 방식으로 변화했는가?", "어떤 개인과 집단이 이러한 제도의 유지, 검증, 도전에서 주요한 역할을 담당했는가?" 등을 포함하고 있다. 이 같은 주요 질문은 학년별로 차이가 있다.

NAEP에서는 아래와 같이 미국사의 전 시기를 8개의 범주로 나누어 평가 문항을 구성한다. 미국사 시기에 따른 학년별 평가 문항 분포를 제시하면 다음과 같다.

<표 8-6> NAEP 미국사 시기별 평가영역

시기 학년	초기~ 1607	1607~ 1763	1763~ 1815	1801~ 1861	1850~ 1877	1865~ 1920	1914~ 1945	1945 ~현재
4학년	20	15	15	15	10	5	5	15
8학년	5	10	20	15	20	10	10	10
12학년	5	10	15	10	10	15	15	20

(단위: %)

저학년에서는 미국사의 초기 시기를 중점적으로 평가하지만 고학년으로 올라갈수록 초기 시기에 대한 비중이 현격히 줄어들고 있다. 대신 12학년에서는 1865년 이후가 전체 문항의 절반 이상을 차지하고 있다.

미국사의 각 시기에 대해서는 4개의 주요 주제에 해당하는 주요 질문들을 상정하고 있다. 예를 들어 '8. 현대 미국(1945년에서 현재까지)' 시기에서 주제 4) '세계 속 미국의 변화하는 역할'과 관련된 질문들은 "미국은 어떻게, 그리고 왜 세계 속에서 경제적, 군사적 대국이 되었는가?", "한국전과 베트남전의 원인과 결과는 무엇인가?", "냉전은 미국의 민주주의, 경제, 군사적 상태를 어떤 방식으로 강화 혹은 약화시켰는가?" 등을 포함하고 있다. 이와 같은 미국사의 4주제와 8개로 구분된 미국사 시기는 서로 교차되어 평가영역을 설정하게 된다.

NAEP은 미국사를 공부함으로써 학생들이 미국의 발전과 관련된 사실뿐 아니라 복잡다단한 측면을 이해할 수 있을 것으로 기대하였다. 따라서 역사가들이 역사에 접근하는 사고 방식, 이해 방식, 인지 과정 등이 학생들에게도 필요하다고 판단하여 이러한 이해와 사고 방법을 평가하고자 하였다. 즉, 문항 개발의 지침이 되는 두 가지 미국사 이해의 방법은 1) 역사 지식과 관점 및 2) 역사적 분석과 해석 영역으로 분류된다. 전자는 학생들이 미국사의 특정 사실에 대한 정보나 주제, 흐름, 일반 원칙을 파악하고, 의미를 도출하며, 공통된 양식을 이해하고 있는지 측정하는 것이다.

구체적으로 다음 다섯 가지 능력을 평가한다. ① 인물, 장소, 사건, 개념 및 흐름을 열거하고 인식하며 사례를 들어 설명할 수 있다. ② 특정 사건들을 연대기 틀 속에 표시하고, 역사적 시기를 구분하

〈표 8-7〉 NAEP 미국사 인지영역별 평가영역

인지영역 학년	역사 지식과 관점	역사적 분석과 해석
4학년	40	60
8학년	35	65
12학년	30	70

(단위: %)

여 명칭을 붙일 수 있다. ③ 역사적 주제를 규정하고 특정 사실 정보
가 이 주제와 관련되는 사례를 제시할 수 있다. ④ 그 시대의 다양한
남녀의 관점으로부터 과거를 기술할 수 있다. 1차 사료의 저자 관점
으로 설명할 수 있다. 역사적 쟁점이나 사건과 관련된 다양한 관점
을 기술할 수 있다. ⑤ 미국사에 기여한 개인과 집단의 활동을 요약
할 수 있다. 원사료, 연설문, 만화, 유물, 사진, 예술작품, 음악, 건
축, 문학, 드라마, 춤, 대중문화, 전기, 저널, 설화, 유적, 구술사 이
야기 등과 같은 사료의 의미를 요약할 수 있다. 그리고 이러한 인물
과 사료를 일반적 역사 주제와 관련지을 수 있다.

후자의 역사적 분석과 해석의 범주에서는 학생들이 역사적 정보
에서 가치 판단을 구분해 내고, 증거에 대해 따져 물으며, 정보를 종
합하고, 지식을 적용하며, 판단하고, 일반화를 도출하며 결론을 내
릴 수 있는 능력을 측정한다. 학년별 인지영역에 따른 문항 분포는
〈표 8-7〉과 같다.

전 학년에 걸쳐 역사적 분석과 해석 영역이 60~70% 정도로 더
높은 비중을 차지하고 있다. 또한 고학년이 될수록 그 비율이 점차
높아진다.

미국사 교육은 미국사의 주요 시기마다 제기된 미국의 핵심적인
이상을 주요 사료에 기반하여 학습하도록 권고하였다. 따라서 NAEP

의 평가 문항도 링컨의 게티스버그 연설과 두 번째 취임연설, 프랭클린 루즈벨트의 네 개의 자유론, 마틴 루터 킹의 연설 등 기초 사료와 연결하여 출제되고 있다. 원사료의 중요성은 학습을 전제하고 평가 대상으로 명시한 점에서 극명히 드러난다. 또한 평가 문항은 역사 교수 · 학습이 인문학과 사회과학의 성과를 반영하고, 다양한 형태의 자료를 활용한다는 점을 고려하여 제작되도록 하였다.

(2) 평가 형식

NAEP 평가는 대규모 평가에 의해 가장 적절하게 내용영역을 측정할 수 있는 방식을 고안하려는 노력의 산물이라 볼 수 있다. 또한 다양한 평가 문항을 통해 학생들이 세부 사항을 숙지한 정도와 사건의 맥락에 대한 심도 있는 이해 및 역사적 사고 과정에서 활용되는 능력들을 평가하도록 의도하였다. 이를 위해 평가 문항들은 문화적, 사회경제적 편견을 배제한 상태에서 공정하게 개발되도록 하였다.

1980년대 NAEP 문항은 선다형이 주류를 이루었지만, 최근에는 선다형뿐 아니라 서술형, 수행평가 형식을 고루 갖추고 있다. 평가 시간과 채점의 용이성, 출제범위의 포괄성 때문에 선다형 문항이 선호되지만 전체 평가 문항의 50%를 넘지 못하도록 하고 있다. 또한 단순인지나 기억 문제뿐 아니라, 고차원적인 사고 기술을 요구하는 문항도 포함시키도록 하였다. 서술형 문항은 주로 학생들의 미국사 학습 정도를 측정하는 데 초점을 두고 있다. 다수의 학생들은 장문의 답지를 작성하는 데 능숙하지 않다는 점을 감안하여, 문항 제작 시 길게 쓰지 않더라도 학습 정도를 나타낼 수 있도록 문항을 구성할 필요가 있다는 점을 주지하고 있다.

역사 학습은 다양한 종류의 자원을 활용할 필요가 있다. 따라서 NAEP의 역사 평가 문항 역시 다양한 종류의 자료와 단서(stimulus)를 활용하여 제작되고 있다. 선다형이나 서술형 문항은 1차 사료, 그래프, 정치만평, 도표, 사진, 그림, 지도, 연표 등의 자료를 포함해야 한다고 규정하고 있다. 단서를 포함한 문항은 단답형이나 보다 긴 문장으로 반응하도록 출제된다. 특히 학생들의 심화된 반응을 요구하는 문항의 경우, 학생들이 논쟁, 분석, 설명을 하거나, 도표, 지도, 그래프, 연표와 같이 비문자적 요소로 표현하도록 요구하기도 한다.

서술형 문항은 평가틀(rubric)에 따라 부분점수를 허용한다. 예비 검사 후 개발된 채점 기준에 따라 숙련된 평가자들이 일관된 채점 기준을 적용하게 된다. 이때 학생들의 표현 방식의 세련미가 역사 지식이나 사고의 수준과 혼동되지 않도록 주의할 것을 평가자들에게 상기시키고 있다.

(3) 성취수준

NAEP에서는 학생들이 내용영역에 대해 알고 있는 정도와 지식과 기술에 따른 수행수준을 진술하고 있다. 이와 같은 성취수준은 다음과 같이 세 단계로 나누어 진술된다. 기초(Basic), 능숙(Proficient), 최우수(Advanced). 12학년의 각 단계별 성취수준 진술은 〈표 8-8〉과 같다.

〈표 8-8〉 NAEP 미국사 12학년 성취수준 진술

	12학년
기초	미국사의 많은 인물, 장소, 사건, 일시, 아이디어, 기록의 중요성을 파악할 수 있어야 한다. 또한 미국의 사회, 문화사에서 통일성과 다양성의 중요성을 파악하고, 미국이 세계와 갖는 변화하는 관계에 대해 인식할 수 있어야 한다. 역사에서의 지속성과 변화에 대해 인지하고, 과거로부터 관련된 경험과 현재 쟁점을 관련시켜 이해할 수 있어야 한다. 역사는 해석을 피할 수 없다는 것과, 역사적 논쟁에서 증거의 역할을 이해할 수 있어야 한다.
능숙	역사적 맥락에서 특정 인물, 장소, 사건, 아이디어, 기록을 이해하고, 역사적 상황을 결정짓는 정치적, 경제적, 지리적, 사회적, 종교적, 기술적, 이념적 요소들을 인지할 수 있어야 한다. 자신의 입장을 지지하기 위해 역사적 증거를 효과적으로 사용하며 과거 사건에 대해 논리정연한 해석을 표현해 낼 수 있어야 한다. 논쟁적 글쓰기는 쟁점에 대한 깊이 있는 파악을 드러내야 하고, 1, 2차 사료를 모두 인용해야 한다.
최우수	미국사의 사건과 출처에 대한 종합적인 이해를 드러내 주어야 한다. 역사가 해석을 피할 수 없다는 점을 명심하여 증거에 입각하여 역사적 주장을 비판적으로 평가할 수 있어야 한다. 중요한 쟁점과 주제는 시대에 따라 다르게 표현될 수 있다는 점을 이해하고, 미국의 정치, 사회, 문화적 전통이 시간의 흐름에 따라 변화해 왔음을 이해해야 한다. 복잡한 역사적 토픽에 대한 논리정연한 견해를 글로 쓸 줄 알아야 한다. 또한 자신의 결론을 지지해 주는 다양한 종류의 전거를 댈 수 있어야 한다.

3) 문항 사례

미국이 한국전에 참전한 이유를 묻는 질문은 12학년을 위한 2006년 문항이다. 구체적으로는 "14. 미국이 한국전에 참전하게 된 주요한 요인을 밝히시오. 그 요인의 중요성을 설명하시오."로 제시되었다. 이 문항은 서술형으로, 학생들의 심화된 이해의 표현을 요구하고 있다. 결과는 21.52%의 정답률을 보였다.

이 문항의 주제는 '세계에서의 미국의 변화하는 역할'이고, 인지수준은 역사 분석과 해석을 평가하고 있다. 학생 반응은 적절, 부분, 부적절의 세 수준으로 나누어 채점되었다. 각 수준에 대한 채점 기

		적절	부분	부적절
예시 1	14-1 (요인)	미국의 한국전 참전의 핵심 요인은 공산주의와의 전쟁이다.	공산주의	우리의 연합국 때문에 한국전에 참전하였다.
	14-2 (이유)	미국은 다른 나라들이 민주주의 국가로, 그리고 연합국(즉 남한)으로 남아있기를 원했다.	우리의 적이었다.	우리가 연합국을 돕지 않는다면 그들도 우리를 돕지 않을 것이다.
	채점자 논평	미국의 한국전 참전의 주요 이유를 내세웠고, 왜 중요한지 설명했다.	미국의 한국전 참전의 요인으로 '공산주의'를 내세웠지만, 설명이 빈약하고 공산주의의 쟁점과 한국전을 연결시키는 데 실패했다.	두 질문에 대한 답변 모두 불명확하고 역사적 맥락을 결여하고 있다.
예시 2	14-1 (요인)	미국을 한국전 참전으로 이끈 주요 요인은 도미노효과와 공산주의의 확산에 대한 두려움 때문이다.	전 세계로 확산된 공산주의의 공포	미국을 한국전 참전으로 이끈 주요한 요인은 인명의 손실이었다.
	14-2 (이유)	공산주의와 사회주의는 미국의 자유방임주의적 자본주의 경제체제를 위협했다.	한국전 참전으로 이끌었을 뿐 아니라 미국 내에서 '적색 공포'를 불러일으켰다.	죄없는 많은 사람들이 죽었고, 그래서 미국이 생각하기에 참전하는 것이 좋겠다고 판단했다.
	채점자 논평	미국의 한국전 참전의 주요 이유를 내세웠고, 왜 중요한지 설명했다.	주요한 요인으로 '공산주의의 공포'를 정확하게 내세웠지만 국제적 맥락을 설명하면서 미국 내 '적색 공포'를 언급했을 뿐 양자를 연결시키지 못했다.	답지는 두 항목에서 모두 부정확한 답변을 담고 있고, 한국전이 일어난 역사적 맥락을 언급하는 데 실패했다.

준을 상세히 제시하면 다음과 같다.

적절(Appropriate): 학생 반응이 미국을 한국전 참전으로 이끄는 주요 원인을 포함하고 있다. 선택한 요인이 미국을 참전으로 이끈 이유를 설명한다.

부분(Partial): 학생 반응이 미국을 참전으로 이끌었을지 모를 요인을 밝혀준다. 하지만 설명이 빈약하고 오류가 있다.

부적절(Inappropriate): 학생 반응이 미국을 한국전 참전으로 이끈 어떤 요인도 정확하게 규명하지 못한다.

또한 〈표 8-9〉와 같이 각 수준별 예시정답을 제시하고 있어, 학생과 교사, 학부모에게 평가체제에 대한 보다 나은 이해가 가능하도록 하고 있다.

NAEP 역사 평가 문항은 상상적 탐구 영역을 자극하고, 다양한 자료를 활용하여 문항을 개발하며, 사료 제시 후 역사 지식을 요약하거나 의미를 묻는 문항을 개발하려는 노력이 돋보인다. 따라서 역사과 평가에서 선행 교과 지식의 확인만이 아니라, 사료나 자료를 동반하는 등 문항 제시 방식을 변경함으로써 역사적 사고력을 발휘하도록 하려는 노력이 필요하다.

3. 주 단위 평가체제 — 매사추세츠 사례

1) 개요

미국 역사과 수업과 평가는 단일한 절차와 양상을 보이지 않는다. 우선 교육과정과 평가체제를 주 단위에서 독자적으로 설정하는 점을 특징으로 꼽을 수 있다. 각 주의 역사, 인구 구성, 문화, 교육적

지향의 상이함은 주별로 만든 특색있는 학습기준(스탠다드)에 반영되어 있다. 스탠다드에서 제시한 역사 교수 · 학습의 기준에 따라 학군에서는 교육과정과 교과목을 개설하고, 고등학교 졸업을 위한 최소한의 필수과목과 학습 요소를 제시한다.

주별 스탠다드에 따라 역사교육의 내용과 평가체제가 결정되기 때문에 역사수업이 학군이나 학교, 교실 수준에서 제각각이기보다는 일정한 수준과 지향을 공유한다고 보아야 한다. 주 차원의 권고와 가이드라인은 의무 사항은 아니지만, 필수로 요구되고 있다. 또한 주 단위 평가 시험이 졸업 요건으로 설정되어 있다. 따라서 다양한 학습 내용을 선택하고 편성할 권한을 학교와 교사에게 위임하지만, 표준화된 일정 수준의 학습 성과를 견인해 내는 역할을 스탠다드와 연결된 주 종합 평가 시험에서 담당하고 있다.

미국의 주 단위 고등학교 역사과 평가의 실제를 미국 동부의 매사추세츠 주를 중심으로 살펴보자. 매사추세츠는 1993년 매사추세츠 교육개혁법안이 통과된 후 10대 필수 학습 요소(10 Common Core Learning) 선정 및 주 교육과정과 학습표준에 대한 정비를 지속해 오고 있다.

매사추세츠 주에서 2003년에 만든 매사추세츠 역사 · 사회과학 교육과정 프레임웍(History and Social Science Curriculum Framework)에서는 학습 기준(스탠다드), 개념, 기능 등이 해당 학년별로 제시되어 있다. 유치원 이전~유치원 기(preK~K)나 1~7학년까지는 이처럼 학년별로 학습 기준이 진술되어 있다. 하지만 8학년부터 시작하여 고등학교 전 과정은, 미국사와 세계사 학습 기준과 함께 경제학이나 공민 및 정부론과 같은 선택과목 영역에 대한 학습 기준 진술로 구성되어 있다. 이와 같이 표준서에 기초하되 학년별 과목 편제를 자유롭게 선택하고 조정하도록 허용하였다. 단지 10학년이나 11학년 말에 치르게 되는 주 단위 종합시험에 적합하게, 주 표준서 내용과 평가영역을 적절하게 학습할 수 있는 과목 구성을 요구하고 있다. 주에서는 내용 선택과 과목 편제 등에 대한 자율성을 보장하는 한편 학생들의 기초 학습 능력에 대한 책무성을 강조하고 있는 것이다.

2003년부터 역사·사회과학 커리큘럼 프레임웍이 본격적으로 시행되면서, 프레임웍에 규정된 학습 기준, 개념, 기능의 학습 여부는 매사추세츠 주 종합평가체제(Massachusetts Comprehensive Assessment System, MCAS)를 통해 확인하고자 한다. 역사·사회과학은 2006년 주 교육위원회 결정에 따라 MCAS에 포함되었고, 이에 따라 2011년 부터 고등학교 졸업반 학생들은 모두 MCAS 역사·사회과학 시험을 통과해야만 고등학교 졸업 요건을 충족할 수 있게 되었다. MCAS 체제는 학습 기준의 선택부터 평가 문항 개발, 평가지 작성에 이르기까지 타당하고 신뢰할 만한 결과를 내기 위해 현장교사의 참여를 장려하고 있다. 또한 평가 문항의 검토와 예비 평가를 거쳐 역사·사회과학 문항들을 확정하는 평가 문항 개발이 대략 2~3년 주기로 이루어지고 있다. 이 같은 장기간의 준비 기간도 MCAS 체제의 신뢰성을 배가시키는 데 중요한 구실을 한다.

2) 매사추세츠 주 종합평가체제

(1) 평가영역

MCAS 역사·사회과학 평가는 5학년, 7학년, 10학년 혹은 11학년 학생들이 치른다. 5학년과 7학년 평가 내용은 직전 학년과 해당 학

년의 역사, 지리, 경제, 공민의 학습 기준과 개념, 기능이 주를 이룬
다. 고등학교 10학년 혹은 11학년 평가 대상은 미국사, 입헌주의 시
기부터 2001년까지 미국사가 평가범위로 미국사 I과 미국사 II의 학
습 기준, 개념, 기능을 포함하고 있다. 미국사 I은 혁명과 재건시기
(1763~1877)를, 미국사 II는 재건에서 현재(1877~2001)를 포함한다.

이처럼 평가 문항 개발 기준은 매사추세츠 주에서 시행하고 있는
커리큘럼 프레임웍에 기반하고 있다. 따라서 평가 문항은 매사추세
츠 역사·사회과학 커리큘럼 프레임웍에 포함된 학습 기준, 개념, 기
능 중 한 가지에 기반해서 개발되어야만 한다고 명시되어 있다.

(2) 평가 형식

고등학교 역사·사회과학 평가는 80%의 단답형과 20% 개방형
문항으로 이루어진다. 한국의 국가수준 학업성취도 평가에서도 개
방형 문항(수행평가)을 출제하고 있지만, 채점의 난해함으로 단답형
으로 치우치는 경향이 많다. MCAS의 서술형 문항은 학생이 정답을
인식하기보다는 자신의 의견을 제시할 것을 요구하고 있다. 개방형
문항은 모듈 형태로 제시되는데, 하나의 모듈은 도입부, 단서, 선다
형, 서술형 문항으로 구성된다.

모듈은 단서의 종류와 제시 방식에 따라 주제에 따른 구성 혹은
자료에 기반한 형태로 나뉠 수 있다. 일련의 구체적인 세부 문항이
나오기 전 발문과 함께 제시되는 단서는 특정 시대나 사건에 집중하
여 학생들에게 지리적, 경제적, 인구학적 정보를 제공하는 기능을
하는 자료이다. 주제별로 구성된 문항은 예술작품, 지도, 도표, 그
림, 표, 사진 등이 단서로 쓰이고, 자료에 기반한 문항은 원사료 문

서가 단서의 역할을 수행한다. 단서에서 제공하는 해당 시대와 사건에 대한 정보를 수집하여 문항을 풀 수도 있지만, 관련 미국사 선행지식을 함께 묻기 때문에 학생들은 관련 내용을 학습하지 않고서는 문항을 풀 수가 없다.

자료에 기반한 서술형 문항은 난이도가 높기 때문에 고등학교 평가에서만 출제되고 있다. 매사추세츠 주에서는 스탠다드에 기반하여 역사 학습의 기초가 되는 다음 8개의 원사료를 선정, 제시하기 때문에 교사와 학생들은 자료에 기반한 문항에도 대비할 수 있다 (MCAS Guide, p.74).

A) 미국 독립선언서(1776), B) 헌법과 권리장전(1787-1789), C) 연방주의론 문서번호 10(1787), D) 세네카 폴에서의 여권선언(1848), E) 에이브러햄 링컨의 '게티스버그 연설'(1863), F) 프랭클린 루즈벨트의 연설 '네 가지 자유'(1941), G) J. F. 케네디의 취임사(1961), H) 마틴 루터 킹 목사의 연설 '나는 꿈이 있습니다'(1963)

고등학교의 모듈은 대개 미국사와 공민, 정부론 영역에 초점을 두고 있다. 평가 내용영역은 미국사 I (30%), 미국사 II (30%), 공민과 정부론(25%), 경제(15%) 등으로 구성되어, 미국사 영역이 전체 60%를 차지하고 있다.

(3) 수행수준

학생들은 시험을 본 결과에 대해, 다음과 같은 수행수준에 대한 결과를 통지받는다. 학년별로 설정된 수준에는 약간의 차이가 있다.

하지만 아래에서 보이듯 각 수행수준의 정의는 동일하다.

- 3학년 시험: 우수(Above Proficient), 능숙(Proficient), 개선요망 (Needs Improvement), 경고(Warning)

- 4~8학년 시험: 최우수(Advanced), 능숙, 개선요망, 경고

- 10학년 시험: 최우수, 능숙, 개선요망, 과락(Failure)

 이와 같은 기준 설정에 따라 MCAS 평가결과 학생들의 성취수준에 대한 최소 점수를 결정할 수 있다. 보편적 정의와 과목-특정적인 정의 모두 교사, 학생, 학부모들이 평가결과의 의미를 이해하는 데 도움을 주려는 의도에서 나온 것이다.

〈표 8-10〉 MCAS 수행수준의 정의

수행수준	정의
최우수 (Advanced)	이 수준의 학생들은 고난이도의 교과 내용에 대한 종합적이고 심도 있는 이해를 보여준다. 또한 복잡한 문제에 대해서도 정교한 해결책을 제시할 수 있다.
우수 (Above Proficient)	이 수준의 학생들은 어려운 교과 내용에 숙달해 있고, 어려운 문제에 대해서도 해결 방안을 구상해 낼 수 있다.
능숙 (Proficient)	이 수준의 학생들은 어려운 교과 내용에 대해 탄탄한 이해를 보여주고, 다양한 종류의 문제를 풀 수 있다.
개선 요망 (Needs mprovement)	이 수준의 학생들은 교과 내용을 부분적으로 이해하고 있고, 간단한 문제는 풀 수 있다.
경고(Warning) 과락(Failure)	이 수준의 학생들은 교과 내용에 대한 최소한의 이해를 보여주고, 간단한 문제도 풀지 못한다.

3) 문항 사례

〈예시문항 8-6〉은 2007년 MCAS 역사 · 사회과학 10~11학년 역사

문항 사례 모듈이다.

〈예시문항 8-6〉 10~11학년 역사: 사례 모듈

아래는 미국 헌법의 권리장전 일부이다. 이를 이용하여 첫 번째, 두 개의 선다형 문제를 풀고, 두 번째 개방형 질문에 답하시오.

1791년 권리장전 수정 조항(일부)

1조 연방의회는 국교를 정하거나 또는 자유로운 신앙 행위를 금지하는 법률을 제정할 수 없다. 또한 언론, 출판의 자유나 국민이 평화로이 집회할 수 있는 권리 및 불만 사항의 구제를 위하여 정부에 청원할 수 있는 권리를 제한하는 법률을 제정할 수 없다.

2조 규율있는 민병은 자유로운 주의 안보에 필요하므로 무기를 소장하고 휴대하는 인민의 권리를 침해할 수 없다.

3조 평화시에 군대는 어떠한 주택에도 그 소유자의 승낙을 받지 아니하고는 숙영할 수 없다. 전시에도 법률이 정한 방법에 의하지 않고서는 숙영할 수 없다.

4조 부당한 수색, 체포, 압수로부터 신체, 가택, 서류 및 통신의 안전을 보장받는 인민의 권리는 이를 침해할 수 없다. 체포, 수색, 압수의 영장은 상당한 이유에 의하고, 선서 또는 확약에 의하여 뒷받침되고 특히 수색될 장소, 체포될 사람 또는 압수될 물품을 기재하지 않고서는 이를 발급할 수 없다.

5조 누구라도, 대배심에 의한 고발 또는 기소가 있지 아니하는 한 사형에 해당하는 죄 또는 파렴치 죄에 관하여 심리를 받지 아니한다. 다만, 육군이나 해군에서 또는 전시나 사변시 복무 중에 있는 민병대에서 발생한 사건에 관해서는 예외로 한다. 누구라도 동일한 범행으로 생명이나 신체에 대한 위협을 재차 받지 아니하며, 누구라도 정당한 법의 절차에 의하지 아니하고는 생명, 자유 또는 재산을 박탈당하지 아니한다. 또 정당한 보상 없이, 사유 재산이 공공용으로 수용당하지 아니한다.

6조 모든 형사 소추에서, 피고인은 범죄가 행하여진 주 및 법률이 미리 정하는 지역의 공정한 배심에 의한 신속한 공판을 받을 권리, 사건의 성질과 이유에 관하여 통고 받을 권리, 자기에게 불리한 증언에 대한 대질 심문을 받을 권리, 자기에게 유리한 증언을 얻기 위하여 강제 수속을 취할 권리, 자신의 변호를 위하여 변호인의 도움을 받을 권리가 있다.

8조 과다한 보석금을 요구하거나, 과다한 벌금을 과하거나, 잔혹하고 비정상적인 형벌을 과하지 못한다.

10조 본 헌법에 의하여 미국 연방에 위임되지 아니하였거나, 각 주에 금지되지 아니한 권한은 각 주나 인민이 보유한다.

10~11학년 역사

13. 1787년 9월 12일 조지 메이슨은 입헌의회 대표들에게 국민의 권리에 관한 법안을 정부의 새로운 계획 속에 포함시키자고 제안했다. 의회는 투표로 부결시켰다. 4년 후, 권리장전으로 일컬어지는 10개의 수정 조항이 헌법에 포함되었다.

a. 권리장전에서 한 가지 수정조항을 선택한 후, 왜 1791년 미국인들이 선택된 조항에 명시된 권리(들)가 헌법의 일부가 되어야 할 정도로 중요하다고 믿었는지에 대해 그 이유를 설명하라. 권리장전의 내용뿐 아니라, 미국사 지식을 활용하여 답안을 작성하라.

b. 다른 수정 조항을 한 가지 선택하여 위와 마찬가지로 설명하라.

13번 문항 관련 커리큘럼 프레임웍 학습 기준

HS.USI.8 연방주의자들과 반연방주의자들 사이의 헌법 비준과 관련된 논쟁을 기술하고, 연방주의, 정당, 견제와 균형, 사법권 독립의 중요성에 대한 연방주의자들의 문서에 포함된 주요 아이디어를 설명할 수 있다.(역사, 공민)

HS.USI.9 권리장전의 통과 이유를 설명할 수 있다.(역사, 공민)

A. 제한 정주에 대한 영국식 개념의 영향

B. 권리장전이 기본권을 보장하고, 정부의 권력을 제한하며, 피고인의 권리를 보장하는 방식

위 문항은 자료에 기반한 서술형 문항으로, 권리장전의 수정 조항 일부가 단서로 제시되어 있다. 이것은 표준서의 세부 학습 기준인 "권리장전의 통과 이유를 설명할 수 있다."와 관련이 있다. 권리장전은 고등학교 미국사 I 학습 기준에서 필수 학습 요소일 뿐만 아니라, 필수적으로 학습해야 할 8개의 미국사 문서 중 하나이다. 지침서에서는 이 문항이 기반한 학습 기준을 명시함으로써, MCAS 평가 문항이 학습 기준과 관련되어 있고, 학습 기준에서 요구하고 있는 학습 내용을 평가하고 있음을 분명히 밝히고 있다. 한편 권리장전의 일부가 단서로 제시되었지만, 학생들에게 '미국사' 지식을 활용하여 답안을 작성하도록 요구함으로써 광범위하고 기초적인 역사 사실에 대한 학습을 요구한다고 볼 수 있다. 이와 같은 점은 채점 기준과 학생

답안의 사례를 통해 보다 구체적으로 확인할 수 있다.

제시된 수정헌법 관련 문항의 채점 기준과 이를 적용하여 채점한 학생 답안의 사례는 〈사례 8-1〉과 같다.

〈사례 8-1〉 채점 기준과 학생 답안의 예

점수	채점 기준		학생 답안(예)
4	a, b 모두 학생들이 권리장전에서 한 가지 수정 조항을 선택한 후, 왜 1791년 미국인들이 선택된 조항에 명시된 권리(들)가 헌법의 일부가 되어야 할 정도로 중요하다고 믿었는지에 대해 그 이유를	철저하고 정확하게 (thoroughly and accurately) 설명한다.	a. 1791년 미국 사람들은 세 번째 수정 조항을 헌법에 포함시키는 것이 필요하다고 생각했다. 미국혁명이 일어나기 전 의회가 숙영법을 식민지인들에게 부과했을 때 군인들을 숙영시킨다는 생각은 인기가 없었다. 식민지인들은 의회에서 목소리를 낼 수 없었기 때문에 식민지에 있는 영국 군인들에게 집을 내줘야 했을 때 매우 화가 났다. 그러므로 건국의 아버지들은 권리장전을 만들면서 미국인들이 군인들을 숙영시키도록 강요받지 않는 것이 중요하다고 생각했다. b. 또한 식민지인들은 열 번째 수정 조항의 아이디어가 새로운 나라에 꼭 필요하다고 생각했다. 이 수정 조항은 국가에 명시되지 않은 모든 권력을 주와 국민들에게 위임함으로써 연방정부의 권력에 제한을 가했다. 군주제에 대항한 혁명을 막 치른 신생국가로서 연방정부에 지나친 권력을 부여하는 것을 두려워했던 것이다. 따라서 많은 미국인들은 이 조항이 없이는 주의 권력보다 강한 정부를 만들까봐 두려워했던 것이다.
3		일반적으로 (generally) 설명한다.	a. 1791년 미국인들은 첫 번째 수정 조항에 명시된 권리가 헌법에 포함될 정도로 중요하다고 믿었다. 주요한 이유는 처음 미국에 온 대다수 사람들이 군주가 특정 종교를 사람들에게 강요하는 영국으로부터 도망쳐 온 사람들이었기 때문이다. 종교의 자유가 권리장전에 의해 보장되지 않았다면 미국 정부는 이들이 벗어나고자 했던 바로 그 나라가 될 것이었기 때문이다. 언론, 출판, 집회, 청원의 자유도 마찬가지이다. 권리장전을 쓴 사람은 정부에 동의하지 않고 또한 두려워하지 않을 때 시민들이 발언하고 행동하기를 원했다.

			b. 세 번째 수정 조항 또한 헌법의 일부가 될 정도로 중요하다. 대영제국이 숙영법을 통과시키자 식민지인들은 군인들이 동의도 없이 자신들의 집에서 살게 되면서 화가 났다. 세 번째 수정 조항은 정말 긴급하거나 법에 의해 허용되지 않는 한 미국이 이와 같은 법을 실시하는 데 동참하지 않을 것임을 보장했다.
2		제한적으로 (in a limited way) 설명한다.	a. 1791년은 미국이 많은 전투와 전쟁을 거쳐 독립을 선언한 지 단지 15년이 지난 후였다. 두 번째 수정 조항은 누구나 안전을 보장하기 위해 무기류를 소지할 수 있도록 하는 권리를 명시하였다. 1791년 미국인들은 스스로를 방어하는 데 익숙해져 있었고, 결국 미국은 신생국이 되었다. 따라서 출발부터 미국은 어떤 위협으로부터 스스로를 방어할 필요가 있었다. b. 또한 헌법에 명시된 생명, 자유, 재산의 권리는 심지어 재판 중일지라도 다섯 번째 수정 조항에 의해 보장되었다. 과거에는 종종 있었지만 어떤 부당한 일이 일어나는 것을 막기 위해 누구도 이중처벌을 받지 않는다. 누구의 재산도 정당한 보상이 없이는 강탈할 수 없다. 과거에는 사람들이 매우 부당한 재판을 받으며 그들의 권리가 침해당하고 재산을 빼앗겼다. 이 수정 조항이 만들어짐으로써 이와 같은 상황은 과거의 일이 되었다.
1	최소한 이해한 바를 보여줌 (예: 헌법에 권리 조항을 추가한 하나의 이유를 언급함)		a. 1791년 대다수 미국인들은 첫 번째 수정 조항을 믿었다. 왜냐하면 다수의 다른 사람들(이민자)이 미국으로 건너왔고, 이들의 신념이 달랐기 때문이다. 하지만 다른 사람과 동일하게 대우받을 필요가 있었다. 모든 사람은 스스로 발견해 가고 정부에 대항해서 발언하기를 원했기 때문에 첫 번째 수정 조항은 이러한 권리를 주었다. b. 대다수 미국인들은 두 번째 수정 조항을 헌법에 포함시킬 필요가 있다고 믿었다. 왜냐하면 1791년에 이미 많은 전쟁이 일어나서 미래를 위해 준비하고자 노력하였기 때문이다.
0	답안이 전적으로 오류이거나 무관할 때		a. 수정 헌법 1조는 자유에 대한 권리, 즉 종교, 언론, 집회의 자유에 대한 것이므로 중요하다. 이때 정부나 권력자들은 미국인들이 똑같아지기를 원했다. 하지만 미국은 자유를 향해 가고 있었기 때문에

자유를 빼앗기지 않기 위해 수정 조항을 만들었다.
b. 수정 4조는 중요하다. 왜냐하면 당시 사람들의
집이 정부의 필요나 단순한 재미를 위해 압수되었
기 때문이다. 이를 방지하고 사람들의 자유와 권리
를 보장하기 위해 이제는 영장이나 이유가 필요하
다.

MCAS 고등학교 역사·사회과학 평가는 교육과정 기반 평가로서
명확히 설정된 표준서에 기반하며, 역사적 자료를 활용하여 문항을
출제하고, 학습이 요구되는 주요 역사 자료에 대한 학생들의 이해를
확인하고 미국사의 관련 기본 지식을 점검하며, 학생의 다양한 반응
을 자유롭게 기술하도록 하는 개방형 질문을 장려한다. 또한 평가
결과를 통해 학생의 고등학교 졸업 시 학습 능력을 인정해 줌으로써
MCAS의 주요 목표가 학군이나 학교의 학력 서열화가 아니라 학생
들의 기본 학력을 보장하는 것임을 분명히 하고 있다.

매사추세츠 주의 교육과정평가 시스템인 MCAS는 내실 있는 미국
사 교육과 학생들의 역사 학습의 질이 보장되는 전제 조건을 여실히
보여주고 있다. 즉, 중요하고 핵심적인 내용요소를 학습 기준으로
설정하고, 이를 과목으로 편제하여 학습할 기회를 제공하도록 규정
하며, 과목을 수강한 후 학습한 결과에 대해 확인하는 고도의 평가
체제를 주 단위에서 구축, 운영하는 과정이 주목된다.

매사추세츠 MCAS는 미국 한 주의 사례에 불과하지만, 이를 통해
학습 기준의 설정, 실행 교육과정과 교수·학습의 구성, 평가체제의
고안이라는 일련의 흐름을 체계적이고 일관되게 보여주고 있다. 따
라서 우리나라에서 교육과정 중심의 평가 방안을 모색하면서, 교
수·학습의 결과뿐 아니라 교수·학습의 과정을 내실 있게 만드는

평가의 역할을 고민할 때 많은 시사점을 줄 수 있을 것이다. 이와 같은 점을 고려하여 특히 국가수준 역사과 교육과정의 해석과 재구성이 가능하도록 하는 교육과정의 자율화 및 자율적 재구성과 운영에 있어 요구되는 현장 교원의 전문성 신장 방안, 이에 따른 교사의 평가 전문성 강화 노력, 국가수준 학업성취도 평가 등에 적용되고 있는 성취기준과 평가기준 설정 방식 등을 검토할 필요가 있다. 마지막으로 주 차원의 고등학교 졸업능력시험에서 개방형 문항을 다수 포함하고 있고, 주제 및 자료에 기반한 개방형 문항을 출제함으로써 교수·학습에 기여하는 바가 크고, 교사의 평가 전문성이 신장되는 기회를 제공한다는 점에 주목할 필요가 있다.

제9장

일본 및 중국편

1. 일본 대학입시센터시험

1) 개요

일본의 '대학입학자선발 대학입시센터시험'(이하 센터시험)은 독립
행정법인인 대학입시센터에서 매해 1월 중순 토요일과 일요일 양일
에 걸쳐 실시하는 일본의 대학 공통 입학시험이다. 이 시험은 우리나
라 교육과정에 해당하는 고등학교 학습지도요령에 따라 출제된다.

일본의 지리역사과와 공민과 학습지도요령은 필수 선택이 정해져
있는 것이 특징이다. 즉, 지리역사과 중에서 '세계사 A', '세계사 B'
중 1과목이 필수이며, 나머지 4과목에서 1과목을 필수로 선택하도
록 하고 있다. 지리역사과와 공민과의 과목 편제를 제시하면 〈표 9-
1〉과 같다.

<표 9-1> 지리역사과, 공민과의 과목 편제

교과	과목	단위 수	필수 · 선택	학년
지리역사	세계사 A	2	2과목 중 1과목 필수	지정 없음
	세계사 B	4		
	일본사 A	2	4과목 중 1과목 필수 선택	
	일본사 B	4		
	지리 A	2		
	지리	4		
공민	현대사회	2	현대사회 또는 윤리와 정치 · 경제	
	윤리	2		
	정치 · 경제	2		

2009년판 고등학교 학습지도요령

센터시험은 <표 9-2>와 지리역사과와 공민과 모두 10과목 가운데 최대 2과목에 응시할 수 있다. 과목당 시험 시간은 60분이며 100점 만점이다.

<표 9-2> 센터시험 지리역사, 공민과 시험 과목

교과	시험 과목	시험 시간(배점)	비고
지리역사	세계사 A, 세계사 B, 일본사 A, 일본사 B, 지리 A, 지리 B	1과목 수험 60분 (100점) 2과목 수험 120분 (200점)	10과목 중 최대 2과목 선택 * '윤리, 정치 · 경제'는 '윤리'와 '정치 · 경제' 2과목을 합하여 출제한 것임
공민	현대사회, 윤리, 정치 · 경제, 윤리, 정치 · 경제*		

2012년 대학입시센터시험

센터시험 문제는 여러 문항을 포함한 주제별 세트인 대문(大問) 안에 개별 문항인 소문(小問)이 각각 몇 개씩 포함되는 형식의 대문-소문식 위계형 세트 문항 구조를 띠고 있다. 대문은 과목에 따라 3〜7개 정도이며, 일본의 교육과정에 의해 나누어진 대단원별로 각각 출제되는 큰 문항을 의미한다. 소문은 대단원별로 출제된 대문 속에 포함된 작은 문항이다. 단위 문항은 대문-모자료-소문-(추가 자료)-답지 등 주로 네 요소로 구성된다. 소문을 포함한 문항을 설문(說問)이라고 표현하며 수능의 개별 문항에 해당한다. 설문 속에는 네모 안에 답안지에 표기하는 번호를 표기하는데 이를 해답번호라고 한다. 소문번호는 대문별로 1번부터 시작하지만, 해답번호는 1번부터 끝번호까지 일련번호가 부여된다. 이것이 답안지에 표기하는 번호가 된다. 이러한 센터시험 문항 구조의 일반적인 형태를 제시하면 〈그림 9-1〉과 같다.

〈그림 9-1〉 센터시험 지리역사과 시험의 일반적 구조

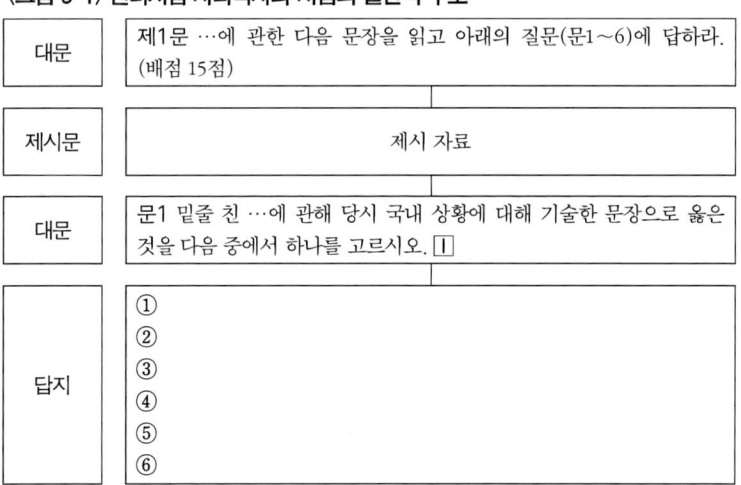

대문	제1문 …에 관한 다음 문장을 읽고 아래의 질문(문1〜6)에 답하라. (배점 15점)
제시문	제시 자료
대문	문1 밑줄 친 …에 관해 당시 국내 상황에 대해 기술한 문장으로 옳은 것을 다음 중에서 하나를 고르시오. ①
답지	① ② ③ ④ ⑤ ⑥

문항별 배점은 문제지에는 공개하지 않고 대문별 문항 세트에서 배점의 합산을 표기한다. 정답지 발표에서는 문항별 배점을 표기하며 총점은 100점이다. 검사지는 4×6배판 크기에 1단 편집으로 한 쪽 당 1~2 문항을 담으며 문제지 쪽수를 고정시키지 않는다. 문항 수도 일정하지 않다. 2009년도 출제에서는 세계사 A가 33문항, 세계사 B가 36문항, 일본사 A가 34문항, 일본사 B가 36문항씩 각각 출제되었다. 경우에 따라서는 세계사 A와 B, 일본사 A와 B에서 공통 문항이 출제되기도 한다.

센터시험 문항은 모두 선다형이다. 주로 4지 선다형이나, 경우에 따라서 6지 선다형도 출제된다. 이처럼 선택지 수가 문항별로 다르기 때문에 답안지는 다음 예시와 같이 표기하도록 하고 있다. 가령 10번 문항의 경우 3번을 답으로 한다면 〈예시〉와 같이 해답번호 10번란 ③번에 마크하면 된다. 특이한 점은 답안지에 ①~⓪까지 표시할 수 있도록 한 점이다.

〈예시〉

해답번호	해답란
10	① ② ❸ ④ ⑤ ⑥ ⑦ ⑧ ⑨ ⓪

센터시험에서 특기할 만한 것은 시험 이후에 고등학교 교과담당 교원의 의견·평가가 제시된다는 점이다. 시험을 평가하는 교사들은 교육과정 수준, 문항의 타당도, 분야별 안배, 분량, 문항 형식, 난이도 등 다양한 요소에 대해 평가하고, 시험이 학교 교육에 미치는 영향을 전망한다. 또 각 문항을 검토하여 추후 출제의 방향을 요구한다.

2) 문항 사례

〈사례 9-1〉 대문-제시문-소문의 전형적인 형식

[제4문] 사람들의 이동과 이주는 세계사에서 때때로 보이는 현상으로, 정치 · 경제 · 사회 · 문화에 커다란 영향을 끼쳤다. 이동과 이주에 대해 기술한 다음 문장 A~C를 읽고 아래 질문(문1~9)에 답하시오. (배점 25)

> A. 라틴아메리카의 역사는 이주의 역사이기도 했다. ①후에 인디오라 불린 원주민도 빙하시대에 아시아 대륙에서 베링 해협을 경유하여 아메리카 대륙으로 이동하여, 각지의 환경에 적응해 가며 남쪽으로 내려간 사람들이었다. 대항해시대 이후 라틴아메리카에는 ②스페인 인과 포르투갈 인 등이 정복자와 식민자로서 도래한 것 외에도, ③아프리카에서 많은 사람들이 강제적으로 이주당하였다. 또 19세기부터 20세기 초두의 '이민의 세기'에는 국제적인 노동력의 이동이 본격화되어 라틴아메리카 각국, 특히 브라질이나 아르헨티나 등에 유럽과 아시아로부터 수많은 이민들이 도착했다.

문1 밑줄 친 ①과 관련하여, 아메리카 대륙 원주민들의 문명에 대해 기술한 문장으로 가장 적당한 것을 다음 ①~④ 중에서 하나를 고르시오.
  ① 잉카 문명에서는 철기가 사용되었다.
  ② 유카탄 반도에서는 퀴푸(결승)를 사용하는 마야 문명이 발전했다.
  ③ 안데스 고지대에서는 테오티와칸 문명이 번영했다.
  ④ 멕시코 고원에서는 아스텍 왕국의 수도 테노치티틀란이 건설되었다

문2 밑줄 친 ②와 관련하여, 이베리아 반도의 역사에 대해 기술한 문장으로 옳은 것을 다음 ①~④ 중에서 하나를 고르시오.
  ① 포르투갈은 12세기에 신성로마제국으로부터 독립했다.
  ② 스페인 국왕 카를로스 1세는 포르투갈 왕을 겸했다.
  ③ 스페인의 작가 세르반테스가 『돈키호테』를 저술했다.
  ④ 그라나다에 로코코 양식을 대표하는 알람브라 궁전이 건설되었다.

문3 밑줄 친 ③ 지역에 대해 기술한 문장 중에서 밑줄 친 부분이 틀린 것을 다음 ①~④ 중에서 하나를 고르시오.
  ① 15세기에 정화의 원정 함대의 일부는 아프리카 동쪽 해안까지 도달했다.
  ② 19세기에 리빙스턴은 아프리카 내륙부를 탐험했다.
  ③ 리베리아는 19세기에 독립하여 공화국이 되었다.
  ④ 앙골라는 1970년대에 스페인으로부터 독립했다.

이하 생략

〈사례 9-1〉은 세계사적인 이동과 이주를 주제로 하여 A~C의 3가지 제시문을 제시하고 하위에 9개 소문을 출제한 입시센터 역사 문항의 전형적인 형식이다. 여기에서는 라틴아메리카를 주제로 하는 제시문 A와 이에 따른 3개의 소문을 제시하였다. 제시문에 ①, ②, ③ 세 개의 밑줄을 긋고 해당되는 내용을 물었다. ①에서는 아메리카 원주민의 문명, ②에서는 스페인 및 포르투갈과 관련된 이베리아 반도의 역사, ③에서는 아프리카와 관련된 역사를 각각 소문을 통해 묻고 있다. 제시문의 주제는 라틴아메리카의 국제 교류지만 묻는 내용에 한정되지 않고 다양한 배경 지식을 묻고 있다는 점이 특기할 만하다.

〈사례 9-2〉는 대문에서 자료를 제시하는 이외에 소문에서도 별도의 자료를 활용한 사례이다. 대문의 자료에서는 일본의 대표적인 외교관인 시데하라 기주로가 외무장관으로 있던 시기를 제시하였으며, 소문에서는 소작쟁의 건수를 표로 제시하고 1920년대 일본의 사회 운동을 물은 문항이다. 이 문항에 대한 일본 교사의 평가는 "특정 인물에 초점을 맞추어 역사를 고찰하는 수법은 익숙하며, 각 시대와의 연관성도 명확하여 좋다."고 되어 있어, 인물을 제시하고 시대상을 묻는 문항이 일본에서도 자주 출제된다는 점을 알 수 있다. 문항 구조는 보통선거법이 성립된 연도와 대공황의 연도에 대한 선지식을 가진 학생들이 해당 연도를 전후한 소작쟁의 현황을 표를 통해 파악하고 답을 찾아야 한다. 한편 이 문항은 일본사 A와 일본사 B의 공통 문항이다. 2009년의 입시센터 역사 시험에서 일본사 A와 일본사 B의 공통 문항은 2개 대문에서 총 12문항이 출제되었다. 반면 세계사 A와 B에서는 공통 문항이 출제되지 않았다.

〈사례 9-2〉 하위문항(소문) 추가자료를 제시한 형식

문3 밑줄 친 ⓒ와 관련하여, 1920년대 일본은 국내에서 사회운동이 활발하게 일어난 시기로서도 알려져 있다. 다음 표를 참고하면서 이 시기 농촌에서 일어난 소작쟁의에 관해 기술한 아래 문장 X · Y에 대해 정오(正誤)의 조합으로 옳은 것을 아래 ①～④ 중에서 하나를 고르시오.

소작쟁의의 건수와 규모

항목 / 연도	소작쟁의 건수 A	참가소작인 수 B	1건당 참가소작인 수 B/A
1920년	408	34,605	84.8
1922년	1,578	125,750	79.4
1924년	1,532	110,920	72.4
1926년	2,751	151,061	54.9
1928년	1,866	75,136	40.3
1930년	2,478	58,565	23.6
1932년	3,414	61,499	18.0

(안도 요시오 편, 『근대일본경제사요람』(제2판)으로부터 작성)

X. 보통선거법이 성립된 전후의 두 해를 비교하면, 소작쟁의 건수는 증가했지만 그 후는 일시적으로 감소했다.

Y. 세계공황의 영향이 일본에 파급된 결과, 곤궁한 농민에 의한 개별 쟁의가 대규모화하는 경향이 나타났다.

① X - 정 Y - 정
② X - 정 Y - 오
③ X - 오 Y - 정
④ X - 오 Y - 오

2009년 대학입시센터시험 일본사 A 제5문 문3; 일본사 B 제6문 문3

〈사례 9-3〉은 6개의 답지를 활용한 6지 선다형이다. 우리나라에서 합답형을 출제할 경우 〈보기〉를 표기하고 구분하는 것이 일반적이나 센터시험 문항에서는 그렇게 하지 않는다. 3개의 선택지가 제시되었으며 이를 발생 순서대로 배열하도록 하였다. 이러한 형식의 문항이 세계사 A 검사지 33문항 중에서 2문항이 출제되었다. 특이한 것은 6지 선다형으로 모든 경우의 수를 답지로 구성한다는 점이다. 우리나라는 답지의 개수가 5개로 고정되어 특정 조합(예: ㄱ, ㄹ)을 만들지 않기 위한 노력이 필요하지만, 센터시험은 모든 경우의 수를 답지로 만들기 때문에 이에 대한 고려가 필요치 않게 된다.

〈사례 9-3〉 6지 선다형 형식

문6 밑줄 친 ⑤와 관련하여, 유럽인들의 아시아에서의 활동에 대해 기술한 다음 문장 a~c가 오래된 연대순으로 바르게 배열되어 있는 것을 아래 ①~⑥ 중에서 하나를 고르시오.

> a. 프란시스코 사비에르가 아시아에서 포교활동을 했다.
> b. 네덜란드와 영국 사이에 암보이나 사건이 발생하였다.
> c. 영국이 인도를 직접 통치하에 두었다.

① a → b → c   ② a → c → b   ③ b → a → c
④ b → c → a   ⑤ c → a → b   ⑥ c → b → a

2009년 대학입시센터시험 세계사 A 제3문 문6

〈사례 9-4〉는 자료에 빈칸을 주고 이에 해당하는 내용을 고르게 하는 문제이다. 어구의 정확한 이해를 필요로 하며 단순 지식형 문항 형식으로 볼 수 있다. 2009년도 일본사 B 검사지 36문항 중에서 5문항이 출제되었으며, 2008년도에는 8문항까지도 출제되었다. 일본의 역사 평가에서 개념 지식을 상대적으로 중시하고 있음을 알 수 있는 문항 형식이다.

〈사례 9-4〉 빈칸 채우기 형식

B. 율령국가는 전국을 지배하기 위하여 국군제(國郡制)를 실시하고, 중앙에서 파견된 국사(國司) 아래 과거의 국조(國造)를 비롯한 유력 호족을 군사(郡司)로 임명하여 지역을 지배하도록 하였다. 민중을 (가) 작성하는 계장(計帳)에 등록하고 인두세인 조용(調庸) 등을 징수하는 율령국가의 지방지배는 군사에 의한 민중 파악을 전제로 하여 성립되어 있었다.
다음의 사진은 이 시대 군의 관청인 군가(郡家)에 지어진 창고를 복원한 것이다. 군의 정창(正倉)이라고 불린 이들 창고에는 조세 등이 수납되었는데, 국가는 이곳에 비축되어 있던 벼를 민중에게 빌려주고 높은 이자를 취하는 (나)를 실시하였다. 국가에서 행한 여러 가지 사업은 이러한 재원에 의해 유지되었다.

문3 빈칸 (가), (나)에 들어갈 어구의 조합으로 옳은 것을 다음 ①~④ 중에서 하나를 고르시오.
① (가) 6년마다　(나) 貰租　　② (가) 6년마다　(나) 出擧
③ (가) 매년　　(나) 貰租　　④ (가) 매년　　(나) 出擧

2009년 대학입시센터시험 일본사 B 제2문 문3

2. 중국 대학입학시험

1) 개요

중국 대학입학시험의 정식 명칭은 '全国普通高等学校招生统一考试'이며 일반적으로 '高考(까오카오)'라고 부른다. 중국은 영토가 넓고 인구가 많기 때문에 한곳에서만 출제하지 않는다. 일부 시(市)나 성(省) 단위 지역에서는 자체 출제하고, 자체 출제하지 않는 지역은 '교육부고시중심'에서 출제하는 전국권 시험지를 사용한다.

〈표 9-3〉과 같이 이틀 동안 전국적으로 시행되며 매년 같은 날인 6월 7일과 8일에 치러진다. 과목 수가 많은 곳은 6월 9일까지 3일 동안 시행되기도 한다.

시험 과목은 어문, 수학, 외국어, 문과종합, 이과종합 등으로 구분된다. 이 중에서 어문, 수학, 외국어 등 3과목은 필수 시험 과목이고 문과종합, 이과종합 등은 대학의 요구와 필요에 따라 각 지역별로 다양한 조합이 이루어진다. 역사과는 문과종합 능력시험에 속한다.

채점은 성급 시험 기구가 책임을 진다. '시험 답안 채점 소모임'을 구성하여 시험 답안 채점 인원을 임용하는데, 대학교 교수를 위주로 중·고등학교 교사 또는 연구원이 참여한다. 선택형 문항의 채점은 컴퓨터를 이용하여 채점하는 반면, 서술형 문항은 사람이 직접 채점한다. 최소 2인 이상이 채점하는데, '시험 답안 채점 소모임'에서 설정한 점수 오차 범위에서 2인이 준 점수의 평균점을 부여한다. 당일 시험 답안 채점 수의 20% 이상에 대해 재검을 하며 재검자의 의견이 채점자와 다를 경우 '과목 시험 답안 채점 소모임' 팀장이 채점 결과를 결정한다.

<표 9-3> 까오카오 전국권 시험 시간표

첫째 날		둘째 날	
시간	과목	시간	과목
09:00~11:30 (150분)	어문	09:00~11:30 (150분)	문과종합/이과종합
15:00~17:00 (120분)	수학(문과/이과)	15:00~17:00 (120분)	외국어

해마다 까오카오가 끝나면 난이도에 따라 교육부에서 각 지역별로 까오카오의 최저 학력 기준을 발표하고 이 기준에 부합하는 학생 중에서 까오카오 점수와 개인별 학생부, 사상정치품덕 고찰 등의 점수를 합산한 입시 사정 점수의 상위순으로 선발한다. 각 지역별로는 까오카오의 난이도에 따른 유ㆍ불리 현상이 없으나, 대학 내에서 지역별 학생의 수준 차이가 크다. 그러므로 최저 학력 기준과 문항의 난이도, 지역별 배분 등은 해마다 문제시되고 있다.

중국의 역사과 평가 내용은 고등학교(高中) 교육과정에 기반한다. 〈표 9-4〉와 같이 고등학교 교육과정은 언어와 문학, 수학, 인문과 사회, 과학, 기술, 예술, 체육과 건강, 종합실천활동 등 8개 학습영역으로 구분된다. 인문과 사회 영역에 속하는 사상정치, 역사, 지리는 필수 이수 과목이다.

중국의 역사교육은 중학교(初中)에서 중국 고대사, 근세사, 현대사와 세계 고대사, 근세사, 현대사를 공부한다. 고등학교에서 중국 고대사, 중국 근ㆍ현대사와 세계 근ㆍ현대사를 공부한다. 이 중에서 고등학교에서 공부하는 3개 과목이 까오카오 문과종합 시험 과목이다.

<표 9-4> 중국 고등학교(高中) '인문과 사회' 영역의 교육과정

학습영역	과목	필수이수 학점	선택이수 학점 I	선택이수 학점 II
인문과 사회	사상 정치	8	사회의 인재 다양화의 수요에 근거하여 학생의 서로 다른 잠재능력과 발전 수요에 부응하고, 공통 필수 과목의 기초 위에서 각 교과 교육과정 표준 분류와 유형을 나누고 수준을 나누어 약간의 선택 이수 단위를 개설하여 학생이 선택하도록 한다.	학교는 해당 지역 사회, 경제, 과학기술, 문화발전의 수요와 학생의 흥미에 근거하여 약간의 선택 이수 단위를 개설하여 학생이 선택하도록 한다.
	역사	6		
	지리	6		

(정영근 외, 2009)

2) 평가체제

(1) 평가영역

문과종합 능력시험의 출제범위는 역사, 지리, 정치의 학과 지식이며 특히 각 과목의 관계를 반영하고 다층적·다각도로 분석·해결하는 사고력을 측정하는 것을 목표로 하고 있다. 하지만 전국권 시험을 보면 역사, 지리, 정치 내용의 구분이 분명해서 분과적 구성을 보이고 있다. 일부 서술형 문제는 각 과목의 관계를 반영한 종합적인 능력을 평가하려는 시도가 보인다.

문과종합 시험 중에서 역사 과목이 다루는 내용 범위는 <표 9-5>와 같다. 이것을 보면 중국의 고등학생들이 공부하는 내용의 대략을 파악할 수 있다.

시험 목표를 달성하기 위해서는 '검증 목표'와 '요구'를 정하고 있다. 검증 목표는 시험에서 측정할 능력의 달성 목표를 종합한 것

〈표 9-5〉문과종합 시험 역사 과목의 범위(요약)

중국고대사	중국 근·현대사	세계 근·현대사
1. 진나라 이전 시대 2. 진, 한 3. 삼국, 진, 남북조 4. 수, 당 5. 오대, 요, 송, 하, 금, 원 6. 명, 청(아편전쟁 이전)	1. 중국 근대 반식민지 반봉건사회의 시작 2. 중국자본주의의 탄생, 발전과 반식민지 반봉건사회의 형성 3. 자산계급 민주혁명과 청조의 멸망 4. 북양 군벌의 통치 5. 신문화운동과 중국공산당의 탄생 6. 국공 양당의 십년 대치 7. 중화민족의 항일전쟁 8. 인민해방전쟁 9. 인민민주정권의 공고화와 사회주의로의 이행 10. 사회주의 건설 모색 과정에서의 굴곡 발전 11. 사회주의 현대화 건설의 새로운 국면	1. 유럽에서 자본주의의 흥기 2. 유럽과 아메리카의 자본가 계급 혁명 3. 자본주의 세계체제의 초보적 형성과 사회주의 운동의 발전 4. 독점 자본주의의 형성 5. 17세기에서 20세기 초의 자연과학 6. 러시아 10월 사회주의 혁명과 소련의 사회주의 건설 7. 제1차 세계대전 후의 자본주의 세계 8. 제2차 세계대전 9. 제2차 세계대전 후의 세계 10. 세계 구조의 변화 11. 현대 과학 기술

이고 요구는 목표에 따른 단계별, 수준별 범주를 각각 나타낸 것인데, 〈표 9-6〉과 같다.

표와 같이 문과종합 시험의 목표는 '정보 획득과 해독', '지식의 동원과 활용', '사물의 묘사와 논술', '문제의 논증과 연구 토론' 등 4가지로 나뉜다. 목표별로 요구 수준은 3단계로 나뉘며 I에서 III으로 갈수록 높은 수준을 나타낸다.

출제 방침으로는 "능력 측정을 주된 방침으로 삼아 수험생이 공부한 관련 교육과정의 기초 지식, 기본 기능의 파악 정도와 배운 지식을 종합적으로 이용하여 실제 문제를 분석, 해결하는 능력을 시험한다."고 한다. 즉, 〈표 9-6〉에서 제시한 능력을 교육과정의 기초 지식

〈표 9-6〉 문과종합 시험의 목표와 요구

목표 \ 요구	Ⅰ	Ⅱ	Ⅲ
정보 획득과 해독	문제가 제시하는 정보를 파악하고, 문제의 요구 사항과 시험 의도를 이해한다.	정보에서 유효한 내용과 가치를 뽑아내고 그를 분석하고 종합한다.	관련된 학과의 정보를 조직하고 사용하여 종합적인 정보 해독을 만든다.
지식의 동원과 활용	배운 지식과 문제의 형식·내용 사이에 정확한 연계를 세운다.	관련된 지식과 정보를 정확하게 사용하여 문제를 인식하고 설명한다.	학과의 상호 침투를 드러내고, 관련된 학과의 지식 원리를 이용하여 문제를 분석한다.
사물의 묘사와 논술	사물 현상을 올바르게 서술하며, 사물의 특징을 정확하게 묘사하고 해석한다.	사물의 본질과 법칙을 파악하고, 정확한 설명을 제시한다.	변증적으로, 역사적으로 사물을 고찰하고, 사물에 대해 학과나 복합 학과적 묘사와 설명을 사용하여 의미를 완전하게 한다.
문제의 논증과 연구 토론	판단, 귀납, 연역, 비교, 개괄 등의 방법론을 사용하여 문제를 논증한다.	논증 과정에서 관점을 명확히 하고, 서술을 분명히 하며, 논리를 엄밀하게 한다.	관련 학과의 원리와 방법을 종합적으로 사용하여 문제를 논증하고, 탐구하며, 창조적인 생각을 드러낸다.

과 기본 기능을 얼마나 이해하고 파악하는지와 지식의 활용, 실제 문제에 적용하는 데까지 평가하는 것으로 볼 수 있다.

(2) 평가 형식

〈표 9-7〉은 2009년에 시행된 문과종합 시험 전국권 1의 검사지 구성을 나타낸 것이다. 성별로 자체 출제되는 시험과 차이가 있을 수 있지만 대체로 이와 같이 검사지를 구성하고 있다.

시험 시간은 총 150분이며, 점수는 300점 만점이다. 시험은 Ⅰ, Ⅱ

〈표 9-7〉 까오카오 문과종합 시험의 검사지 구성(전국권 1)

		문항수	배점	시험시간	비고
I (4지 선다형)	지리	11	44	150분	역사, 지리, 정치 내용을 유기적으로 통합시켜, 세 과목의 지식을 종합적 으로 활용하는 문항
	역사	12	48		
	정치	12	48		
	계	35	140		
II (서술형)	대주제	4	160		
	세부문항	16			

로 크게 구분해서 선다형 문항과 서술형 문항으로 구성된다. 문과종합 선택형 문항은 모두 4지 선다형이며 제시문을 별도로 구성하지 않는다. 역사 내용은 대략 1/3가량이 출제된다.

3) 문항 사례

〈사례 9-5〉 문항에서 문두에 해당하는 중국어 원문은 "1787年費城会议制定的《美利坚合众国宪法》规定：合众国不得授予贵族爵位。这反映了美国宪法的主要原则是"이다. 문두 마지막에 동사 是(~이다)가 있다. 답지는 모두 是 다음에 자연스럽게 연결되는 어구들이다. 중국어의 특성상 동사가 마지막에 위치하고 그것에 연결되는 답지로 구성하기 때문에 물음표(?)가 붙지 않는다. 부정형 문항도 거의 출제하지 않는다. 하지만 예시문항은 우리에게 익숙한 물음표가 있는 불완전한 문장으로 끝나는 식으로 번역하였다.

사례 문항을 얼핏 보면 매우 간명하여 쉽게 풀 수 있다고 생각할지 모른다. 그런데 단순 지식을 묻는 데 그치지 않고 문두 속에 짧은 자료가 포함되었다. 이 자료가 정답지를 제한하는 조건이 된다. 만일 단순히 미국 헌법의 원칙을 묻는다면 모두 정답이 될 가능성이

〈사례 9-5〉 기초적인 개념과 사실을 묻는 문항

1787년 필라델피아 회의에서 제정한 『아메리카합중국헌법』에서는 "합중국은 귀족 작위를 수여하지 않는다"라고 규정하였다. 여기에 나타난 미국 헌법의 주요 원칙은?

A. 민주주의   B. 평등주의   C. 자유주의   D. 공화주의

2009년 전국권 1, 21번

〈사례 9-6〉 복수의 답지를 고르는 문항

다음 각 항의 사실 중에서 중앙정부가 소수민족문화를 존중하여 그 풍속으로 통치(因俗而治)를 추구한 것은?

① 당나라는 동돌궐지역에 도독부를 설치하였다.
② 명나라는 서남지역에서 "개토귀류(改土歸流)" 정책을 실시하였다.
③ 명나라는 티베트에서 승관제도를 수립하였다.
④ 청나라 강희제는 삼번의 난을 평정하였다.

A. ①③   B. ②④   C. ①③④   D. ②③④

2009년 북경권, 15번

있지만 귀족정을 부정한다는 조건에서는 'D. 공화주의'가 정답이다.

〈사례 9-6〉은 중국사에서 왕조의 소수민족 통치를 묻는 문항이다. 개토귀류(改土歸流) 정책이란 묘족에 대해 토착관리 대신에 중앙관리를 파견하여 중앙집권을 강화한 정책이다. 형식면에서 볼 때 역사 문항에서 복수의 답지를 고르는 합답형 문항은 드물었다. 이 문항은 많지 않은 사례 중 하나이다. 형식상 우리의 합답형처럼 〈보기〉를 글상자로 구분하는 시각적인 모형은 나타나지 않는다. 4지 선다형에서 고르도록 한 점이 특이하다. 더욱이 답지에서 2개와 3개짜리를 차등적으로 제시한 데다가 빈도수가 일정하지 않은 점도 독특하다.

〈사례 9-7〉은 한대부터 송대에 이르기까지 남북조의 호구 수(인구

〈사례 9-7〉 제시된 표를 분석하는 정답형 문항

〈표 2〉한~송 남북방 호구 수 변화표 (단위: 만 호)

연도 지역	서한 원시 2년	진 태강 원년	당 천보 원년	송 원풍 3년
북방	965	149	493	459
남방	111	65	257	830

(전목, 『국사대강』)

〈표 2〉에 나타난 한부터 송까지 이르는 기간의 남방과 북방의 호구 변화에 영향을 준 주요 요소는?

A. 왕조 존속 기간의 길고 짧음   B. 왕조 역량의 강약

C. 영토의 크고 작음   D. 경제 구조의 변화

2009년 전국권 1, 15번

수) 변화를 표로 제시하고 인구 변화에 영향을 준 요소를 파악하는 문항이다. 표는 남방의 인구가 송대에 급증하고 있어 해당 시기에 강남 지역이 사회경제적으로 발달하였다는 사실을 결합하여 이해할 수 있다. 정답은 D이다. 왕조별로 시기를 구분한 표와 관계없이 남북의 인구를 비교하는 것만으로도 정답을 찾을 수 있었다. 특히 문두에서 남방과 북방이라는 용어를 사용함으로써 서한과 진의 인구를 제시한 것이 무용한 것으로 보인다. 하지만 표는 4개 답지를 성립하게 하는 중요한 기능을 하고 있다. 이 점에서 자료와 답지는 긴밀성이 있다. 또한 답지가 구체적인 사실이 아니라 일반적인 요소를 논리적으로 진술하였다는 점이 특징이다.

〈사례 9-8〉 문항은 3개의 자료와 3개의 문항으로 구성된 서술형 문항이다. 형식면에서는 지시문, 3개의 자료, 3개의 문항으로 구성되어 있는 대문항으로 각 4점인 선택형에 비해서 배점도 높다. 자료의 종류도 글 자료와 함께 통계표를 제시하여 다양한 편이다. 내용

〈사례 9-8〉 중국의 조세제도 변화를 통시대적으로 묻는 서술형 문항

(32점) 다음 자료를 읽고 배운 지식을 활용하여 아래 문제에 답하시오.

자료 1

기원전 594년 노 나라가 처음으로 토지에 세금을 부과한 이래, 자영 소농민을 통제하여 부세를 거두고 부역을 징발하면서 국가 발전의 중요 기초로 삼았다. 780년 당 나라는 "자산을 중심으로 하는" 양세법을 실시하였다. 그 이전에 역대의 세금 징수는 토지 면적에 근거를 두거나 인구 수에 따라서, 혹은 호에 따라 식량이나 비단 등 실물을 징수하였는데, 명목과 내용은 시대에 따라 변하였고, 세금 액수도 시대마다 달랐으나 개별 소농가를 기초로 삼지 않은 경우는 없었다. 호구와 성인 남자를 낱낱이 파악하여 가능한 한 부호들의 토지 겸병을 억제하고 자영 소농민의 파산을 방지하려는 것이 역대로 일관되게 관철되어 온 정책이었다. 양세법이 실시된 후 천여 년간 자산에 따라 세금을 징수하고, 화폐로 거두는 것이 세제 변화의 주류가 되었다. 이는 또한 명의 "일조편법", 청의 "인정을 토지에 포함시켜 징수하는 지정은제" 등의 제도의 주요 내용이다. 토지 소유면적이 재산 평가나 세금 징수의 첫 번째 근거였고, 토지 겸병은 더 이상 정부가 신경쓰는 중요 문제가 아니었으며, 토지의 실제 소유 상황에 대한 조사와 등록이 정부 경제 관리의 중요 활동이 되었다.

– 이검농, 『중국경제사고(中國經濟史稿)』 등

자료 2

〈표 4〉 1950~1965년 중국 농업세 징수 상황(세액 단위: 쌀, 밀 억 킬로그램)

시기	농업 생산량	징수한 농업세			생산량에서 농업세의 점유 비중(%)	
		합계	정세	부가세	합계	정세의 점유율
경제회복 시기	3806.50	494.54	443.88	50.66	13.00	11.70
"1차 5개년" 시기	8017.80	933.21	847.45	85.76	11.60	10.60
"2차 5개년" 시기	6983.20	833.32	745.66	87.66	11.90	10.70
1963~1965	5004.50	374.02	333.42	40.60	7.50	6.70

–『중국통계연감』에서 발췌

자료 3

사회주의 신농촌 건설은 농촌에 대한 종합 개혁을 전면적으로 추진하지 않으면 안 된다. 올해 전국적인 농업세 철폐는 중국에서 장장 2,600년간 실시되어 온 낡아빠진 세금이 역사 무대에서 사라지게 되었다는 것을 상징한다. 이는 획기적인 의미를 지닌 중대한 변혁이다.

- 원자바오의 제10차 전국인민대표대회 제4차 회의 『정부업무보고』(2006년 3월 5일)에서 발췌.

(1) 자료 1을 근거로 학습한 지식을 활용하여, 양세법이 실시되기 전후의 중국 고대 세금 징수의 특징과 변화의 원인을 설명하시오. (14점)
(2) 자료 2를 근거로 학습한 지식을 활용하여, 1950~1965년 우리나라의 농업세가 농업 실제 생산량에서 차지하는 비율의 변화 추이와 그 주요 원인을 설명하시오. (10점)
(3) 자료 1, 2, 3을 근거로 학습한 지식을 활용하여, "우리나라가 농업세를 폐지한 것은 획기적인 의미가 있는 중대 변혁"이라는 것에 대한 당신의 생각을 서술하시오. (8점)

2009년 전국권 1, 37번

면에서는 중국의 조세 제도 변화를 다루고 있는데, 자료 1이 조세 제도의 역사적 연원을 다룬 것이라면, 자료 2는 현대 중국의 농업세, 자료 3은 현정부가 실시한 세제 개혁의 정당성을 다루었다. 3개의 문항은 (1)번과 (2)번 문항이 자료를 근거로 선지식을 결합하여 첫 번째 문제에서 알고 있는 지식을 서술하고 다음 문제에서는 표를 분석하며 (3)번 문항에서는 정책에 대한 자신의 생각을 기술하는 논술형으로 구성하여 수험생의 사고력을 단계적으로 높은 순서로 측정하는 형태를 보였다. 특히 (3)번 문항은 현정부에서 실시하는 세제 개혁의 역사적 정당성을 확보하려는 정치적 의도도 포함되어 있는 것으로 파악된다.

〈사례 9-9〉 문항은 중국 입시 문항에서도 매우 참신하게 시도한 형식으로 볼 수 있다. 〈사례 9-8〉과 같은 형식이 일반적이기 때문이다. 하지만 매우 시사적이라고 판단되어 예시하였다. 이 문항에 대해서는 해설과 참고 답안이 있으므로 소개한다.

〈사례 9-9〉전시회 개최로 꾸민 18세기 이래 문화에 대한 종합적 이해를 묻는 서술형 문항

청소년은 문명의 계승자와 창조자가 되어야 한다. 최근에 "18세기 이래 문명과의 대화"라는 주제로 전람회를 개최하려고 중학생을 전람의 준비와 선전에 참여하도록 초청하려고 한다.

(1) 전람 1: 18세기 중서문명의 대조
아래 표는 전람 중에 당시 중국과 서양 문명의 중요 성과인 두 저작에 대한 소개인데, 이미 채워진 글을 참조하여 빈 공간을 완성하시오.

	청조『사고전서』	프랑스『백과전서』
시대 특징	청조의 다민족 통일 국가의 전례 없는 견고함; 사회 안정, 경제 번영; 문화에 대한 독재적 통제 시행	
내용 특징	경, 사, 자, 집 4부분에 따라 고전 문화를 총결산	당시의 모든 과학 성과를 반영하고, 과학과 이성을 널리 알림
평가		18세기 유럽 사상 문화 발전의 이정표

(2) 전람 2: 서양 문명 충격 아래의 근대 중국
다음은 전람 문서의 발췌이다: 1840년 이후 중화문명은 신구 변화에 직면하였다. 중국인은 국가와 민족을 멸망에서 구하기 위하여 서양의 성과를 받아들이며 연이어 각종 주장을 제시했다. 예컨대 ①오랑캐의 좋은 기술을 배워 오랑캐를 제압하자, ②중학을 체로 삼고, 서학을 용으로 삼자, ③ 요순을 본받아 민주의 태평을 실행하자(『공자개제고』), ④ 단지 두 선생(德선생(데모크라시), 賽선생(사이언스)만이 중국의 정치상, 도덕상, 학술상, 사상상의 모든 암흑을 치료할 수 있다

해설원이 되어, 참관자에게 위 주장 가운데 2개를 선택하여 주장의 본질과 역할을 해설하시오. (만일 3개 이상의 주장을 답으로 썼을 경우, 앞의 2개만을 채점함)

(3) 전람 3: 20세기 세계 전쟁과 인류 문명
다음은 전람 주제어이다: 중국 인민의 항일전쟁과 반파시스트 전쟁은 세계의 평화 및 정의를 사랑하는 국가와 인류 문명의 잔혹한 적들 간의 생사를 건 결전이었다. - 후진타오
1937년「국공합작선언」공포; 1942년「국제연합 선언」서명. 배운 지식을 이용하여 참관자에게 이 두 문헌 탄생의 배경을 소개하고 그 역사 경험을 설명하시오

(4) 전람 4: 당대 문명 발전의 기회와 도전
다음은 전람회의 맺음말이다: 국제연합의 밀레니엄 리포트는 더욱 안전하고, 더욱 공평한 21세기를 건설하려면 모든 국가와 개인의 노력이 필요하다. 국제연합 사무총장은 2004년 신년사에서 국제 사회는 지역분쟁의 무력 충돌 문제에 관심을 기울여야

할 뿐만 아니라 전 인류가 직면한 빈곤, 질병, 환경 악화 등의 문제에 힘을 기울여야 한다고 호소했다.

맺음말과 배운 역사 지식을 근거로 현대 사회의 문명 발전이 당면한 문제를 해결하기 위한 하나의 건의를 제시하시오.

2006년 북경권, 37번

참고문헌

국내

강승호 외(2003),『현대 교육평가의 이론과 실제』, 양서원.

강태원(2007),「역사탐구능력 향상을 위한 역사글쓰기 수업」,『역사교육논집』 39, 역사교육학회.

교육과학기술부(2008),『중학교 교육과정 해설 (II): 국어, 도덕, 사회』, 교육인적 자원부 고시 제2007-79호.

교육과학기술부(2009),『고등학교 교육과정 해설 4: 사회(역사)』, 교육과학기술 부 고시 제2009-10호.

교육과학기술부(2009),『사회과 교육과정』, 교육과학기술부 고시 제2009-41호.

교육과학기술부(2010),『사회과 교육과정』, 교육과학기술부 고시 제2010-24호.

교육과학기술부(2011),『사회과 교육과정』, 교육과학기술부 고시 제2011-361호.

교육부(1998),『수행 평가의 이해』, 교육 홍보 자료 2.

국립교육평가원(1996),『수행평가의 이론과 실제』, 국립교육평가원.

권대훈(2008),『교육평가』, 학지사.

권오현(2002),「프리젠테이션 소프트웨어를 활용한 역사과 학생 수업의 수행 평 가 방안 연구」,『역사교육논집』 28, 역사교육학회.

김경희(2000),「수행평가의 타당도 검증을 위한 측정학적 접근」, 이화여자대학교 대학원 박사학위 논문.

김경희 · 성태제(2002),『수행평가의 이해와 실제』, 이화교육총서, 교육과학연 구소, 이화여자대학교 사범대학.

김동준(1998),「역사과 서술형 평가의 실제와 개선방향」,『우리교육(중등)』 12월 호.

김명숙(2010),「서술형 평가의 중요성과 실천 방향」,『서술형 평가의 출제에서 채 점까지(사회과)』, 서울특별시 교육연구정보원.

김미선(2008),「역사(국사) 학습평가 내용타당도에 관한 연구」,『사회과교육』 47-3, 한국사회과교육연구학회.

김미선(2009), 「중등 교실 역사학습평가의 개선방안: 내용타당도 측면에서」, 『역사교육연구』 9, 한국역사교육학회.

김미선(2009), 「역사 평가 문항에 나타난 역사 지식의 특성」, 『사회과교육』 48-3, 한국사회과교육연구학회.

김미선(2011), 「한국사능력검정시험 등급별 평가 수준 위계화 방안」, 『역사교육』 118, 역사교육연구회.

김민정(2010), 「미국 주 단위고등학교 역사과 평가 체제의 실제―매사추세츠 주를 중심으로」, 『역사교육론집』 44, 역사교육학회.

김민정(2011), 「한국사능력검정시험 평가체제에 대한 비판적 검토」, 『교육과정평가연구』 14-2, 한국교육과정평가원.

김민정 · 김미선(2011), 「한국사능력검정시험 평가 문항 현황과 개선 방안」, 『역사교육논집』 47, 역사교육학회.

김수미(2007), 「제1 · 2회 한국사능력검정시험의 분석과 문항의 방향」, 『역사교육연구』 6, 한국역사교육학회.

김수미(2009), 「국가 수준의 대학 입시에서 국사 문항의 변천―객관식 선다형 문항을 중심으로」, 『역사교육연구』 9, 한국역사교육학회.

김수미(2010), 「국가 수준의 대학 입시 국사 문항에서 오답시비 유형 분석」, 『역사교육』 114, 역사교육연구회.

김영천(2007), 『현장 교사를 위한 교육평가』, 문음사.

김육훈(2007), 「역사글쓰기 수업이란 무엇인가」, 『역사수업과 글쓰기 ― 역사글쓰기에서 논술까지』, 전국역사교사모임.

김재춘 외(2007), 『예비 · 현직 교사를 위한 교육과정과 교육평가』, 교육과학사.

김종훈(2007), 「역사수업과 글쓰기」, 『영산강 문화권을 찾아서』, 전국역사교사모임 겨울연수자료집.

김지훈 외(2010), 『중국 고등학교 역사교과서의 현황과 특징』, 동북아역사재단.

김한종 · 이영효(2002), 「비판적 역사 읽기와 역사쓰기」, 『역사교육』 81, 역사교육연구회.

김혜숙 · 박가나(2010), 「국가수준 학업성취도 평가를 위한 사회과 평가영역 설정 연구」, 『교육과정평가연구』 제13권 제2호, 한국교육과정평가원.

남명호(1995), 「수행평가의 타당성 연구」, 고려대학교 대학원 박사학위 논문.

남명호(2000), 『수행평가』, 문음사.

박도순(2000), 『문항 작성 방법론』, 교육과학사.

박도순 외(2001), 『교육과정과 교육평가』, 문음사.

박도순(2008), 『교육평가: 이해와 적용』, 교육과학사.

박선미(2009), 『사회과 평가론』, 학지사.

박은아 외(2008), 『2007 개정 교육과정에 따른 사회과 성취기준과 평가기준 개발 연구』, 한국교육과정평가원.

박진동(2009), 「수능 문항의 구성 요소 분석과 문항 제작 방안」, 『역사교육』 111, 역사교육연구회.

박진동(2011), 「고등학생의 선다형 문항 풀이 과정과 시험전략 고찰」, 『역사교육』 117, 역사교육연구회.

박진동(2011), 「한국 근현대사 과목의 문항 난이도 특성 분석」, 『역사교육』 119, 역사교육연구회.

방지원(2007), 「〈국사〉 서술형 평가 답안에 나타난 고등학생의 역사 이해 양상」, 『역사교육』 102, 역사교육연구회.

방지원(2010), 「역사과 서술형 평가의 필요성과 개선 방안: 글쓰기 수업과의 연계를 중심으로」, 『역사교육연구』 11, 한국역사교육학회.

배정선(2008), 「역사적 사고력 신장을 위한 수행평가 방안」, 『교과교육연구』 1-2, 고려대학교 교과교육연구소.

백순근 외(2003), 『교과교육평가의 이론과 실제』, 원미사.

백순근 편(1998), 『중학교 각 교과별 수행평가의 이론과 실제』, 원미사.

백순근 · 이명희 · 류재택(1999), 『고등학교 역사과 수행평가의 이론과 실제』, 한국교육과정평가원.

성태제(1995), 「고등정신능력 신장을 위한 교육 평가 방안 탐색」, 제12회 전국교육평가 심포지엄 발표 논문, 국립교육평가원.

성태제(1998), 『문항 제작 및 분석의 이론과 실제』, 학지사.

성태제(2010), 『현대교육평가』(3판), 학지사.

송옥란(2010), 「역사글쓰기 수행평가와 함께한 국사수업」, 『역사교육』 봄호, 전국역사교사모임.

신일용 외(2010), 『중국 대학입학시험 문항 분석』, 한국교육과정평가원, 연구자료 ORM 2010-63.

양길석(2006), 「서술형·논술형 평가 문항의 제작」, 『서술형·논술형 평가 예시 문항 자료집—역사』.

양정현(2001), 「역사교육에서 평가 논의의 난맥상과 개선 방안」, 『역사교육』 80, 역사교육연구회.

양호환 외(1997), 『역사교육의 이론과 방법』, 삼지원.

오정현(2000), 「고등학교 국사과 수행평가 연구」, 이화여자대학교 교육대학원 석사학위 논문.

오정현(2009), 「역사과 평가 문항의 위계성 검토」, 『역사교육연구』 9, 한국역사 교육학회.

오정현(2006), 「고등학교 역사과 서술형·논술형 평가의 특징과 개선 방안」, 『역 사교육연구』 4, 한국역사교육학회.

오정현(2009), 「역사과 평가에서 목표 준거의 위계성 모색」, 『역사교육』 111, 역 사교육연구회.

오정현(2010), 「역사과 평가 문항의 위계성 연구」, 이화여자대학교 대학원 박사 학위논문.

윤세철(1981), 「사회과 역사분야의 평가」, 『사회과교육』 14, 한국사회과교육연 구학회.

윤종배(2008), 「논술을 열공하라」, 『나의 역사수업』, 역사넷.

이경훈(2002), 「역사글쓰기, 아이들이 쓰는 역사」, 『우리 아이들에게 역사를 어떻 게 가르칠 것인가』, 휴머니스트.

이대희(2002), 「고등학교 국사과 역사적 사고력 신장을 위한 수행평가 방안」, 『역사교육논집』 29, 역사교육학회.

이명희(2001), 「역사교육 평가의 문제와 새로운 방향」, 윤세철교수정년기념 역사 학논총간행위원회, 『역사교육의 방향과 국사교육』, 솔.

이명희·류재택(1998), 『국가교육과정에 근거한 평가기준 및 도구 개발연구— 고등학교 국사』, 한국교육과정평가원.

이명희·이미미(1999), 『고등학교 국사 평가방법 개선방안—논술형 및 서술형 평가를 중심으로』, 한국교육과정평가원.

이양락 외(2009), 「미국 SAT와 ACT 문항 분석」, 한국교육과정평가원, 연구자료

ORM 2009-7.

이양락 외(2009), 「일본 대학입시센터시험 문항 분석」, 한국교육과정평가원, 연구자료 ORM 2009-46.

이종성·강봉규·한종철(1988), 『교육심리 측정·평가』, 종각출판사.

이찬희·한경자(1997), 『고등학교 국사 국가공통 절대평가기준 개발연구』, 한국교육개발원.

전국역사교사모임(1995), 『우리역사 어떻게 가르칠까』 상·하, 푸른나무.

전국역사교사모임(2002), 『우리 아이들에게 역사를 어떻게 가르칠 것인가』, 휴머니스트.

정선영 외(2001), 『역사교육의 이해』, 삼지원.

정영근 외(2009), 『2009 교육과정·교육평가 국제 동향 연구─대만·싱가포르·일본·중국』, 한국교육과정평가원, 연구보고 RRO 2009-9-1.

정한숙(2003), 「창의력 신장을 위한 역사교육의 수행평가 방안」, 『역사와 역사교육』 8, 웅진사학회.

지은림(2000), 「논술형 수행평가를 위한 채점 방법들의 비교」, 『교육문제연구소 논문집』 16, 경희대학교 교육발전연구원.

최상훈(2000a), 「역사적 사고력의 학습 및 평가방안」, 서울대학교 대학원 박사학위논문.

최상훈(2000b), 「역사적 사고력의 육성을 위한 평가 문항 개발방안」, 『역사와 역사교육』 5, 웅진사학회.

최상훈 외(2007), 『역사교육의 내용과 방법』, 책과함께.

최상훈(2007a), 「대학수학능력시험 역사영역 문항의 문제점 및 개선방안」, 『역사교육』 103, 역사교육연구회.

최상훈(2007b), 「대학수학능력시험 역사영역 평가목표의 개선방안」, 『역사교육연구』 6, 한국역사교육학회.

최상훈(2010), 「역사교육 평가연구의 현황과 과제」, 『역사교육』 113, 역사교육연구회.

최연희·권오남·성태제(1998), 『중학교 영어·수학 교과에서의 열린 교육을 위한 수행 평가 적용 및 효과 분석 연구』, 이화여자대학교 사범대학.

최완기(1994), 「역사적 사고력과 평가의 문제」, 『역사교육』 55, 역사교육연구회.

한국교육과정평가원(2005), 『대학수학능력시험 10년사』, 한국교육과정평가원.

한국교육학회 교육평가연구회(1995), 『교육 측정 · 평가 · 연구 · 통계 용어사전』, 중앙교육진흥연구소.

허경철 외(1997), 『국가 공통 절대평가 기준 교과별 모형 개발 연구』, 한국교육개발원.

허신혜(2002), 「역사 교육 평가 연구의 현황과 과제」, 『청람사학』 5, 청람사학회.

황정규(2006), 『학교학습과 교육평가』, 교육과학사.

국외

磯谷正行(2000), 「高等学校地理歴史科 · 公民科における評価の在り方に関する研究」, 『愛知県総合教育センター研究紀要』 第90集.

愛知県総合教育センター(2006), 「地理歴史科 · 公民科における '思考力 · 判断力'を育成する学習指導と評価の在り方に関する研究」, 『愛知県総合教育センター研究紀要』 第96集.

American Psychological Association, American Educational Research Association, and National Council on Measurement in Education (1999). *Standards for Educational and Psychological Testing*. Washington DC: American Educational Research Association.

Anderson, L. W., Krathwohl, D. R., Airasian, P. W., Cruikshank, K. A., Mayer, R. E., Pintrich, P. R. et al., (eds.), (2001). *A taxonomy for learning, teaching, and assessing: A revision of Bloom's taxonomy of educational objectives*. New York: Longman.

Crocker, L. (2003). Teaching for the test: Validity, fairness, and moral action, *Educational Measurement: Issues & Practice*, 22(3).

CollegeBoardSAT (2006). *The official study guide–SAT subject tests in U. S. and world history*.

Dickinson, A. K. (1984). Assessment, examinations, and historical understanding, in A. K. Dickinson, P. J. Lee, and P. J. Rogers (eds.), *Learning History*. London: Heinemann Educational Books.

Gronlund, N. E., Linn, R. L. (1990). *Measurement and evaluation in teaching* (7th ed.). New York: Macmillan.

John, C. B. (1993). Teacher the value of inquiry through the essay question. in *History anew: Innovations in the teaching of history today.* Long Beach: The University Press.

Marzano, R. J. (1997). Understanding the complexities of setting performance standards. in *A handbook for student performance assessment in an era of restructuring*, Alexandria, VA: Association for Supervision and Curriculum Department.

Massachusetts Department of Education (2003). *Massachusetts history and social science curriculum framework.* Retrieved from http://www.doe.mass.edu/frameworks/current.html, 2009. 10.

McMillan, J. H. (1997). *Classroom assessment: principles and practice for effective instruction.* Boston: Allyn & Bacon.

McMillan, J. H. (2004). *Classroom assessment: principles and practice for effective instruction* (3rd ed.). New York: Allyn & Bacon.

McTighe, J., Ferrara, S. (1994). *Assessing learning in the classroom.* Washington D.C. : National Education Association.

McTighe, J., Ferrara, S. (1998). *Assessing learning in the classroom.* Washington D.C. : National Education Association.

Messick, S. (1989). Meaning and values in test validation: the science and ethics of assessment. *Educational Researcher*, 18(2).

Millman, J., Greene, J. (1989). The specification and development of tests of achievement and ability. in R. L. Linn (ed.), *Educational measurement* (3rd ed.). New York: American Council on Education.

Nitko, A. J. (1996). *Educational assessment of students* (2nd ed.). Englewood Cliffs, NJ: Prentice Hall, Inc.

Rothman, R. et. al., (2002). Benchmarking and alignment of standards and testing. *CSE Technical Report* 566. Achieve.

Blakey, R. (1993). A guide to the skill of essay construction in history. in *History* anew: Innovations in the teaching of history today. Long Beach: The University Press.

Blakey, R. (1993). Bulls-eye: A teachers guide for development student skills in responding to essay questions. in *History anew: Innovations in the teaching of history today*. Long Beach: The University Press.

Stern, L., Algren, A. (2002). Analysis of students' assessments in middle school curriculum materials: Aiming precisely at benchmarks and standards. *Journal of Research in Science Teaching*, 39(9).

Stiggins, J. R. (1998). *Classroom assessment for student success*. Washington D.C.: National Education Association.

Webb, L. N. (1997). *Criteria for alignment of expectations and assessments in mathematics and science education*. Washington, D.C.: Council of Chief State School Officers.

Webb, L. N. (2001). *Alignment analysis of four language arts standards and assessments grades 5, 8, and 11*. Madison, WI: Wisconsin Center for Education Research.

웹사이트

국가교육과정 정보센터 http://ncic.kice.re.kr/
한국교육과정평가원 http://www.kice.re.kr/
한국교육과정평가원 교수학습센터 http://www.classroom.re.kr/
한국사능력검정시험 http://www.historyexam.go.kr/

中国教育在线(高考) http://gaokao.eol.cn/
大學入試センター http://www.dnc.ac.jp/
歷史能力檢定協會 http://www.rekiken.gr.jp/

CollegeBoard(SAT) http://sat.collegeboard.com/
National Assessment Governing Board http://www.nagb.org/
National Center for Education Statistics(NCES) http://nces.ed.gov/

색인

집필진(게재순)

최상훈
서울대학교 사범대학 역사교육과, 서울대학교 대학원(석사, 박사)
(現) 서원대학교 사범대학 역사교육과 교수

김미선
전남대학교 사범대학 역사교육과, University of Pittsburgh, Ph. D.
(現) 연세대학교 교육대학원 특임교수

김수미
전남대학교 사범대학 역사교육과, 한국교원대학교 대학원(박사 수료)
(現) 구성고등학교 교사

방지원
한국교원대학교 역사교육과, 한국교원대학교 대학원(석사, 박사)
(現) 신라대학교 역사교육과 교수

오정현
이화여자대학교 사범대학 사회생활학과, 이화여자대학교 대학원(석사, 박사)
(現) 휘경여자고등학교 교사

신항수
고려대학교 문과대학 사학과, 고려대학교 대학원(석사, 박사)
(現) 한국교육과정평가원 연구위원

박진동
서울대학교 사범대학 역사교육과, 서울대학교 대학원(석사, 박사)
(現) 한국교육과정평가원 연구위원

김민정
서울대학교 사범대학 역사교육과, University of Pittsburgh, Ph. D.
(現) 서강대학교 교육대학원 교수

역사과 평가의 이론과 실제

1판 1쇄 2012년 2월 29일
1판 2쇄 2013년 3월 5일

지은이 | 최상훈, 김미선, 김수미, 방지원, 오정현, 신항수, 박진동, 김민정
펴낸이 | 류종필

편집 | 천현주, 박진경
마케팅 | 김연일, 이혜지, 노효선
표지 디자인 | 석운디자인
본문 디자인 | 글빛

펴낸곳 | 도서출판 **책과함께**
            주소 (121-896) 서울시 마포구 서교동 444-17 5층
            전화 (02) 335-1982~3
            팩스 (02) 335-1316
            전자우편 prpub@hanmail.net
            블로그 blog.naver.com/prpub
            등록 2003년 4월 3일 제25100-2003-392호

ISBN 978-89-91221-96-3 (93900)

이 도서의 국립중앙도서관 출판시도서목록(CIP)은
e-CIP 홈페이지(http://www.nl.go.kr/ecip)와 국가자료공동목록시스템
(http://www.nl.go.kr/kolisnet)에서 이용하실 수 있습니다. (CIP제어번호: CIP2012000558)